W0364845

LE CŒUR À L'OUVRAGE

DU MÊME AUTEUR

CHEZ POCKET

LA TRAME CONJUGALE.
Analyse du couple par son linge.

CORPS DE FEMMES, REGARDS D'HOMME.
Sociologie des seins nus.

AGORA
Collection dirigée par François Laurent

JEAN-CLAUDE KAUFMANN

LE CŒUR À L'OUVRAGE

Théorie de l'action ménagère

NATHAN

Le Code de la propriété intellectuelle n'autorisant, aux termes des paragraphes 2 et 3 de l'article L. 122-5, d'une part, que les « copies ou reproductions strictement réservées à l'usage privé du copiste et non destinées à une utilisation collective » et, d'autre part, sous réserve du nom de l'auteur et de la source, que les « analyses et les courtes citations justifiées par le caractère critique, polémique, pédagogique, scientifique ou d'information », toute représentation ou reproduction intégrale ou partielle, faite sans le consentement de l'auteur ou de ses ayants droit ou ayants cause, est illicite (article L. 122-4). Cette représentation ou reproduction, par quelque procédé que ce soit, constituerait donc une contrefaçon sanctionnée par les articles L. 335-2 et suivants du Code de la propriété intellectuelle.

© Éditions Nathan, Paris, 1997
ISBN 2-266-10006-8

REMERCIEMENTS

La destinée habituelle des rituels est de se transformer en formes vides bien qu'ils naissent d'une ferveur. Qu'il soit clair que la présente cérémonie des remerciements est pleine de l'élan initial, fondée sur la sincérité la plus vive. Mes remerciements donc,

À François de Singly, pour l'extrême qualité de son travail éditorial. À François Juhel, Jean-Christophe Saladin, Bertrand Dreyfuss, pour la sérénité et le professionnalisme de la mise au point du manuscrit.

À Christine Coupée et Sabrina Lunel qui ont mené l'enquête avec dextérité ; à Jacques Cochin qui a collaboré à la mise en place du groupe d'investigation ; à Michèle Cassin et Anne-Marie Houillère qui ont assuré l'appui logistique.

Au Plan « Construction et Architecture » (Michel Bonnet et Olivier Piron) et au Syndicat des entreprises de services à la personne (Georges Drouin et Christophe Salmon) qui ont contribué au financement des recherches.

Aux revues Ethnologie française *et* Sociétés contemporaines *(1re partie, chapitre 2 : « La société des objets ») qui ont publié des pages préparatoires à ce livre (un remerciement particulier à Michèle Ferrand, Martine Segalen et Christian Bromberger).*

À Irène Théry et Franz Schultheis pour leurs cadeaux d'informations précieuses.

Aux personnes interviewées. Aux repasseuses qui m'ont écrit et auxquelles je n'ai pu répondre individuellement. Ce livre leur est dédié, ainsi qu'à toutes les ménagères malgré elles ou ménagères fières de l'être.

INTRODUCTION

L'*Homo domesticus* reste un inconnu. Aussi étrange que cela puisse paraître. Nous avons beau laver, ranger, frotter sans cesse, nous agiter aux quatre coins de la maison, nous ne savons presque rien du pourquoi de cette agitation, nous n'avons qu'un savoir de surface, nous ignorons les principes réels de l'action ménagère. Par quel mystère le plus proche, le plus quotidien, devient-il ce que nous connaissons le moins ? La réponse indique l'ampleur de la question : car il est au fondement de la vie. L'erreur consiste à se laisser aller au confort de classements simplistes, à penser que le balai, parce qu'il est un objet dérisoire, ne saurait nous entraîner vers les questions essentielles. Il faut se méfier du balai. Il nous possède autant que nous le possédons. Il cache des secrets, des trésors d'intelligence.

Ce livre propose donc un voyage en cette terre inconnue pourtant si familière. Le lecteur pourra prendre la position du touriste : découvrir d'étranges civilisations domestiques, admirer des paysages typiques, rapporter de son expédition des anecdotes aux saveurs exotiques. Il pourra aussi travailler, suivre la piste des argumentations, pour tenter de comprendre le mécanisme de l'action ménagère. Là est le plus important. S'il s'engage dans ce chemin, il saisira que le ménage, les balais et autres chiffons, sont une entrée qui ouvre à des horizons plus larges. Car le monde ménager n'est pas un monde à part. Le mécanisme secret qui l'agite développe ses rouages dans bien d'autres lieux : ceux où s'enchaînent les gestes simples, où s'épanouit la vie ordinaire.

Il convient avant tout de comprendre. Les gestes qui sont observés, les histoires qui sont racontées, ont toujours cet objectif : ce sont des outils. On ne trouvera donc pas dans ce livre de description systématique : toutes les pratiques ménagères n'y sont pas, toutes ne sont pas traitées sur un même plan. Certaines sont privilégiées : parce qu'elles se sont révélées être de bons outils. C'est notamment le cas du repassage, qui pour l'analyse recèle de précieux atouts. Il est particulièrement diversifié : il n'existe pas deux personnes qui repassent les mêmes choses, de la même manière. Il mélange de façon étonnamment riche des sensations extrêmes : agacement, peine et plaisir (nous verrons que ce n'est pas par hasard). Enfin il offre un contexte idéal pour l'étude d'une question cruciale : la prise de décision. Pourquoi repasse-t-on à tel moment plutôt qu'à tel autre ? Selon quel processus se forme une décision ?

Les objets familiers — immense bric-à-brac — s'accordent dans un flux qui nous porte et nous emporte. La vie ordinaire part de là : du rythme et des mouvements, des pas de danse sans cesse répétés et réinventés, du corps à corps émotionnel avec les choses. Nous sommes pris par ce torrent que nous croyons contrôler, minuscules fétus de paille emportés par un flot qui vient du plus profond des temps. Il est impossible d'y résister ; il faut s'inscrire dans le sens du courant.

La première partie introduit dans ce monde essentiel, que nous avons tort de percevoir comme un simple décor ; alors qu'il est en nous, que nous sommes en lui, qu'il nous fabrique. La deuxième partie prolonge cette analyse, en l'élargissant à d'autres acteurs : pourquoi et comment donnons-nous à faire certaines tâches ménagères ? Que se passe-t-il alors avec la part de nous qui est dans les objets ? Comment se recompose le monde familier ?

Tout n'est cependant pas dit avec les choses. Aussi irrésistible soit la force du courant, des manœuvres sont opérées continuellement. Qu'importe qu'elles soient souvent minuscules : à force d'invention et d'audace elles peuvent en s'enchaînant changer une existence. Entraîné par le flot chacun parvient malgré tout à mener sa barque à son gré, construire une vie qui ne soit qu'à lui, différente des autres. Comment ? C'est la question qui est traitée dans la troisième partie du livre.

Celui qui croit connaître le monde ménager (c'est-à-dire nous tous) a une réponse toute prête : il suffit de le vouloir, de dresser des plans, d'avoir des stratégies. Nous verrons qu'il n'en va pas ainsi, ou si peu. Non, le centre de l'invention est ailleurs, moins dans le cerveau rationnel que dans le corps sensible. Nous verrons l'immense travail des émotions. Car c'est cela le plus étonnant : les émotions travaillent. Elles ne sont pas plus opposées à l'univers de la raison qu'à celui du labeur. Au contraire, quotidiennement, dans les tâches les plus ingrates, elles sont à l'ouvrage ; le cœur est à l'ouvrage. Il développe des ruses et une intelligence que nous ne soupçonnons guère. Pire : il suit des principes de fonctionnement rigoureux, se coule dans des disciplines strictes. N'est-il donc pas le siège des emportements, des passions, des folies ? Si, bien sûr, mais nous aurons la surprise de constater que ces passions elles-mêmes sont réglées, que, chacune à sa place, elles interviennent de façon précise dans la mécanique de l'action.

« Mettre du cœur à l'ouvrage » fait partie de ces vieilles expressions populaires, transmises de génération en génération, dont la musique nous est familière. Le sens profond a-t-il jamais été vraiment compris et explicité ? Nul ne le sait. Toujours est-il que l'intuition d'une richesse secrète a poussé à les répéter inlassablement, permettant ainsi qu'elles ne soient pas perdues. Mettre du cœur à l'ouvrage c'est, par une vibration intérieure, redonner de l'élan quand l'élan vient à manquer. Non par une décision consciente, un effort de volonté. L'expression parle de cœur, et elle a raison : la relance du mouvement est le plus souvent provoquée par le travail des émotions. C'est le premier et le plus simple des travaux du cœur. Il en est bien d'autres, plus raffinés et complexes ; telle l'utilisation habile des sensations négatives ; ou la fermeture des possibles dans la décision. Nous verrons tout cela en détail.

Alors le cœur dirigerait tout ? Je n'ai jamais dit cela, j'ai dit qu'il travaillait, au centre de l'invention de l'humain. Le travail immense des émotions laisse sa place à la raison. Mais qui n'est pas celle que généralement l'on imagine, au-dessus de la mêlée, seule dans sa tour d'ivoire. Elle compose : avec le cœur, avec le corps, entraînée elle aussi dans la danse avec les choses, nébuleuse indécise, ronde d'images et de pensées floues dans une ronde de gestes et d'objets. Ce sera la dernière étape de notre voyage (la quatrième partie), visite sociologiquement guidée au pays des idées et des songes.

Première partie

DANSE AVEC LES CHOSES

I.

LES GESTES FONDATEURS

L'ordre des choses

Chaque matin elle recommence, la danse des gestes fondateurs, poussant des millions de personnes à enchaîner des mouvements dont ils n'ont guère conscience des raisons. Gestes si profondément inscrits dans les corps que l'homme ordinaire ne les pense presque plus. Ils lui apparaissent au mieux comme anodins, insignifiants. Qui pourrait avoir l'idée de s'intéresser à longueur de pages au récurage des casseroles et autre essorage des serpillières ? N'y a-t-il rien de plus trivial, pour ne pas dire de vulgaire ? La thèse de ce livre est qu'au contraire il n'y a peut-être rien de plus important que les mesquineries ménagères qui nous agitent quotidiennement. Chaque matin, en mettant son bol sale dans l'évier, en enfilant ses sous-vêtements avant de mettre ceux de dessus, en levant le bras dans un mouvement complexe qui permet, avec un ustensile nommé peigne, de donner une forme convenue aux cheveux, en essuyant le dessus de la table pour enlever les miettes du petit déjeuner, en passant le balai pour enlever les autres miettes tombées par terre, en poussant les miettes dans une pelle, en vidant la pelle dans une petite poubelle, en versant le contenu de la petite poubelle dans une plus grande (qu'un service municipal viendra vider si elle a été mise le bon jour au bon endroit), chaque matin par ces gestes et par mille autres, l'homme ordinaire reconstitue les bases d'un système d'une complexité inouïe. Un système d'ordre et de classement, définissant la place de chaque chose dans un ensemble d'agencements, qui, malgré sa modestie apparente, crée les fondements de toute civilisation.

La plus grande difficulté vient du fait que ces places ne sont pas fixes. Le bol a un endroit à lui, dans le placard. Mais seulement s'il a été passé sous l'eau et frotté, puis essuyé avec un torchon. Le mettre dans le placard sans qu'il ait été passé sous l'eau serait une erreur inqualifiable, pouvant créer un grand trouble dans un ménage. (Le mettre dans le placard sans qu'il ait été frotté avec le torchon serait une erreur aussi importante pour certains, pas une erreur pour d'autres : le système est personnel, différent d'un ménage à l'autre.) Peu de temps après le réveil, le bol doit être sorti du placard, et placé à son endroit habituel sur la table. À cet instant sa nouvelle place est ici, mais pour une durée brève. Dès qu'il aura été rempli puis vidé, il sera en attente d'un nouveau voyage vers l'évier. Le voyage du bol est assez simple. Des milliers d'autres objets circulent en même temps que lui en suivant des trajets plus tortueux et incertains. La chemise par exemple traverse les différentes pièces du logement, selon qu'elle est : propre ; sale ; dans la machine ; à l'étendage ; sèche mais fripée ; au repassage ; repassée et rangée.

L'homme ordinaire qui chaque matin recommence sa danse avec les milliers d'objets circulants qui constituent son univers familier n'a pas conscience de reconstruire les bases d'un système d'ordre sans lequel son existence serait impossible. Il cherche simplement à vivre sans problèmes, à se laisser porter par des gestes simples, sans y penser. Pourtant, le plus puissant des ordinateurs ne pourrait le remplacer pour gérer ces mouvements apparemment répétitifs ; en fait subtilement changeants. Il ne peut y parvenir qu'en réduisant la complexité, grâce à la mémoire du corps, qui permet de faire ce dont l'ordinateur serait incapable, parce qu'elle est sélective. Elle rend la vie facile et libère le cerveau pour d'autres pensées.

L'enfance du monde

Ce fonctionnement sagace, plus fort que l'ordinateur, est bizarrement l'héritier de ce qu'il y a de plus archaïque en l'homme, simplement adapté aux conditions de la modernité. La danse du propre est au plus profond du corps, dissimulant son importance vitale dans la banalité de ses automatismes. Elle est aussi au plus profond de l'histoire : l'humanité a commencé par ces gestes élémentaires et fondateurs. À l'origine furent les premiers abris, lieux de protection contre les dangers, du sommeil paisible. Lieu aussi où la manipulation incessante des matières et des objets déboucha sur l'élaboration d'un système rudimentaire de classement et de pensée : la main et le cerveau firent leur jonction pour définir des places aux choses. Pas d'une façon statique et rigide. André Leroi-Gourhan (1965) note au contraire que le passage des abris aux premières maisons véritablement entretenues coïncide avec l'apparition des représentations rythmiques, qui donnèrent naissance aux concepts de temps et d'espace. Ces « rythmes socialisants » (p. 139), mise en mouvement coordonné du corps, des choses et de la pensée émergente, ces premiers pas, cadensés, de l'humanité s'inscrivirent autour du foyer : il n'est guère exagéré de dire que l'humanité est née de la propreté ménagère.

L'homme de Neandertal était encore un rustre, vivant entouré des carcasses de son gibier, qu'il repoussait à peine autour de lui. Vers trente mille ans avant notre ère, un saut qualitatif considérable se produisit, une véritable révolution, avec le stockage des détritus à l'extérieur du logement : l'espace du chez-soi était radicalement séparé de l'ordure. Dire que l'humanité fit un bond décisif avec l'invention de la poubelle préhistorique pourra sembler iconoclaste à d'aucuns, trop habitués à considérer les gestes du ménage comme ternes et négligeables. Pourtant ce geste produisit vraiment une extension remarquable du système d'ordre et une sophistication de la pensée qui lui était liée. Aux différentes étapes de l'histoire, le principe de la socialisation a toujours consisté à « mettre de l'ordre, à partir d'un point, dans l'univers environnant » (Leroi-Gourhan, 1965, p. 150). L'axe fondateur de cette mise en ordre conquérante fut la maison, sa propreté et ses rangements. Autour de cet axe, les cercles de la socialisation se firent sans cesse plus larges : industries, transports, transmission des images, accumulation des données, etc. Mais sans jamais que disparaissent les gestes des débuts : l'addition de territoires nouveaux ne supprime pas les anciens (tout au plus il en reformule certains). De même que les catégorisations nouvelles ne suppriment que rarement et lentement les anciennes, étonnamment résistantes : nous sommes encore intellectuellement les proches héritiers de cet ancêtre qui mit ses détritus au-dehors. Les modes de pensée aussi se superposent sans faire table rase du passé. Au sommet de la pyramide se situe l'homme rationnel, éblouissant d'efficacité et de force de raisonnement. Mais la lumière du sommet empêche de voir qu'il est très étroit : la rationalité pure est infinitésimale comparée aux modes de pensée sous-jacents ; l'homme ordinaire puise beaucoup plus souvent dans les premiers étages de la pyramide, les modes de pensée archaïques. Cette stratification historique explique que nous soyons à la fois proches et lointains des premiers hommes. Qui ne retient que la proximité ou qui ne retient que la distance se condamne à ne rien comprendre : l'art de l'humanité consiste à produire le nouveau en utilisant l'ancien.

Le pur et l'impur

Le développement historique de la pensée a été très lié aux mouvements du corps et en particulier de la main : la manipulation des choses familières joua un rôle essentiel au début. Puis les idées acquirent une plus grande autonomie et de la fluidité. Mais elles restèrent longtemps commandées par le même principe de base : définir les places de chacun et de chaque chose dans le système d'ensemble. Un concept fut mis en position de jouer un rôle central pour atteindre cet objectif : celui de pureté, omniprésent dans toutes les religions qui donnèrent leur premier cadre culturel aux sociétés. L'homme pur est celui qui respecte les règles et évite les contacts prohibés ; l'animal ou la chose pure sont ceux qui sont à leur place et peuvent être introduits dans une classification sans ambiguïté ; le rite de pureté cristallise une idée de l'ordre social. La multiplication des définitions et la clarification des places permirent de quadriller l'environnement, de se repérer, et de maîtriser peu à peu le monde inconnu. L'Inde en particulier développa un système très raffiné, basé sur une véritable obsession de la pureté et la crainte des mélanges (Dumont, 1967). Beaucoup des catégories utilisées naguère par les

Indiens surprennent l'Occidental moderne, comme, exemple extrême, l'usage consistant à se laver des impuretés avec de la bouse de vache (Douglas, 1981). Car chacun regarde l'autre avec ses propres lunettes conceptuelles. L'Occidental moderne juge et classe à partir de la notion d'hygiène, dont il n'a guère conscience qu'elle est historiquement récente et qu'elle reste mouvante et fragile. Pour lui, se laver est un acte qui ne peut s'effectuer qu'avec du savon et de l'eau, dans le but d'éliminer les germes microbiens et sentir bon. Il veut ignorer que cette idée n'est apparue qu'après Pasteur, que la sensation désagréable liée aux mauvaises odeurs est fille de la modernité (Corbin, 1982), qu'au XVIIIe siècle encore les bonnes manières européennes exigeaient qu'on se lavât sans eau (Vigarello, 1985) : l'Inde et ses classements étranges n'est pas si loin de nous.

Dans la plupart des civilisations anciennes, le lavage est davantage une purification, un acte religieux de rédemption et de classement, un rituel réparateur après des contacts prohibés, qu'un geste d'hygiène. De nombreux objets, animaux et personnes considérés comme impurs peuvent être touchés, la terre et ses grouillements, les souillures diverses, les femmes pendant leurs règles, mais à la condition qu'une purification rétablisse l'ordre du monde, le juste assemblage des êtres et des choses (Douglas, 1981). Les contacts les plus étroits sont les plus risqués ; là où s'écoulent les fluides humains, le sang, la salive, le sperme ; là où les orifices du corps sont pénétrés, la sexualité, l'alimentation. La distinction entre aliments impurs et ceux susceptibles d'être ingérés est donc essentielle à définir. Mary Douglas analyse par exemple les règles de classification étonnamment précises édictées dans le Lévitique. Ainsi, parmi les animaux ruminants, est-il interdit de manger ceux qui n'ont pas le pied onglé et fendu. Le chameau est donc impur ; de même que le porc, car s'il a bien l'ongle fendu, il ne rumine pas. Le lecteur moderne aurait tort de se moquer de ces classements. Il croit n'être gouverné que par ses goûts et dégoûts personnels. Or ces derniers sont les héritiers d'innombrables catégorisations transmises de génération en génération. Pourquoi mange-t-il des cailles mais pas des chouettes, des escargots mais pas des limaces, de la cervelle mais pas des yeux de bœuf ? Les haut-le-cœur à l'idée de tel ou tel aliment ont une longue histoire, une histoire de classements pour trouver la juste place de chaque chose, les relations adéquates entre les éléments, dans l'immense ordre du monde à construire et à reconstruire sans cesse. La base de cet édifice intellectuel complexe, le socle de la construction de la réalité, sont les gestes élémentaires de la propreté et du rangement autour de soi. En lançant le corps dans la danse du propre, en replaçant les objets familiers là où ils doivent se trouver, ce sont les fondements de l'ensemble de la structure symbolique d'une société que des millions d'individus reconstituent chaque jour sans le savoir.

Le propre de l'homme

Le monde est né de l'idée du propre ; le premier apprentissage de l'enfant est celui de la propreté ; le geste quotidiennement refondateur de la civilisation consiste à se laver et à ranger. Être propre, c'est être en propre, être soi, clairement séparé de la souillure et du non-soi : se défaire de la saleté dessine la première frontière existentielle.

Depuis les premiers mouvements, la danse du propre ne s'est jamais interrompue, recommencée chaque matin, par des individus toujours plus nombreux, entraînés dans des chorégraphies toujours plus larges et complexes. Bien des gestes sont restés proches de ceux des débuts : l'eau sur le visage qui donne la sensation de renaître, le rythme de la préparation des repas, le principe de l'évacuation des déchets, etc. Pourtant cette histoire n'est pas celle d'un fleuve tranquille. Des guerres, des épidémies, des idées nouvelles, des inventions techniques, ont bouleversé les mouvements de la danse et les classifications ; des conflits de définition ont fait rage (comme au Moyen Âge, lorsque les médecins se prononcèrent contre l'usage de l'eau ; Vigarello, 1985), avant que de nouvelles évidences ne s'installent pour un temps (dans l'exemple donné : le règne de la « toilette sèche »). Le passé incorporé, y compris le plus lointain, demeure présent et actif, mais sans que nous le subissions passivement : il est retravaillé à partir des catégories du présent. Certains schémas anciens sont maintenus et transmis depuis des générations, d'autres mis en sommeil, d'autres réactivés lorsque les circonstances le commandent. Quand le XIXe siècle européen crut inventer les usages de l'eau (à l'enseigne de l'hygiénisme), bien des rituels de purification que l'on aurait pu croire oubliés retrouvèrent en fait leurs automatismes. Les catégories peuvent également être lentement subverties tout en donnant l'impression de se maintenir intactes. Ainsi dans les pays musulmans, les conceptions hygiéniques s'infiltrent-elles subtilement dans les rituels religieux de purification (Bekkar, 1995).

L'ancien régime des gestes

Les mouvements quotidiens du corps et l'ordre des choses ménagères ont connu des changements, souvent brutaux. Ils se sont également sécularisés, la vie ordinaire se séparant progressivement du religieux et devenant autonome. Tout cela sans troubles excessifs, grâce à un puissant mécanisme de régulation, reposant sur le contrôle collectif de la définition des catégories et de leur transmission. Guy Thuillier a observé ce mécanisme dans la société du XIXe siècle, ce qu'il appelle l'« ancien régime des gestes ». Ancien régime profondément ancré dans une communauté locale, les références de l'action étant à la fois intériorisées et exprimées par la collectivité sous forme de codes intangibles, « immuables, rituels, quasi religieux, séculaires » (1977, p. 164). Tout se tient dans ce système, car l'intériorité individuelle est sous l'emprise du collectif, l'unicité des références simplifiant les repères, la répétitivité de la transmission stabilisant les apprentissages. À cela s'ajoute la ritualisation des gestes, pont entre l'âme et le monde extérieur, principe vivant de l'ordre social : « Dans une ritualisation généralisée, la société se reconnaît comme un vaste corps » (Schmitt, 1990, p. 19). Cet ancien régime des gestes a aujourd'hui presque disparu. Pour Guy Thuillier, la révolution qui l'a renversé a commencé avec l'instauration de l'école obligatoire, qui introduisit un savoir étranger à la communauté locale, et une médiation nouvelle dans le mode de transmission : le maître, éclaireur de la modernité, ouvrit une brèche dans le dispositif.

Dans une première période historique, l'impact sembla faible sur le quotidien, le monde de l'école apparaissant autre, comme s'il se superposait à un ancien régime des gestes qui serait parvenu à maintenir ses prérogatives. En fait l'effondrement du vieux système, qui s'accélérera dans l'entre-deux guerres, avait été préparé depuis des années ; au pied des tableaux noirs et dans les préaux. Les premiers instituteurs ne limitaient pas leur enseignement aux matières fondamentales. En 1882, Jules Ferry rendit obligatoire l'instruction de l'hygiène, sous forme de « leçons de choses et premières notions scientifiques ». Les manuels définirent les gestes corrects, le règlement scolaire recommanda aux instituteurs de procéder chaque matin à une « visite de propreté » de chaque élève (Goubert, 1986). Voici l'exemple d'une dictée qui donne bien l'ambiance de l'époque. Dans les exercices, l'enseignement des gestes et de la grammaire, celui de la morale et de la conjugaison, sont mélangés comme s'ils ne formaient qu'un, autour d'une notion centrale : l'ordre des choses et du monde.

« La propreté. Je connais un petit garçon gentil, studieux ; je l'aime beaucoup. Mais le pauvre enfant a un vilain défaut : il est malpropre. Il a toujours les mains noires. Ses cahiers et ses livres sont couverts de taches. Il ne lave ni sa figure, ni son cou, ni ses oreilles. Ses cheveux sont en désordre. Aussi est-il devenu un objet de dégoût pour ses camarades. »

« Exercices. Pourquoi ce petit garçon n'est-il pas aimé ? Comment tient-il ses cahiers et ses livres ? Soigne-t-il ses cheveux ? Qu'est-ce qu'un enfant studieux ? Soulignez les noms qui sont au pluriel. Conjuguez : Je connais mon devoir. Je me lave les mains. J'essuie et je frotte les cuivres » (cité par Goubert, 1986, pp. 150-151).

Le nouveau mode de transmission des manières

En apparence, l'école donna l'impression de simplement compléter, relayer, voire concurrencer la communauté locale pour transmettre les gestes adéquats et les bonnes manières. Les acteurs de l'épopée scolaire en furent d'ailleurs persuadés, sincèrement convaincus que le savoir qu'ils dispensaient avait une portée universelle et une positivité absolue. En fait, ils participaient sans le savoir à la propagation d'une idée révolutionnaire, qui non seulement déstabilisa définitivement l'ancien régime des gestes mais fit également trembler sur ses bases l'école elle-même : la démocratie au quotidien, l'autonomie de l'individu, libre de définir ses règles morales et ses normes de comportement. Aujourd'hui, l'école est traversée en plein cœur par cette contradiction insoluble : comment transmettre un savoir, patrimoine collectif, en respectant la créativité inventive de chacun ? Une des solutions consiste à réduire son rôle aux enseignements classiques, collectivement contrôlés et relativement unifiés : les gestes du quotidien ne sont presque plus enseignés, du moins dans les programmes officiels.

Or l'apprentissage de ces comportements de la vie ordinaire a connu une extension considérable : le nombre des techniques, règles et gestes qu'un enfant doit assimiler est incomparablement plus élevé que ce qu'il était il y a un siècle. Qui assure l'éducation de cette complexité nouvelle ? Un tout petit peu l'école. Beaucoup la famille, qui a hérité de la contradiction, et tente difficilement d'articuler transmission selon le modèle ancien et respect de l'autonomie de l'enfant (de Singly, 1996). Et surtout le reste de la société, à travers la télévision, le cinéma, les magazines, les réseaux informatiques, les scènes vues dans la rue, les discussions entre copains, qui offrent quotidiennement une multitude de modèles. La télévision en particulier ne se réduit pas à un loisir : elle joue un rôle essentiel de formation permanente sur la vie quotidienne, rôle qui ne peut être assuré par l'appareil éducatif.

Les nouveaux médias donnent l'impression d'avoir tout envahi. Leur essor est effectivement important, favorisé par le développement de la compétence de l'œil, capable de capter très rapidement une image pour en tirer une information guidant l'action (Sauvageot, 1994). Cette impression n'est toutefois vraie qu'en surface. Au moment précis où l'individu a un problème à résoudre, d'innombrables images, vues dans les contextes les plus divers, peuvent certes s'offrir à lui comme modèles. Mais cet individu a aussi une histoire, un passé qu'il porte en lui, transmis de génération en génération depuis des milliers d'années, imposant sa force du plus profond du corps, poussant à agir d'une certaine manière, quelles que soient les images qui défilent devant lui.

Il est rare que schémas intériorisés et modèles offerts de l'extérieur entrent en concurrence. La plupart du temps s'opère en effet un mélange des deux, un bricolage subtil associant le patrimoine incorporé et certains modèles sélectionnés. Le repassage s'effectuera debout comme le faisait maman (les fabricants ne parviennent pas à imposer la position assise), dans la salle, devant la télé. Mais la pattemouille sera remplacée par la centrale vapeur. Le nouveau mode de transmission des manières permet généralement l'adaptation et l'actualisation du stock de schémas intériorisés hérité de l'histoire, qui est ainsi remis au goût du jour et redéfini par rapport aux appareils les plus récents et aux gestes à la mode. Les vieux objets et les vieux gestes ne se laissent toutefois pas remplacer si facilement, et continuent obstinément leur chemin discret : bien que presque clandestine et fragmentée, la transmission selon l'« ancien régime des gestes » n'en reste pas moins opérante. Dans son enquête sur la Loire-Atlantique et le Finistère, Sylvette Denèfle (1992) note ainsi que la pattemouille et l'amidon sont encore largement utilisés. Les lettres[1] (de femmes amoureuses de leur repassage) recueillies dans l'enquête ne cessent de faire référence à ces produits traditionnels : eau oxygénée diluée pour enlever les traces de jaunissement, vinaigre, etc.

1. Cf. en annexe : « Sur la méthode ».

Et surtout la pattemouille. L'usage de cette dernière fonctionnait comme un indicateur du haut degré de compétence acquis par la repasseuse : le sommet de l'art, avec de subtils raffinements sur les façons d'humecter. L'apparition sur le marché des fers à vapeur constitua un véritable drame pour les femmes de l'ancien régime des gestes du repassage. Les plus compétentes et les plus amoureuses s'accrochèrent à leur savoir, risquant paradoxalement, au nom de la qualité et de la compétence, d'être dépassées en qualité et en compétence par d'autres femmes pourtant moins exigeantes.

L'innovation la plus importante réside en fait non pas tant dans les modes de transmission eux-mêmes que dans la conséquence de leur évolution : l'autonomisation des acteurs (alors que la transmission a toujours présupposé une imposition, venant des générations précédentes, des aînés, des supérieurs). La multiplication des modèles extérieurs et la variété grandissante des combinaisons avec des schémas incorporés élargissent en effet la gamme des choix qui s'offrent à l'individu. Il est certes tenu par son histoire intériorisée et par le contexte dans lequel il se situe mais, à l'intérieur de cet espace du possible, l'individu devient progressivement l'opérateur central de la transmission. Bien que la matière sur laquelle il travaille lui soit imposée par la société, il décide lui-même de la forme ultime et précise à lui donner : sa liberté réside pour beaucoup dans les innombrables micro-choix du quotidien, les tactiques minuscules.

La science ménagère

Concernant les gestes du quotidien et leur mode de transmission, l'histoire des cent cinquante dernières années est exceptionnellement riche. Le XIXe siècle vit s'épanouir l'idéologie du progrès et de la science positive : il semblait que tout pouvait être défini de façon exacte et incontestable, la disposition des espaces intimes comme la façon de se laver. Les traités édictèrent des règles à suivre au millimètre, cependant que les hygiénistes engageaient le combat contre les moindres déviances. Même les utopistes proposèrent leurs alternatives en dessinant de façon précise et systématique les comportements à promouvoir.

Dans l'univers domestique s'engagea un vaste combat au nom de la science : le geste juste (opposé au savoir-faire anarchique des familles) devait être rigoureusement défini et enseigné. C'est sur cette base que se développèrent les écoles ménagères. Grâce au contenu scientifique nouveau, les prescriptions se firent encore plus impératives que dans les anciens traités de bonnes manières (Heller, 1979). Tout en évoluant peu, les gestes ménagers furent alors décrits non plus comme des gestes simples mais comme une technique complexe, transmissible d'une façon explicite et pouvant faire l'objet d'un apprentissage scolaire. Le repassage par exemple. Repasser devint une procédure codifiée dans les moindres détails, qui tout en restant proche des savoir-faire anciens, se para d'une nouvelle légitimité technico-scientifique. Le paradoxe fut le suivant : alors que la pratique s'affichait plus unifiée et codifiée que par le passé, la distance scolaire précipitait l'effondrement de l'ancien système des gestes et ouvrait la voie à une transmission plus complexe, voire confuse. Les élèves de l'enseignement ménager n'eurent pas conscience de cette évolution. Au contraire, elles eurent l'illusion du renforcement de l'évidence et de la légitimité du repassage, grâce à la multiplication et au raffinement académique des détails de procédure. Madame T.[1] se rappelle du moindre détail : « Premier principe de la méthode : humecter le linge à repasser (coton ou toile), ni trop ni trop peu bien sûr. Je me souviens qu'il y avait une cuvette en émail réservée à cet effet, remplie d'eau. On y trempait les doigts qu'on secouait au-dessus de la pièce de linge à repasser, une fois ou plusieurs selon l'appréciation de l'officiante. On roulait alors cette pièce sur elle-même afin que l'humidité l'imprègne également partout. Les fers chauffaient pendant ce temps sur la cuisinière à bois. En principe lorsqu'on avait fini d'humecter le linge de la semaine on pouvait repasser la première pièce humectée... c'était bon ! Le jugement et l'expérience entraient seuls en jeu. Après l'humectage on installait le matériel sur lequel on repassait car sinon on aurait mouillé au cours de l'humectage la surface de travail, ce qui aurait nui à l'efficacité du repassage : ça remouillait le linge pour rien. Donc sur une grande table on disposait une vieille couverture pliée au minimum en deux, un molleton sur la couverture et enfin une chute de drap bien propre, changée ou lavée régulièrement. »

L'illusion scientiste ne dura que quelques décennies. L'enseignement ménager (trop fixé par ailleurs sur un rôle féminin traditionnel) devait rapidement diminuer d'importance et être relégué à une place marginale : il fut relayé, dans sa fonction d'apprentissage des manières, par les magazines féminins. Ce média plus souple et diversifié s'avérait mieux adapté que l'appareil scolaire pour rendre compte de la multiplication des modèles et de la personnalisation résultant de l'effondrement de l'« ancien régime des gestes ». Dans une première

1. Les prénoms renvoient à des personnes interrogées par entretiens ; les initiales à un corpus de lettres utilisé dans l'enquête (cf. en annexe : « Sur la méthode »).

phase cependant (jusque dans les années cinquante environ), les magazines s'inscrivent dans le mode de transmission précédent et proposent des « savoir-faire ancestraux » aux lectrices (Segalen, 1990, p. 61). Mais un nouveau savoir ménager se faisait jour, fondé sur les innovations techniques, les publicités, les comportements d'avant-garde, correspondant parfaitement aux supports de diffusion représentés par les magazines : les consignes et vieux principes enseignés dans les écoles ménagères apparurent alors dépassés.

Aujourd'hui, l'époque des écoles ménagères semble loin. En fait, elle a laissé des traces profondes dans la strate des comportements de base. Elle fut l'occasion d'une augmentation des exigences et de la masse du travail, qui s'inscrivirent dans les automatismes individuels. Bien des manières de faire les plus élémentaires en sont directement redevables : l'aération de la literie, le lavage du sol à grandes eaux ou l'astiquage des meubles avec un chiffon n'ont guère évolué depuis. La mobilisation sociale autour de la science ménagère a échoué dans son projet. Mais au niveau de la définition des gestes du ménage, elle a joué un rôle historique important.

La bonne manière

L'épopée de la science ménagère, en s'inscrivant dans les routines corporelles, a légué aux femmes d'aujourd'hui un bien précieux. Un des problèmes les plus difficiles à résoudre est en effet posé par l'autonomisation individuelle, qui multiplie les références de l'action : il n'y a plus une bonne manière de faire mais une infinité de possibles. Contre cette multiplicité déstabilisante, chacun doit trouver le moyen de se river à sa manière personnelle (généralement définie comme « la » manière, la bonne manière). Or, lorsqu'ils restent présents, les souvenirs de l'universalisme scientiste donnent une assurance, pouvant aller jusqu'à la prétention à se présenter comme modèle (chez les femmes plus jeunes les manières sont davantage ressenties comme des options personnelles).

Les lettres utilisées dans l'enquête, lettres d'amoureuses du repassage, sont pour la plupart marquées par l'empreinte de cette époque ayant bercé leur enfance. Ce n'est donc pas un hasard si elles prennent souvent un ton professoral, voire moralisateur. « Il faut », « On doit » : les phrases commencent par ces injonctions impératives. « Il faut repasser un tissu toujours dans le sens du droit fil pour travailler la fibre », professe madame M. Pour madame T., l'ordre du repassage est « dicté par le bon sens » : d'abord le linge de corps, puis le linge de dessus, enfin le linge de maison. Pourtant d'autres bons sens ont cours, très différents : du linge droit aux vêtements complexes ; du linge agréable à repasser au plus pénible ; du plus pénible au plus agréable ; selon le hasard du ramassage dans le panier, etc. Le principe du ramassage dans le panier est également pour elle « dicté par le bon sens » : l'art du pliage préparatoire pour mettre bien à plat et faciliter le repassage est presque aussi important que ce dernier. Pourtant d'autres ramassent sans plier, considérant qu'il s'agit d'une perte de temps. Totalement plongée dans son monde personnel et son savoir (immense) du linge, madame T. ne peut, ne veut, en avoir conscience. Au fil de pages, elle détaille ses leçons de repassage : les napperons « doivent » se repasser à température très chaude mais à l'envers ; les broderies sur une surface molle pour conserver leur relief ; la soie doit être fortement humectée à l'eau vinaigrée avant le repassage, les manches ballon bourrées d'un torchon serré et repassées au bout de la main gauche, etc.

Enfin madame T. en vient à sa leçon magistrale : la chemise, sommet de l'art du repassage, « qui vous catalogue une ménagère vite fait ».

« On commence toujours par le col à l'envers d'abord, de l'extérieur vers le pied du col, les faux-plis se mettront là et ne se verront pas. Puis l'endroit du col. Même principe pour les poignets doubles : à l'envers, de l'extérieur vers les fronces, puis à l'endroit. On plie alors la manche en deux selon la couture qui va de l'ouverture au poignet sous l'aisselle et on repasse en commençant par les fronces du poignet, pointe du fer vers les revers précédemment repassés, en prenant soin de ne pas faire un seul faux-pli, sur le côté que l'on est en train de repasser, mais en dessous non plus. On termine la manche en retournant le fer, la pointe vers la couture de la manche à l'épaule. Même chose pour l'autre manche. On passe ensuite aux devants, on finit par le dos. Autrement dit, on va du plus difficile au plus facile en manipulant la chemise avec art sinon on refroisse son travail. La chemise repassée il faut la plier : là aussi il y a rituel, sinon on "bousille" l'effort précédent : on boutonne le col, la chemise devant vous, puis on boutonne un bouton sur deux. On retourne la chemise soigneusement, de façon à avoir le dos sous ses yeux, et on la pose la bande de boutonnage horizontale sur la table. On plie alors la manche sur le dos en prenant bien soin que la pliure se situe et parte de la moitié de la largeur de l'épaule et se continue tout à fait parallèle à la bande de boutonnage qui est dessous mais que l'on voit. On replie les poignets entiers vers l'intérieur, sur la manche, la pliure se situant à hauteur des fronces. Même chose pour l'autre manche. Petit coup de fer délicat sur les pliures qui doivent être nettes. On plie alors la chemise en deux : côté col sur le bas de la chemise. On la retourne de manière à avoir le col face à soi, impeccable. »

La chemise est un exemple idéal, qui se prête particulièrement bien à la mise en avant d'une sorte d'évidence technique. Mais les « il faut » et les « on doit » ne se limitent pas aux procédures complexes pouvant être codifiées. Les repasseuses à l'ancienne sont prêtes à donner en modèle le moindre détail de leurs manières de faire. Madame C. ne repasse que la partie haute des draps : « un drap doit être repassé dans sa partie haute destinée à être rabattue sur la couverture » (pourtant d'autres les repassent en entier, d'autres seulement le tour, etc.). Madame L. va jusqu'à prendre une tonalité de conseils pratiques : « Si l'on veut raccourcir le temps de repassage, commencer par bien entreposer son linge, morceau par morceau. On repasse d'abord avec la main, on retire ce qui n'en demande pas plus et à ce moment là votre linge peut attendre que vous soyez prête. Autre chose : tout ce qui peut être suspendu à un cintre peut être accroché à une tringle dans la salle de bains. » Madame J. commence sur le même ton : « Plier le linge dans une corbeille en osier facilite la tâche de la ménagère. Trier le linge en tenant compte de la composition de ce dernier, il n'y aura pas ainsi un jonglage de présélections du fer. » À ce moment de sa description, il semble qu'elle ressente la difficulté à se présenter comme modèle universel. Elle passe alors subtilement de l'infinitif au participe présent, et des injonctions à des descriptions plus ambiguës : « Commençant toujours par les synthétiques et finissant par les draps et housses de couettes, les pièces repassées sont pliées du plus grand au plus petit. Tout est disposé sur le lit deux heures-deux heures et demie, en attendant que le linge refroidisse avant de le mettre dans les armoires. » Au fil des phrases, elle s'est rendu compte qu'elle parlait d'elle, que d'autres pourraient refuser ses principes : l'époque des leçons de bonnes manières est désormais révolue.

La technique du repassage donne une impression de relative uniformité des comportements : impression fausse. Certes, le repassage de la chemise répond à des règles qui restent largement en vigueur, bien que sous des formes généralement dégradées. Certes, les lieux et les objets se ressemblent d'un ménage à l'autre : la table à repasser dans la salle ou une grande pièce, face à la télévision, près d'une fenêtre. Mais derrière ces apparences trompeuses, la diversité des gestes est intense et tend à s'accentuer. Cette diversité est d'abord quantitative : le temps passé au repassage est très variable, de quelques minutes par semaine (voire rien du tout), comme pour Raphaël[1], à six ou sept heures pour Rénata. Inutile de dire qu'à ces deux pôles les ménages se situent dans deux mondes du linge étrangers, dans deux systèmes de valeurs et de gestes complètement différents. David ne repasse que ses chemises (« Et j'en mets pas beaucoup »), corvée de quelques minutes tellement pénible qu'il chronomètre sa performance, pour tenter de diminuer son temps. « Je ne vois pas ce qu'il y a d'autre à repasser. Y a des gens qui repassent les draps ! c'est incroyable ! c'est complètement fou ! » Le premier monde, particulièrement répandu chez les jeunes, est celui de l'opposition aux tâches domestiques ; le rangement et le repassage étant les deux points de fixation les plus forts de cette opposition. Il ne s'agit nullement d'une position par défaut. Mais au contraire d'une affirmation de soi, fondée sur la conviction proclamée que telle est la « vraie vie » et que mieux vaut une « maison vivante » que les

1. Les prénoms renvoient à des personnes interrogées par entretiens ; les initiales à un corpus de lettres utilisé dans l'enquête (cf. en annexe : « Sur la méthode »).

maniaqueries désuètes des ménages établis. Madame V. se souvient que jeune mariée elle ne repassait qu'une seule chose : « le col, les poignets et les devants de chemise de mon mari » (aujourd'hui le repassage lui prend cinq heures par semaine). Madame P. ne repasse « que les chemises d'hommes et leurs mouchoirs ». Sa lettre est brève mais elle tient à exprimer son point de vue : « C'est perdre du temps que de repasser des choses si vite fanées après quelques heures d'utilisation. Il faut bannir toute dépense de temps et d'énergie inutile. Il y a tellement de choses plus importantes dans la vie. »

De tels propos sont incompréhensibles dans l'autre monde du repassage, et peuvent même provoquer la colère de femmes fières de leur travail mais sentant que le socle d'évidence sur lequel il est bâti pourrait se fissurer. Madame N. se fâche quand elle entend qu'il est possible de vivre normalement sans repassage : « Que celui ou celle qui prétend que le repassage est inutile, qu'il m'en donne des preuves ! » Dans son monde à elle, celui d'une petite épicerie de campagne, « mon premier coup d'œil sur les représentants quand ils entrent chez moi c'est la chemise ». Madame M. a le même regard inquisiteur : « Je suis littéralement effondrée de voir un monsieur avec un pantalon qui arbore trois ou quatre faux-plis ou une chemise avec un col qui a une ribambelle de faux-plis. » Madame R. trouve également « vulgaire d'endosser des habits non repassés » et il lui arrive de rater son bus pour repasser « un tee-shirt qui avait le pli du rangement ». Elle se décrit prête « à traquer le moindre faux-pli, qu'il soit six heures du matin ou huit heures du soir ».

La diversité tient encore plus à la différence des manières : y compris quand le temps passé au repassage est identique, les choses repassées ne seront pas les mêmes, et ne le seront pas de la même façon. Madame P. ne repasse que les chemises et les mouchoirs d'hommes. Madame M. repasse « tout », « même les torchons », mais pas les draps. Madame D. ne s'intéresse vraiment qu'à une chose : la perfection artistique de ses piles « bien nettes et bien rangées ». Comme Yolande, qui repasse ses torchons pour cette seule raison. « C'est pas pour les repasser, c'est pour les ranger. Ah il faut que mes armoires soient bien rangées ! » Chacune est dans son monde très personnel de manières, structurant d'autant mieux les rythmes quotidiens qu'elles sont inquestionnables. Lola, 22 ans, est encore peu investie dans l'univers ménager, et son repassage est limité, ce qui semble logique : « Je ne repasse quasiment rien. » La liste contenue dans ce « quasiment rien » est pourtant surprenante bien qu'elle l'énonce sur le ton tranquille d'une évidence incorporée : « Les mouchoirs, les torchons et les chemises, c'est tout. » Pour les chemises, l'évidence est socialement partagée. Mais en ce qui concerne les mouchoirs et les torchons, ils détonnent dans l'ensemble, et n'ont pu être inscrits à une telle place qu'à l'issue d'une histoire particulière. Pour les mouchoirs (« les vrais, en tissu »), cette histoire n'est sans doute pas sans lien avec le rhume chronique qu'elle traîne depuis l'enfance. « Et j'en ai beaucoup, comme j'ai des problèmes de nez, environ une centaine. Un mouchoir tout froissé que l'on sort de sa poche en public, hein, c'est pas... » Pour les torchons, il semble que seule ait joué la transmission implicite d'une habitude maternelle : elle fait comme elle a vu faire dans son enfance, bien que cela soit relativement peu cohérent avec le reste de sa vie ménagère. À la différence des mouchoirs, elle sent toutefois que cette habitude est plus fragile : des doutes l'effleurent : « C'est vrai qu'on pourrait se dire : pourquoi il a besoin d'être repassé ? » Question qui semble arriver un peu tard dans sa vie. Posée plus tôt, elle aurait peut-être abouti à un arrêt du repassage des torchons. Aujourd'hui, Lola est entraînée dans un mouvement qui la pousse à sans cesse perfectionner son ménage : les torchons risquent donc au contraire de devenir une référence avancée à partir de laquelle le repassage sera intensifié.

La quête du normal

La fin de l'ancien régime des gestes provoque en théorie une multiplication infinie des références de l'action : chacun devrait pouvoir inventer sa manière personnelle, soit en réactivant un schéma incorporé (parmi beaucoup d'autres), soit en grappillant une image qui se présente à lui (parmi beaucoup d'autres). En fait, parallèlement à l'augmentation des possibles, un processus de contrôle et de limitation tend à restreindre les marges de liberté.

Il vient en partie d'« en haut », et ceci est connu : les institutions, les médias imposent des stéréotypes, une unification des modèles. Mais il vient aussi d'« en bas », des gens eux-mêmes. J'ai observé ce mécanisme dans une enquête récente (Kaufmann, 1995), qui m'avait entraîné sur les plages, lieu où les codes explicites de comportement sont faibles : ici tout le monde doit pouvoir se sentir libre et faire ce qu'il a envie. Or l'enquête révéla que non seulement les règles étaient précises et sévères, mais qu'elles étaient produites par les mêmes personnes qui proclamaient leur désir de liberté. Pour une raison simple : plus un lieu est ouvert, plus la liberté est grande, plus le besoin de se situer se fait ressentir, plus il devient nécessaire de durcir les repères de l'action. C'est le paradoxe de la modernité : la tolérance (grandissante) pour la différence produit l'obsession (grandissante) de la normalité.

Dans le monde domestique, qui a le bonheur de pouvoir se protéger un peu des regards, l'obsession est moins aiguë, la normalisation plus souple. Car chacun peut cacher ses petites manies et parfois n'en faire qu'à sa tête. Mais à la condition que la dérogation soit discrète et sans excès : bien que mieux tolérée que les déviances publiques, la maniaquerie ménagère a ses limites : la société veille à ce que des débordements majeurs soient évités. J'ai plusieurs fois observé un même réflexe chez les personnes que j'interrogeais. Elles me racontaient leurs manières de procéder, de plier le linge ou de passer le balai, tranquillement, sans arrière-pensées. Soudainement elles sentirent ma surprise. Je n'avais rien dit mais mon étonnement silencieux avait été entendu : j'étais l'œil de la société, qui les jugeait. Aussitôt elles changèrent d'attitude, tentèrent de se disculper, multipliant les bonnes raisons excusant une pratique qu'elles-mêmes ne cherchaient plus à défendre ; convaincues à cet instant de leur anormalité.

De tels gestes, habituels pour celui à qui ils s'attachent, mais devenant « bizarres » sous d'autres regards, sont fréquents : ils constituent la marge instable de la normalité qui se fabrique sous ces jeux de regards. Au hasard de mes enquêtes, voici quelques petites bizarreries très ordinaires telles que j'ai pu les voir à propos de la vaisselle. Augustine par exemple, qui l'a toujours lavée en la faisant bouillir à l'eau de Javel : « Ça désinfecte. » Ou Marcel, qui « pense avoir battu le record du monde » : moins de cinq minutes pour un évier débordant (contenant la vaisselle de plusieurs jours). Ou Blanche, son extrême opposé dans la perspective du « record du monde » : deux heures pour une vaisselle de six couverts. Elle procède toujours de la même façon. D'abord elle essuie couverts et assiettes avec du papier journal. Puis elle rince l'ensemble à l'eau tiède. Enfin arrive le cérémonial proprement dit. Pour le lavage, chaque sorte d'objet a son instrument approprié : les fourchettes une petite brosse spéciale, les assiettes une éponge, les casseroles des tampons métalliques de divers types. Les verres, cœur du rituel, ont leur produit de lavage spécial et sont rincés séparément. Pour l'essuyage, Blanche utilise une dizaine de torchons différents, chacun ayant des propriété particulières. Les torchons réservés pour les verres sont garantis « sans peluches ». Mais il peut rester d'autres traces : elle les mire donc longuement devant sa fenêtre. Blanche n'aime guère inviter des amis : elle est angoissée à l'idée qu'ils lui proposent de faire la vaisselle après le repas. Elle aime encore moins être invitée : elle a beaucoup de mal à manger dans d'autres couverts que les siens. C'est dans ces occasions (autrement son plaisir est profond pendant ses quatre heures quotidiennes de vaisselle) qu'elle se demande parfois si elle n'est pas « quand même un peu bizarre ».

Chaque individu a son système de gestes qui lui est propre. Théoriquement libre d'inventer à sa guise, le regard des autres lui dit cependant quelles sont les normes, et les limites à ne pas dépasser. Le risque est d'être étiqueté dès qu'il s'écarte du droit chemin de la normalité. L'œil de la société juge très vite, rapidité qui implique des simplifications : les gestes ne sont pas compris dans leur spécificité culturelle et leur richesse, mais placés sur une échelle unique allant du plus propre au plus désordonné.

C'est le drame des précaires. Pour eux la danse du propre est vitale, billet d'entrée dans la société normale. Ils y parviennent difficilement quand les conditions d'exclusion sont extrêmes. Mais lorsqu'un minimum (un espace à soi) est réuni, un véritable système est généralement mis en place. Mal jugé, mal compris par l'observateur extérieur, qui ne s'efforce pas de le comprendre, n'y voyant que fouillis et « diversité imprévisible » (Moreau de Bellaing, 1988, p. 37). Le normal ne s'inscrit pas n'importe où dans le paysage social ; la bonne manière n'est pas très éloignée des bonnes manières.

II.

LA SOCIÉTÉ DES OBJETS

Le silence des objets

Le monde des objets est un monde oublié de la sociologie (Kellerhals, 1995 ; Semprini, 1995). L'anthropologie semble lui réserver un meilleur sort (Warnier, 1994 ; Segalen, Bromberger, 1996), mais surtout pour les sociétés exotiques, particulières, ou anciennes. Dans les sociétés contemporaines, elle contourne les objets ordinaires de la banalité quotidienne. Or ces derniers sont centraux dans la production de nos existences : tout autant que les personnes, ils forment le cadre actif et rapproché qui porte notre action (Douglas, Isherwood, 1979).

Pourquoi cet oubli, pourquoi ce mépris ? Bruno Latour (1991) avance une réponse séduisante : parce que la pensée moderne s'est (abusivement) structurée sur la base de la séparation (et de la hiérarchisation) entre les hommes et les choses. Il convient au contraire de les réintroduire dans des réseaux uniques d'interaction, des chaînes d'humains et de non-humains (Latour, 1993). D'autres chercheurs, de plus en plus nombreux, sont convaincus de la nécessité de réhabiliter les objets et de leur donner la place qu'ils méritent dans les sciences sociales. Pourtant, cette conviction qui se propage ne parvient guère à déboucher concrètement. Les recherches empiriques sont souvent plates et décevantes : il est difficile de faire parler les objets.

Comment faire parler l'objet ? Comment donner vie à cet être froid et immobile ? À ce point, la position radicale de Bruno Latour se transforme en obstacle. Car si les objets ne constituent pas un monde à part tel que le décrit Jean Baudrillard (1968), s'ils doivent bien être introduits aux côtés des personnes dans les échanges construisant le social, ils ne peuvent être assimilés à ces dernières. Au contraire, c'est en comprenant leur spécificité que nous parviendrons à les faire parler : bien que souvent aussi importants que les personnes, ils ne jouent pas le même rôle dans les interactions.

La pyramide inversée

André Leroi-Gourhan (1965) propose une image intéressante pour avancer dans cette compréhension : celle de la pyramide inversée. L'évolution psychomotrice, depuis les premiers vertébrés, s'est faite par addition successive de nouvelles strates de schémas mentaux, qui n'ont pas supprimé les précédents, mais « leur ont conservé leur rôle, de plus en plus enfoui dans les fonctions supérieures » (p. 259). « Certains de mes gènes ont 500 millions d'années, d'autres 3 millions, et mes habitudes s'étagent de quelques jours à quelques milliers d'années » (Latour, 1991, p. 102). L'homme rationnel de la modernité n'est que la pointe de l'édifice, plongeant dans la mémoire profonde qu'il porte en lui, jusqu'aux couches les plus anciennes, jusqu'à l'animalité de la machine humaine ; quand il suit le mouvement de sa digestion et se repaît à heures fixes, quand il subit le rythme du pas collectif comme un mouton (Leroi-Gourhan, 1965, p. 95).

« Parvenu au point où se situent les Anthropiens primitifs tout se passe un peu comme si naissait sur la pyramide animale, qui restera le socle de tout comportement humain, la pointe d'une autre pyramide, inversée, de plus en plus gigantesque, constituée par tout l'appareillage extériorisé dans la culture » (p. 259). C'est le fait le plus humain de l'évolution : quand l'homme est parvenu à « placer sa mémoire en dehors de lui-même » (p. 34). Les épisodes les plus récents sont marqués par les possibilités de stockage immenses qu'offre l'informatique. Mais comme pour la première pyramide, ce développement le plus actuel ne doit pas masquer les couches sous-jacentes, l'armée sans fin des espaces, appareils et autres objets dans lesquels se dépose, en dehors des hommes, la mémoire de l'humanité.

L'univers de la maison est constitué d'une masse d'objets les plus divers, une véritable « jungle de choses, trucs, machins et machines » (Löfgren, 1996). Qui constituent la matrice concrète de toute culture (Douglas, Isherwood, 1979), à ses divers niveaux d'emboîtement : familial, régional, national (Pezeu-Massabuau, 1983). Qui stockent de la mémoire humaine, chacun à sa façon : le sèche-cheveux, le savon, le rideau, le casse-noix, le calendrier, portent un savoir longuement accumulé par l'histoire, incitant l'individu à agir et penser d'une certaine manière quand il les regarde ou les touche. Mémoire multiforme : technique, sociale, culturelle, familiale et individuelle pour les objets les plus personnalisés. Mémoire efficace, moins sujette aux pertes que la mémoire stockée dans les consciences (Norman, 1993). D'ailleurs, seule une partie de cette mémoire est réactivée. Les objets les plus techniques gardent pour eux les secrets de leur fonctionnement (Javeau, 1992) : peu importe de savoir pourquoi le filament du sèche-cheveux devient incandescent. Ceux qui ont la plus longue histoire sociale taisent ce passé incorporé : inutile de revoir toute l'épopée qui déboucha sur les conventions de propreté basées sur l'usage du savon. Cela reste dans un arrière-fond lointain derrière l'objet, la portion de savoir réactivé étant étroitement liée aux nécessités de l'action immédiate : l'objet fonctionne comme un repère dans les enchaînements de gestes, les trajectoires et les rythmes familiers. Un simple repère, mais qui donne le sens de l'action : les objets sont saturés de significations implicites.

Avant d'être réduits à l'état de simples repères, les objets, même les plus ordinaires, ont souvent nécessité un long apprentissage. Notamment dans l'enfance. Que l'on songe à un instrument aussi élémentaire que la cuillère : elle exige des années d'exercices physiques et d'inculcation culturelle pour être enfin correctement tenue, jusqu'à l'aboutissement que représente l'oubli de cet apprentissage (Boullier, 1992). Durant cette phase, le savoir stocké dans l'objet est davantage explicité, par exemple sous la forme de raisons données par les parents du pourquoi il faut tenir sa cuillère comme ceci et non comme cela. Cet épisode laisse bien sûr des traces dans la conscience, mais elles ne sont elles-mêmes réactivées que si la situation l'impose : ordinairement, l'objet est banalisé autant que possible, pour libérer la conscience et rendre la vie plus facile. Dans la maison familiale, les items à mémoriser sont si nombreux que si on les « présentait dans une expérience de psychologie, ces éléments ne seraient probablement pas maîtrisables » (Norman, 1993, p. 17). Car ils prendraient trop de place dans la mémoire consciente, qui a ses limites. Ils ne peuvent donc être assimilés que par la familiarisation, c'est-à-dire grâce à l'oubli apparent du savoir après l'apprentissage. Ce processus toutefois demande beaucoup de temps. Donald Norman (1993) évalue à quinze ou vingt ans la durée nécessaire pour socialiser l'enfant, pour qu'il parvienne à apprendre puis à oublier le savoir de tous les objets du quotidien. Or le nombre et la complexité de ces derniers étant grandissants, il est vraisemblable que cela ne soit pas sans lien avec l'allongement du temps de la jeunesse et le report du passage à l'âge adulte constatés par tous les observateurs.

Le garde-fou du Soi

Norbert Elias (1991a) a montré comment l'idée d'un Soi autonome et unifié était une création historique : les hommes n'ont pas toujours eu cette représentation d'eux-mêmes. Cette idée tend justement à être remise en cause par la recherche, et remplacée par la conception d'un Soi multiple, fragmenté, instable (Elster, 1985 ; Douglas, 1990) : il y a plus de différences à l'intérieur d'un seul individu qu'entre deux personnes appartenant à une même culture (Mach, 1996). En sciences cognitives, des courants vont jusqu'à douter qu'il puisse exister un « centre » identitaire, la conscience fonctionnant plutôt sous la forme d'une nébuleuse de réseaux concurrents (Varela, Thompson, Rosch, 1993). Pour Arnold Gehlen (1990), face à cette vie intérieure chaotique et ces modèles de cohérence divergents, l'individu ne parvient en fait à s'unifier et à se stabiliser que grâce à des prothèses, en se déchargeant sur une extériorité qui prend un caractère de contrainte, un univers qui l'encadre.

Les objets jouent ici un rôle de premier plan. En se distribuant sur ses entours matériels, la personne acquiert consistance et stabilité. Le maintien et la constance que l'on pense être le propre de l'individu ne sont rien d'autre que l'effet de son extériorisation et de son arrimage dans les choses familières (Thévenot, 1994). Les objets du quotidien ont une vertu de permanence qui construit le concret et contrôle les errements de l'identité : ils jouent le rôle de garde-fou du Soi. « Dans l'armoire vit un centre d'ordre qui protège toute la maison contre un désordre sans bornes » (Bachelard, 1983, p. 83).

C'est pourquoi nous avons tendance à les accumuler autour de nous, sans cesse. Dans la maison, certains « subsistent comme des dépôts archéologiques d'époques précédentes » (Löfgren, 1996). De même que pour les autres pyramides, les couches les plus profondes sont rarement abandonnées. Les vieux objets résistent, jusqu'aux limites de l'acceptable. Face aux nouveaux arrivants ils se font plus discrets, mais s'accrochent pour garder une place dans le monde familier. Quand il est devenu indéniable qu'ils ont fait leur temps, le courage manque pour s'en séparer : ils sont entassés au grenier. « On se dit que ça pourra servir un jour, mais ça ne sert jamais, ça ne sert qu'à nous encombrer. » Irénée comprend mal pourquoi il lui est si difficile de se séparer des vieilles choses : « C'est toujours un travail très pénible, j'ai beaucoup de mal à me décider, ça me prend la tête. Et puis je tripote tout ça, je pars dans des histoires. » Si la séparation est si problématique, c'est que le vieil objet avait incorporé une part du Soi : comment pourrait-il ne pas être difficile de se séparer de soi ? Le rangement des choses familières renvoie à un tri identitaire, qui explique son poids mental.

L'accumulation des objets stabilise l'identité, mais elle peut à l'inverse devenir écrasante, enfermer l'individu dans une routine qui lui pèse. D'où la révolte qui peut exploser contre les objets familiers, au nom de la liberté, d'une vie que l'on souhaite recommencer d'un pied neuf. Grandes révoltes comme ces dilapidations en forme de déni d'une mémoire familiale (Gotman, 1995). Et plus souvent, petites révoltes prudentes, libérations partielles anxieuses de la continuité du Soi : sacrifices ponctuels lors d'un grand rangement, rages de jeter contrôlées à l'occasion d'un déménagement (Kaufmann, 1996c). De nombreux événements pourraient être analysés sous l'angle de l'accumulation (ou au contraire de l'abandon) des objets. La vie du couple par exemple ; nous y reviendrons plus loin. Ou les vacances, rituel périodique de désengagement. La motivation principale du départ du chez-soi est de se sentir différent, plus libre, plus léger. Or cette métamorphose s'opère justement par la rupture avec le monde des objets familiers. Dans le camping, au changement d'univers se surajoute une recherche (plus ou moins volontaire) de dénuement, d'inversion par rapport au confort ordinaire. Très vite pourtant la logique d'accumulation se déclenche à nouveau. Non seulement le campeur s'organise mais il cherche à reproduire les conditions de son monde familier : les tentes se hérissent d'antennes de télévision, les caravanes prennent racine parmi pots de fleurs et autres fausses cheminées (Stassen, 1995).

Du point de vue de l'objet

Pour mieux comprendre, il peut être utile de tenter de se glisser dans la peau de l'objet. Igor Kopitoff (1986) s'est ainsi interrogé sur les biographies des choses. Il observe qu'elles évoluent entre deux pôles : la familiarisation, quand les personnes les refaçonnent à leur idée, et la marchandisation, quand elles sont normalisées dans le circuit des échanges monétarisés. Ces voyages sont cependant davantage le fait des hommes qui les manipulent que des choses elles-mêmes, qui ont pourtant une manière d'être au monde bien particulière. Leur première vertu est l'immobilité, garante de la stabilisation identitaire : elles restent là où elles ont été mises. Leur seconde vertu est l'extrême patience : après des années, des siècles d'oubli, passés à attendre tranquillement, elles peuvent à nouveau être réactivées et nous parler. Leur troisième vertu est le silence : elles peuvent s'accumuler en nombre infini sans nous fatiguer parce qu'elles ne nous parlent que lorsque nous les faisons parler. Les objets sont « autour de nous comme une société muette et immobile » (Halbwachs, 1950, p. 132).

Comprendre la vie particulière des objets est un exercice nécessaire pour bien saisir leur rôle dans les interactions. Cela ne doit pas toutefois déboucher sur une personnalisation abusive : les choses ne sont pas des personnes. D'ailleurs leurs vertus justement les distinguent de ces dernières ; la vie ne vient aux choses que par les personnes qui les vivent. La mémoire sédimentée ne l'est pas dans l'objet en lui-même mais dans la relation à l'objet. C'est ce qui explique que la place des choses soit aussi forte dans la production des existences, et qu'elles puissent aussi facilement jouer le même rôle que des personnes, comme nous le verrons au chapitre suivant. Car l'essentiel est dans la relation : les termes, qu'il s'agisse de personnes ou de choses, ne sont que des points d'ancrage (Varela, Thompson, Rosch, 1993).

Il est inutile de rechercher (comme le fait Jean Baudrillard) une illusoire boîte noire dans laquelle la mémoire extériorisée serait stockée. Car elle circule dans l'espace et le temps d'un écheveau complexe de relations sans cesse en mouvement. La réactivation d'un objet, le savoir qu'il transmet à un moment précis ne sont possibles que parce qu'il est lui-même relié (et a été autrefois relié) à une infinité d'autres objets et personnes. La chaise ne livre pas le même message et n'incite pas aux mêmes gestes selon qu'elle est dans une salle d'attente ou sur un trottoir près d'une poubelle (Rosselin, 1994). L'immobilité des choses, qui nous rassure tant, se révèle n'être qu'une apparence à celui qui plonge dans leur vie intérieure.

Mémoire sociale et mémoire individuelle

La culture cristallise sa mémoire dans la nébuleuse des objets : ils nous répètent ce que des siècles de pensée et de manipulations ont progressivement mis au point (Halbwachs, 1950). Mémoire technique conservée grâce à une armée grandissante d'objets-prothèses, d'« artefacts cognitifs » (Norman, 1993) froids et interchangeables. Mémoire sociale, qui par l'inculcation des gestes élémentaires transmet le sens profond d'une société aux jeunes générations. L'enfant domestique les objets, les tire de leur froideur en apprenant ce qu'ils signifient. C'est le premier aspect de la familiarisation : l'intériorisation par les individus singuliers d'une immense mémoire historique, en puisant dans la pyramide collective.

Mais il en est un second, pyramide plus personnelle, qui s'opère dans le cadre de la propre histoire de l'individu : les objets deviennent familiers parce qu'ils enregistrent une part de l'identité, et jouent le rôle de garde-fous du Soi. Ici l'individu donne autant qu'il reçoit, travaillant chaque jour à remodeler et enrichir son univers, inscrivant dans les choses ce qu'elles réinscriront plus tard en lui.

Les objets participent à la fois à la conservation de la mémoire collective d'une société et à la conservation de la mémoire individuelle. Les deux processus sont très différents, se développant dans des espaces et des durées sans commune mesure, selon des règles particulières. Pourtant, lors de l'épisode de la familiarisation, tout est intimement mélangé. L'objet sort de son extériorité abstraite et entre dans le monde de la personne : il acquiert du sens et devient repère. Qu'importe que ce savoir nouveau pour celui qui le découvre vienne d'un passé lointain ou soit inventé par l'individu : l'ensemble fusionne dans un mouvement unique de construction d'un monde personnel qui ait du sens. Jean-Pierre Warnier (1994) illustre cette intrication extrême dans *Le Paradoxe de la marchandise authentique.* La fourche ancienne qui est transformée en pied de lampe tire sa force du fait qu'elle est bien fourche ancienne, outil portant la mémoire de générations de paysans. Mais ce capital cognitif et symbolique est détourné au seul profit de la personnalisation du logis. Bien que la mémoire sociale et technique ne soit pas utilisée (la fourche ne servira pas en tant que fourche), le seul poids de cette mémoire permet au nouveau propriétaire, par un transfert subtil (surtout si la fourche provient de sa famille, ou est typique de la région, etc.), de faciliter son travail de familiarisation des objets.

La familiarisation groupe le social et l'individuel dans un même mouvement de personnalisation. Par contre, elle opère selon deux modalités très distinctes, ce qui a rarement été relevé par les observateurs. C'est un point très important. Il est vraisemblable que la difficulté des sciences sociales à faire parler les objets et à leur donner la place qu'ils méritent provienne justement de son incompréhension. Il me semble donc utile de détailler ces deux modalités.

La familiarisation par l'esprit

La familiarisation par l'esprit est logiquement ce qui vient tout d'abord à l'esprit : nous parlons aux choses qui nous parlent, surtout avec les plus bavardes. Certaines occupent des places de choix dans les histoires individuelles et familiales : la bague autrefois offerte, la gondole ramenée de Venise, le rideau déchiré depuis qu'il servit de protection dans un conflit conjugal. Mais aussi : la dernière marche un peu plus haute, le hoquet bizarre du réfrigérateur qui surprend tant les visiteurs, la cachette secrète de la clé (Kaufmann, 1996d). En fait beaucoup de choses sont au moins un peu familiarisées par l'esprit, pensées pour être inscrites dans le monde personnel. Albert Hirschman (1983) explique comment les objets les plus standardisés engendrent souvent de la déception après l'achat, en s'inscrivant trop rapidement dans la routine qui les fait disparaître en tant que nouveautés. Pour prolonger le plaisir, la méthode consiste à garder à l'esprit l'idée de cette nouveauté, à continuer de les contempler avec les yeux du désir. Plus largement, les objets tendent sans cesse à disparaître dans le monde invisible de la routine : ils jouent leur rôle de repères sans être remarqués. Pour éviter cette mort apparente des objets qui affadit le cadre d'existence, chacun s'évertue, de temps en temps, à cultiver leur histoire, à leur redonner un sens explicite : à les garder à l'esprit.

Parfois, la pensée des objets familiers prend une dimension considérable. Ils sont mis en scène dans des scénarios qui leur donnent la vedette : on songe à les changer de place, à les réparer, à les vendre. Dans certaines circonstances, telle l'élaboration d'une liste de mariage, leur seule évocation peut même esquisser les contours futurs de l'histoire conjugale (Cicchelli, 1994).

Pourtant, la familiarisation par l'esprit ne représente pas la modalité principale. De nombreux chercheurs ont échoué à comprendre les mystères de l'élargissement de l'identité personnelle dans les choses parce qu'ils en sont restés à ce seul niveau (sans parler de ceux qui se sont enfermés dans l'impasse de la sémiotique des objets). La plupart des études sur les interactions homme-objet traitent d'une relation « intellectualisée, idéelle, alors qu'elle est aussi une relation physique » (Rosselin, 1994). Plus largement, les courants dominants en sciences sociales ont tendance à accorder une place déterminante à l'esprit et à minorer celle du corps (Connerton, 1989). Alors que reste ignoré le plus important : le monde invisible de la routine, résultant d'une familiarisation qui passe non par l'esprit conscient mais par le corps. Le gros de la troupe — l'armée innombrable des objets anodins et sans histoire — est erronément masqué par quelques bataillons de porteurs de symboles.

La familiarisation par le corps

Que se passe-t-il quand l'objet disparaît dans le monde invisible de la routine ? Sa mort n'est qu'apparente : en fait, il reste très actif en devenant support des automatismes corporels. Dans la familiarisation par l'esprit, l'identité se diffuse dans les objets qui portent un sens explicite. Ici, il est encore plus surprenant de constater que la frontière de la personne n'est pas celle que l'on imagine, que la peau n'est pas la vraie limite du corps : « L'espace corporel des êtres est à géométrie variable » (Bessy, Chateauraynaud, 1993, p. 158), il s'étend en rapport direct avec les mouvements de la familiarisation. L'objet disparaît dans le monde invisible de la routine tout simplement parce qu'il est incorporé, au sens strict : introduit dans l'univers des gestes qui vont de soi.

C'est ce que Christian Bessy et Francis Chateauraynaud appellent le « régime d'emprise » : l'objet est pris dans le monde implicite de la personne au point de ne plus apparaître comme objet. Pour qu'il émerge à nouveau, « il faut qu'il puisse être détaché du corps pour être traité comme une chose extérieure » (1993, p. 158), objectivé. « L'état des personnes et des objets n'est pas stabilisé » (p. 159), l'extension du corps est renégociée en permanence.

Généralement, l'objet passe d'un coup du régime d'emprise à l'objectivation, apparaissant brusquement en tant qu'objet comme s'il n'avait jamais été incorporé (plus l'incorporation a été profonde, moins elle laisse de traces dans la mémoire consciente). Dans certains cas pourtant, la transition est plus délicate, et se produit un décalage : une sensation est ressentie comme si l'objet faisait partie de soi alors qu'il vient pourtant d'être séparé du corps (c'est justement l'événement à l'origine de la sensation qui a produit cette séparation). Les objets les plus intimes, les plus proches du corps, occasionnent souvent de telles sensations. Voici l'exemple de Raphaël, qui ne vit pas sans émotions l'achat de ses slips au supermarché, lorsque « la caissière les touche. C'est drôle, parce que je ne l'ai jamais mis, c'est qu'un bout de tissu, mais ça me fait quelque chose, vraiment. » Ou celui de Bernadette, qui semble tenir autant aux « petites affaires » de son sac à main qu'à la prunelle de ses yeux : « Personne n'y met son nez, même mon mari. Je sais pas, j'aurais l'impression d'être violée. » Elle distingue un premier degré, le regard, et un second, le toucher, qui la fait sursauter à la seule évocation de ce geste intolérable. Parfois, la soudaineté de la transition peut faire éprouver des émotions pour des objets moins intimes ; la force de l'incorporation préalable n'en ressort que plus nettement. Christelle ressent de telles sensations bizarres quand un coup de balai un peu trop violent lui échappe et va heurter le pied de la commode. « Je dis "aïe !", comme si j'avais mal. Je crie pour la commode, comme si je sentais qu'elle avait mal. Mais c'est presque comme si j'avais failli avoir vraiment mal, moi. Je crois : même pour le balai. C'est idiot, hein ! je crois que j'ai mal même pour le balai ! » La surprise de cette douleur vaguement ressentie dans son propre corps alors que le corps est indemne est encore plus incompréhensible pour le balai. Passe pour la commode, meuble d'apparat, qui a pu être endommagée dans l'incident : il est imaginable que l'on souffre dans l'idée de la défense esthétique de son univers, sentiment abstrait pouvant plus facilement englober l'objet. Mais pour le balai un tel argument est insoutenable : la douleur n'est qu'immédiate, sans arrière-pensées, physique.

Prises, manipulations, incorporation

Les objets entrent et sortent de l'espace corporel de façon incessante. Quand pour une raison ou une autre un objet familier se manifeste à nouveau en tant qu'objet, le corps diminue son emprise et se rétracte d'autant : son étendue réelle, au-delà des limites de la peau, n'est pas une réalité stable (Bessy, Chateauraynaud, 1993). La logique instinctive de l'individu est d'élargir cette emprise, infatigablement, jamais découragé par la réémergence des objets. Ce travail de Sisyphe ne se mène pas à partir d'une volonté consciente, mais uniquement par le corps, dans le silence du non-pensé. Notamment grâce aux mains, en touchant les objets, en les inspectant du bout des doigts, en les caressant comme pour les domestiquer. « Le corps décide en ce qu'il "attrape" ou "comprend" le mouvement adéquat avant même qu'une quelconque représentation interne, conceptuelle, modulaire, ne soit élaborée » (*idem,* p. 162). Quand l'objet est connu, qu'il s'agit simplement de le réintroduire dans le monde invisible de la familiarité d'où il a été sorti (ou de confirmer que cette réintroduction s'est bien opérée), le procédé est simple : il suffit de retrouver ses marques, de répéter les mouvements de danse mille fois accomplis avec l'objet. Quand par contre il est nouveau, le problème est plus difficile à résoudre. S'engage alors un corps à corps, un « tripotage » visant à « identifier de nouveaux repères dans le contact avec les choses » (Thévenot, 1994, p. 93). « Exploration inquiète » (*idem*, p. 94), avant de parvenir à le toucher comme il convient pour le faire entrer en soi.

Ces tripotages et bricolages permanents des objets qui nous entourent ont alimenté l'idée que l'univers du quotidien pourrait être vu comme un art de la ruse, d'une personnalisation conduite par l'intermédiaire d'actions marginales de détournement. Michel de Certeau notamment (1980), avec l'intelligence et l'élégance d'exposition qui le caractérisent, a construit une part de sa renommée sur cette idée. Or elle me semble erronée en ce qu'elle prend un processus central pour un simple mouvement de révolte en forme de détail. Il n'y a qu'accessoirement ruses aux marges et détournement (sauf à penser que tout est ruses aux marges et détournement) : la construction du monde allant de soi, base la plus solide de la réalité sociale, s'effectue de façon privilégiée par les tripotages et autres bricolages du quotidien.

La rivalité entre le corps et l'esprit

Comment trouver dans l'objet ce qui formera les bons repères de l'action future ? Les mains constituent un instrument privilégié d'exploration, mais qui souvent ne suffit pas : il faut développer au minimum des perceptions intuitives (Dodier, 1993), et parfois davantage, une véritable réflexion de type rationnel. Or cette dernière a pour effet inéluctable de faire émerger l'objet et de réduire l'espace corporel. Il y a donc contradiction, rivalité aiguë entre le corps qui cherche à élargir son espace et l'esprit qui le réduit en reconstituant l'objet.

Notamment pour les objets techniques, dont la manipulation n'est pas évidente. Prenons le cas d'un appareil qui vient d'être acheté, accompagné de son mode d'emploi. Celui-ci n'est pas toujours bien rédigé et constitue rarement un guide parfait (Boullier, 1992). Mais à peine déballé le carton, même un mode d'emploi bien rédigé devient problématique. Car le nouvel acquéreur n'a qu'une hâte : toucher, trouver ses marques personnelles, commencer déjà à incorporer, à faire disparaître l'objet en tant que réalité extérieure. Or le détour par le mode d'emploi est le pire des obstacles : il le reconstitue et l'extériorise tout en l'installant dans les pensées. Cette rivalité explique que l'épisode soit souvent vécu de façon désagréable, nerveuse, et le mode d'emploi accusé au-delà de ce qu'il mérite. Généralement, la difficulté est résolue par un découpage en deux phases : le mode d'emploi est rapidement lu pour découvrir quelques prises initiales, puis c'est le tripotage qui prend le dessus, avec report au mode d'emploi seulement quand la prise n'est pas trouvée ou s'avère mauvaise. Les constructeurs le savent bien : il est rare qu'un mode d'emploi soit lu intégralement. Le corps cherche à engloutir l'objet dans la routine avec un minimum de détour cognitif.

L'incorporation et la pensée rationnelle constituent les pôles extrêmes de la contradiction. Entre les deux, la position de la familiarisation par l'esprit est ambiguë.

Au premier abord, elle semble proche de la familiarisation par le corps, sorte d'extension, de redoublement ajoutant une dimension symbolique. Elle opère quand insensiblement la routine se transforme en rituel, c'est-à-dire en réalité répétitive vécue avec une signification explicite. Par exemple la routine de la fermeture de la porte devient rituel de conjuration quand la poignée est secouée de façon obsessionnelle pour vérifier la fermeture (Kaufmann, 1996d). Elle semble proche également de la familiarisation par le corps dans son opposition à la pensée rationnelle : le rituel de conjuration se fait sourd quand on lui dit que secouer la poignée un nombre exagéré de fois ne sert à rien.

Mais d'autres éléments rapprochent la familiarisation par l'esprit de la pensée rationnelle, notamment leur lieu d'origine, identique ou au moins très proche : le cerveau conscient. Il est relativement facile à une idée de passer de la glorification à l'analyse critique ou inversement ; elles sont comme voisines, elles restent des idées. Alors que le voyage partant du corps est plus lointain. Paradoxalement, les objets du monde invisible de la routine corporelle semblent plus structurants de l'univers familier que ceux qui paradent officiellement sur le devant de la scène.

Trajets et territoires du Soi

L'univers familier se construit grâce aux prises visuelles et gestuelles sur les objets. Ainsi qu'en les reliant entre eux : des enchaînements s'opèrent, des suites de mouvements en forme de danse avec les choses. L'individu suit des trajets réguliers et précis parmi mille autres qu'il n'empruntera jamais. Il se repère à des indices subtils, d'autant mieux connus qu'ils font partie de lui : il ne fait qu'un avec ses trajets familiers.

Le logement exerce une contrainte technique, l'histoire une contrainte sociale : certains trajets sont plus ou moins imposés. Mais même semblable à celle du voisin, la danse avec les choses est toujours exécutée à sa propre manière. Et les marges d'interprétation personnelle restent grandes. Un jour, par exemple, Mauricette a mis le linge sale dans le bidet. Depuis, cet endroit est devenu le lieu évident du stockage ; seul le regard extérieur révèle son étrangeté. Sans compter que la conception du logement oblige souvent à inventer des cheminements sinueux. Prenons le cas du lave-linge : sa localisation n'a pas été pensée par les concepteurs d'appartements. Les habitants sont donc obligés d'imaginer une solution personnelle. Seulement deux pièces sont raccordées à l'eau courante : la cuisine et la salle de bains. Le lave-linge doit donc nécessairement y trouver sa place. Or la sensibilité de l'époque le rend de plus en plus intolérable en ces lieux. Dans la cuisine, la simple idée de la proximité entre linge sale et aliments fait pousser de hauts cris. Dans la salle de bains, l'exiguïté de la pièce rend problématique le confort du bain quand elle fait également office de buanderie. Pourtant chacun finit par trouver une place, et très vite à s'y habituer, ne maintenant son indignation que pour le choix adverse : les partisans de la salle de bains ne comprennent pas les tenants de la cuisine, et inversement. Avec une inégalité de plus en plus marquée entre les deux camps : la cuisine (pourtant lieu de traitement du linge au début du siècle) est en train de perdre la partie.

La marge de jeu est d'autant plus grande que nombre d'objets ne sont pas fixes, qu'ils occupent des positions successives dans un cycle déterminé par l'individu. Les trajets familiers des personnes se réfèrent donc à des objets qui eux-mêmes suivent des trajets. Le linge par exemple, dans les différentes phases de son traitement, traverse plusieurs pièces. Première étape : le stockage du linge sale. Certains possèdent un débarras ou une pièce de réserve. Mais y compris dans ce cas, un petit tas provisoire est souvent formé dans la chambre où l'on se déshabille, ainsi que dans la salle de bains. En l'absence de pièce adaptée, c'est la salle de bains qui reçoit le gros du stockage. Deuxième étape : le lavage. Dans les maisons, il existe souvent un coin « buanderie » dans la cave ou le garage. Dans les appartements, seule solution : la cuisine ou la salle de bains. Troisième étape : le séchage. Ici la gamme des choix est très large. Depuis les bienheureux qui possèdent un jardin, jusqu'aux adeptes de la technique qui préfèrent le sèche-linge (mais à nouveau : où le mettre ?), en passant par les squatters de balcons et de radiateurs, de dossiers de chaise et autres placards où passe un tuyau de chauffage. Sans oublier la pièce de toutes les solutions quand la crise devient aiguë : l'inévitable salle de bains, parfois agrémentée d'un séchoir à coulisse au-dessus de la baignoire. Quatrième étape : le linge en attente d'être repassé. Ici la variété est très grande, avec une prédilection pour la chambre ou le salon. Repli sur la chambre pour ceux qui souhaitent conserver belle apparence à leur pièce de réception ; choix de cette dernière pour les autres qui privilégient la fonctionnalité. Car l'étape suivante, le repassage, se déroule dans la plus belle pièce du logement. Apothéose pour le linge : après avoir circulé dans les coins et recoins les plus divers, il a enfin droit aux honneurs. Dernière étape enfin : le rangement. Retour vers les chambres, dans les commodes et armoires, où chacun trouvera son linge personnel prêt à être utilisé. C'est souvent là que le premier tas de linge sale avait été constitué. La boucle est donc bouclée, l'ensemble des pièces ou presque a été visité.

À chaque endroit, à chaque étape du cycle de circulation, la part du Soi déposée dans la danse avec l'objet est différente, les repères déterminent un enchaînement de gestes particulier. L'individu du soir laissant ses vêtements sales en tas dans la chambre n'est pas l'individu du matin qui met le même tas dans le lave-linge. Il ne touche pas les choses de la même façon, avec les mêmes idées en tête. Il est vraiment un autre, dans un autre système de pensée et d'action, changé par la perception différente des mêmes objets.

Quant aux objets, eux aussi ils changent. Nous avons vu qu'ils entraient et sortaient continuellement de l'espace corporel. Nous voyons maintenant qu'ils délivrent un message nouveau à chaque mouvement spatial qu'ils opèrent. Certes, ils ne bougent pas d'eux-mêmes. Mais leur signification évolue à mesure qu'on les fait bouger. Et ces mouvements sont d'autant plus fréquents que les objets ne constituent pas une société à part : à tout instant, à tout endroit, ils sont intimement reliés aux personnes, dans des chaînes innombrables et mouvantes qui forment le social.

Un des défis majeurs posés à la sociologie concerne l'analyse des articulations individu/société, le dépassement de la coupure séparant les théories privilégiant les déterminations du social et celles qui soulignent la liberté et la créativité des acteurs (Elias, 1991a) : comment la société produit-elle les individus tout en étant produite par ces derniers ? L'analyse dynamique des objets permet d'avancer des réponses nouvelles. Elle montre que la personne s'inscrit dans des processus de production de soi à géométrie variable, que le corps sociologique ne se réduit pas au corps biologique et ne peut être considéré comme une donnée fixe.

III.

LES PERSONNES ET LES CHOSES

La concurrence

Les objets ne peuvent être assimilés aux personnes ni ces dernières réduites à l'état d'objets. Car les personnes sont douées d'initiative : l'interaction entre individus est un jeu plein de surprises, où il arrive que l'on soit profondément transformé par l'autre (de Singly, 1996). Comparée à ce monde agité, l'interaction avec les objets est beaucoup plus tranquille et reposante ; garde-fou du Soi quand le Soi fait des folies par ailleurs. Si calme qu'elle en devient terne et finit par se faire oublier, que les sciences sociales en particulier n'ont d'yeux que pour les personnes.

Je l'ai dit : c'est une erreur ; les choses sont tout aussi importantes bien que plus discrètes. Elles sont étroitement mêlées à la moindre des actions humaines. Et elles ne se contentent pas de les accompagner, de les soutenir : régulièrement elles jouent les premiers rôles. Y compris les choses les plus anodines, mesquines. Au moment précis où je me sens l'obligation de débarrasser la table, les miettes qui la recouvrent deviennent plus importantes que tout au monde ; plus importantes même que l'enfant en train de faire ses devoirs dans la pièce d'à côté. Certes, les miettes ne garderont pas longtemps ce rôle de premier plan (alors que l'enfant sera souvent à l'avant-scène par la suite). Mais à cet instant, ce sont elles qui guident mes pensées et mes actions. Or elles ne sont qu'une des milliers de choses qui nous entourent, infiniment plus nombreuses que les quelques personnes familières : dans la ronde interactionnelle avec les personnes et les choses, ces dernières se relaient pour ravir la vedette aux personnes.

Pour l'homme ordinaire, il n'y a aucune hésitation : une famille, c'est un groupe de personnes. Vivant dans un lieu personnalisé bien sûr, entourée d'objets, mais qui ne forment guère plus qu'un décor. L'observateur qui se libère de ses *a priori* sur la hiérarchie pouvant exister entre les personnes et les choses découvre une réalité bien plus incertaine : des nébuleuses d'interactions d'une complexité et d'une mouvance inouïes, des inversions continuelles entre les personnes et les choses pour occuper le premier plan ; dans la plupart des familles il n'existe pas de hiérarchie durable. Lorsque l'observateur s'est habitué à prendre en compte le rôle primordial des objets, il constate que se dégagent cependant des styles familiaux différents : ici sont privilégiées plutôt les personnes et là les choses. L'idée erronée selon laquelle la famille est une réalité évidente ayant des contenus stables et identifiés (Kaufmann, 1996a) masque ces variations et crée l'illusion que tous les ménages vivent selon des modèles proches. Or un même geste peut s'inscrire dans deux systèmes de pensée et d'action très éloignés. Ici le repassage des petits vêtements sera amoureusement effectué en rêvant d'enfants rayonnants admirés par l'entourage ; là il sera tout aussi amoureusement effectué mais pour le plaisir de la pile impeccable dans l'armoire. Seul le coup de fer est identique.

La hiérarchie respectée

La hiérarchie officielle (ne se préoccuper des choses que dans la mesure où elles sont nécessaires aux personnes) est parfois respectée. Mais, bizarrement, plutôt dans des situations domestiques particulières, voire marginales. Le cas le plus notable est celui de jeunes couples, pour la simple raison qu'ils ont très peu de choses ; leurs préoccupations sont ailleurs. Cas également fréquent : des ménages proclamant leur refus de l'ordre ménager, au nom de la priorité du relationnel, d'une « maison vivante » (pour reprendre leur expression favorite). Souvent, c'est la désorganisation de fait de leur intérieur qui les pousse à tenir ce discours, discours décalé par rapport à leurs préoccupations quotidiennes. Car paradoxalement les objets qu'ils voudraient mépriser ne cessent d'occuper le devant de la scène. Plus ils cherchent à les ignorer, plus ils s'imposent : la chemise exceptionnellement à repasser occupe démesurément l'esprit, l'agacement provenant du sol qu'on ne se décide pas à laver finit par devenir lancinant.

En définitive, les familles ayant une hiérarchie claire non seulement dans leurs proclamations mais aussi dans le secret de leurs pensées sont peu nombreuses. Il arrive qu'il en aille ainsi pour les adeptes des « maisons vivantes » (lorsqu'ils sont profondément cohérents dans leurs choix et non quand le fouillis est malgré eux). L'exemple de Raymonde est différent. Sa vie a été un combat acharné contre le désordre des choses, pour les personnes, au nom d'une morale familiale : faire le maximum pour les enfants. « Je courais tout le temps, je voulais que ce soit vite et bien, mais tout ça par rapport à la famille. Toujours, toujours j'ai fait attention à eux. Je l'ai dit à mon mari : ce que je voulais c'était m'occuper d'eux. » Elle s'était fixé une suite d'obligations impératives : qu'ils prennent leur petit déjeuner dans de bonnes conditions, qu'elle se rende disponible pour aller les chercher à l'école, qu'elle ne compte pas son temps pour surveiller leurs devoirs, qu'ils aient tous les quatre un bain chaque soir, etc. « Même si j'avais des bottes, que j'étais en train de soigner les veaux, j'enlevais tout et j'allais les chercher. Je me disais : c'est mon rôle. » Elle mit un point d'honneur à ne jamais se faire remplacer, ne serait-ce qu'une seule fois, pour le trajet de l'école : elle devait être là, toujours, c'était au-dessus de tout. Elle est visiblement fière de cet exploit, dont elle parle avec de la passion dans le regard. Au contraire, elle n'évoque les tâches ménagères que d'un ton neutre et le plus brièvement possible. Pour Raymonde, les objets ne sont que des supports pour atteindre des objectifs supérieurs, sa vie tout entière a été dirigée par une éthique familiale qui donnait à son corps la force de se dépasser. C'est pour les enfants, et uniquement pour eux, qu'elle est parvenue à déplacer des montagnes.

La famille-prétexte

Changeons totalement de monde avec Rénata, pour voir comment au contraire les objets peuvent prendre le dessus et dominer une existence. « Dans la maison de mon enfance, ça brillait partout, toujours superbe, c'est peut-être pour ça que je suis déformée aussi. » Elle garde des souvenirs merveilleux de cet univers enfantin où les choses étaient à leur place, belles. Elle n'a jamais pu imaginer qu'il pourrait en être autrement dans le monde qu'elle créerait de ses mains. Sa maison est donc parfaite ; sans jamais la moindre poussière. Un jour, elle connut de brusques difficultés financières et professionnelles, risquant même de se retrouver à la rue. Ne se laissant pas abattre, elle décréta un véritable état de guerre contre les forces de la désorganisation. Elle augmenta encore le rythme effréné de ses journées, elle qui était déjà extraordinairement rapide dans ses gestes et qui dormait très peu ; elle dormit encore moins. Elle ne fit pas la moindre distinction entre mobilisation pour le travail et agitation ménagère : le combat contre la saleté et le désordre s'inscrivait comme le combat professionnel dans un unique mouvement de lutte pour la vie. C'est ainsi que les choses devinrent encore plus rangées et encore plus brillantes malgré la crise dans laquelle elle se débattait. Ce rapport extrême avec les objets structura tellement le cadre de son existence qu'il lui devient aujourd'hui difficile de le réformer. Un changement serait pourtant nécessaire, car sa vie n'est plus la même. Ses affaires vont bien désormais (elle est propriétaire d'un salon de coiffure), elle pourrait se calmer. Et elle n'est plus seule comme autrefois. Jérôme, son mari, n'est d'ailleurs guère enthousiaste, ne comprenant pas ce si haut degré d'exigences : « J'ai l'impression de vivre dans un musée, qu'il n'y a pas de vie, par moment j'en ai marre. » Il a tenté discrètement de calmer la fougue rangeresse de Rénata. Elle affirme avoir mis de l'eau dans son vin : elle est fière de nous annoncer qu'elle ne repasse plus ni les torchons, ni les serviettes de bain, ni les sous-vêtements. Quant aux draps, elle est parvenue désormais à ne plus repasser « que 25-30 centimètres autour », alors qu'elle les repassait intégralement. C'est un combat quotidien, acharné, centimètre par centimètre, un combat contre elle-même. Mais le changement reste limité :

poussée par la force des choses, elle ne peut sérieusement se désengager. Même quand elle pense qu'il serait bien de le faire, pour Jérôme, pour leur couple. Car ici le relationnel est entravé par le ménager. Non seulement les objets passent avant les personnes, mais ils sont devenus un obstacle à la vie conjugale. Parfois, il arrive à Rénata de regretter le temps où elle vivait seule : « C'était beaucoup plus facile faut dire, c'était plus simple de s'organiser. »

Certes, l'histoire de Rénata est extrême. Néanmoins, très nombreux sont ceux qui, à leur manière, ont des folies d'ordre pour telle ou telle chose. Quand on les interroge, ils déclarent bien entendu agir au nom de la famille. Mais la famille peut facilement devenir un prétexte, un simple arrière-fond sur lequel se dégage le corps à corps individuel avec l'objet. Ce glissement s'observe en particulier dans des activités comme le repassage, où la ménagère vit non sans plaisir le perfectionnement de son art. Elle repasse pour la famille, elle construit du familial en repassant. Mais il est frappant de constater que cette fabrication symbolique du groupe tend à se mener d'une façon très personnelle, solitaire, parfois même secrète : c'est sa famille à elle, telle qu'elle la rêve à travers le mouvement de ses mains, telle qu'elle la voudrait sans doute idéale, « impeccable » pour reprendre le terme fétiche des repasseuses. Ce sont aussi « ses » manières, quelles que puissent être les critiques et remarques des usagers du groupe familial. Ce sont enfin « ses » petits plaisirs associés : plusieurs femmes interrogées dans l'enquête ont dit que le repassage était l'occasion privilégiée d'écouter « leur » musique, de voyager dans leurs rêves. Un monde tout à soi, un ressourcement personnel (Filiod, 1996), un corps à corps intime aux habitudes parfois étonnantes : « La nuit, lorsque j'ai une insomnie, je file repasser ma pile, ma montagne de linge, et je me rendors quelques heures plus tard après avoir tout terminé. Ce qui me permet de dire que mes insomnies m'arrangent : j'aime la quiétude de la nuit » (lettre n° 8).

Parfois, l'arrière-fond s'estompe et finit par disparaître : les personnes, au nom desquelles l'action est officiellement menée, peuvent même devenir des obstacles. Voyons le cas d'Irénée. Elle aime son mari et ses enfants : à l'entendre, la famille est ce qui compte le plus. Elle se sent bien près des siens, dans le cocon intime. Mais elle aime encore plus travailler à l'aménagement de ce cocon. Et ce travail par contre ne peut se mener que de façon personnelle. « C'est un travail de solitaire le ménage. » Souvent elle n'a qu'une hâte : que son mari et ses enfants soient partis, pour se retrouver seule avec sa maison. Moment étrange, où les êtres officiellement aimés sont haïs quand ils tardent à partir. L'épisode révèle en fait que ses sentiments les plus forts sont pour les choses : « J'adore ma maison, encore plus quand je suis seule. » Elle l'adore tellement qu'elle sort le moins possible, pour vivre longuement la communion avec son monde secret, où les choses lui parlent dans le silence apparent. « Je suis très très bien chez moi, je suis capable d'y vivre en silence : si je suis ici toute seule plusieurs jours, je ne mets même pas la radio. »

L'exemple quelque peu caricatural d'Irénée permet, par une sorte d'effet de loupe, de prendre conscience d'une réalité plus commune : le ménage est très souvent l'occasion d'un corps à corps individuel avec les objets, détrônant les personnes. Lors de l'enquête, un premier bilan m'incita à penser que la relation personnelle aux objets pourrait être dominante dans la plupart des pratiques domestiques, renversant ainsi la hiérarchie officielle. Les objets seraient-ils à ce point plus importants que les personnes ? En poursuivant l'analyse, au plus fin des gestes et des pensées, il se révéla que la conclusion ne pouvait être aussi abrupte. Car à travers le geste personnel, voire secret, la ménagère recompose du familial. Paradoxalement, la famille se fabrique à partir d'actions fortement individualisées ; la personnalisation de l'échange avec l'objet n'est qu'un moment d'un processus plus large.

La fabrication individuelle du familial

Le plaisir, souvent, vient du geste lui-même, du bercement d'un rythme, de la sensualité d'un contact. Et, plus largement, de la fierté qui émane de l'œuvre réalisée, du chaos vaincu. Après son repassage, madame M. ne se lasse pas de « contempler quelque chose de beau, d'ordonné, d'impeccable : chaque pièce de linge, les piles ». Le terme « impeccable » revient, nous l'avons dit, de façon lancinante chez les repasseuses, car il exprime bien cette qualité du travail composant la fierté. Le plaisir peut être éprouvé longtemps après le repassage, à la vue d'un spectacle d'ordre signalant la perfection ménagère. « J'aime aussi beaucoup repasser les nappes et les serviettes. Quelle fierté ensuite de voir la table dressée sur une nappe impeccable ! » (lettre n° 15). Notamment à l'occasion de ce rituel chargé d'histoire ménagère : l'ouverture de l'armoire (Larroque, 1986). « Quel plaisir d'ouvrir une armoire remplie de linge fleurant bon le propre et de considérer son patrimoine bien rangé. » (lettre n° 16).

Mais il est rare que la famille (belles images de maris satisfaits ou autres rêves d'enfants rieurs) ne soit pas intimement mêlée à la fierté et au plaisir ressenti. « Je peux vous dire pourquoi on aime. C'est que d'un chiffon informe on ressort quelque chose de net, on met en valeur l'étoffe, la forme du vêtement, une broderie. Tout cela sent l'ordre, l'esthétique, et aussi le plaisir de mettre à la disposition de ceux que l'on aime quelque chose que l'on a fait avec amour pour eux » (lettre nº 14). La sensation de plaisir s'inscrit dans un imaginaire composite fait de symbolique des corps, d'amour tissant les liens familiaux, de représentations d'ordre et de propreté, d'odeurs et de souvenirs d'odeurs ; tout est mélangé et se concentre dans une perception agréable, unique et diffuse. Les époques aussi sont mélangées. Passé, présent, avenir : les scènes s'enchevêtrent sans aucun respect de la chronologie. Au centre de cet écheveau mouvant, quelques images d'enfance jouent toutefois un rôle essentiel de référence (Muxel, 1996). De belles images, fortes, idéalisées, coupées de leur contexte, supports emblématiques d'un mythe personnel, toujours accompagnées d'un « halo sensoriel » (Tisseron, 1995, p. 28). Jeux d'enfance : « Je me souviens avoir eu un petit fer et je devais, sur un tabouret recouvert d'un molleton, repasser tous les mouchoirs, les serviettes : j'étais très fière » (lettre nº 18). Tableau du pliage des draps, où les caresses et les chocs avec le tissu restent inscrits dans une mémoire du corps très concrète : « Je me vois encore secouée et bercée par cette toile rugueuse, ça sentait bon » (Marie-Alix). Madame T. reste marquée par un épisode plus tardif, à l'adolescence. Bien que le « cérémonial » l'« horripilât », elle garde un souvenir fort de la discipline des gestes, réglée comme une danse, et du caractère « impeccable » du résultat. « On tenait l'une la tête du drap l'autre le pied, on pliait alors en deux dans le sens de la longueur puis en quatre. À ce moment on avançait la jambe droite et on tirait très fort, puis on pliait en huit, on tirait encore et on se rapprochait l'une de l'autre et maman finissait de plier le drap sur une table : c'était impeccable, bien que ce cérémonial m'horripilât. » Les images fortes venues de l'enfance prennent souvent la forme d'une sorte de décor rempli d'odeurs, dans lequel les personnages semblent enveloppés d'une brume poétique. Comme une scène tirée d'un film, qui reconstituerait la saveur profonde, inexprimable, de ce que l'on porte secrètement en soi, de mémoire longue. Madame E. revoit ainsi sa mère, le 7 mai 1954, jour de la chute de Diên Biên Phu, repassant son « voile de première communiante et écoutant cette nouvelle à la radio, le visage douloureux, grave, pâli par l'émotion, les larmes aux yeux. Pour moi, Diên Biên Phu et ce nuage de tulle virevoltant autour d'une semelle d'argent sont liés à jamais. »

Les belles images familiales qui apparaissent de temps en temps dans les pensées donnent un sens profond aux gestes les plus humbles : la ménagère vérifie pour qui, pour quoi, elle agit. Mais ses mains n'ont pas nécessairement besoin de ces images ; elles peuvent aussi agir toutes seules, n'être rien d'autre que les instruments personnels de la danse avec les objets : la ménagère se limite à « faire le ménage ». Pourtant, par la seule magie de ce contact individualisé avec les choses, même sans imaginaire familial, ses mains fabriquent du familial.

Le terme « famille » est large et désigne de façon équivoque deux composantes : la grande famille, l'ensemble de la parenté, et le petit noyau de personnes apparentées vivant dans un même logement. Ce dernier a une dénomination académique, notamment en anthropologie : le « groupe domestique ». Expression un peu longue, qui tend à être remplacée par un terme davantage employé en démographie : le ménage. Le ménage est donc ce groupe de personnes vivant ensemble, réalité familiale aujourd'hui la plus forte. Or il est désigné par un terme qui renvoie aussi aux gestes les plus élémentaires et les plus vulgaires de la vie domestique. Il y a là à notre avis plus qu'un simple hasard :

l'expression est à prendre au pied de la lettre. Car « faire le ménage », ce n'est pas seulement enlever de la poussière et remettre les objets à leur place : par ces gestes routiniers se fabrique journellement rien d'autre que la base d'existence du groupe domestique. Qui sans ces gestes ne serait rien. « Faire le ménage » (au sens des choses), c'est aussi faire le ménage (au sens des personnes), constituer la famille.

IV.

LE CYCLE MÉNAGER

Qu'est-ce qu'une famille ?

Nous croyons tous très bien savoir ce qu'est une famille. Car nous la vivons intimement, dans notre chair et nos émotions quotidiennes. Le chercheur spécialiste de la question n'en est que plus déconcerté quand il découvre l'abîme de questionnement sur lequel repose cette réalité à la fois forte et fragile. Pourquoi tant de variétés des formes familiales dans l'histoire (Fox, 1972) ? Pourquoi ces différences ont-elles si peu ébranlé l'idée selon laquelle la famille est évidente et naturelle ? Pourquoi est-il si difficile de remplacer l'idée de famille par celle de formes de la vie privée (Commaille, 1996) ? Qu'est-ce qui pousse les individus à se regrouper de la sorte, à déplacer parfois des montagnes en son nom ? Raymonde ne compte plus les montagnes autrefois déplacées. Aujourd'hui, à l'heure de la retraite, elle s'interroge : elle ne sait pas, ne sait plus. Pourquoi tant d'efforts alors que ses enfants (désormais adultes) ne lui en sont pas reconnaissants, qu'ils ont même tendance à la critiquer pour ses excès d'attention à leur égard ? Pourquoi n'avoir pas vécu davantage en tant que personne, pourquoi n'avoir pas su prendre de temps pour elle ?

Essayer de répondre à ces questions confine au sacrilège tant la notion de famille est sacrée. Il faut pourtant le faire pour comprendre, tenter de disséquer les contenus de ce qui apparaît si lisse en surface. Un premier niveau de réponse est assez aisément accessible. Il a été clairement établi en effet que la famille, autrefois réalité institutionnelle reposant sur la tradition, était dorénavant mise en mouvement par les sentiments (Roussel, 1989) : c'est l'amour qui impose sa loi (de Singly, 1991). Jusqu'ici il n'y a pas vraiment sacrilège. Mais il est possible de creuser encore, d'observer ce qui se cache sous le sentiment, de dégager les facteurs qui poussent concrètement à l'action. Le premier est certes l'élan qui attire vers l'autre, puis qui pousse à avoir des enfants et à s'en occuper (Cyrulnik, 1989), élan que l'on peut qualifier d'amoureux. Il conviendrait toutefois d'analyser beaucoup plus en détail comment se greffe la mise en forme culturelle du sentiment sur les pulsions animales du cerveau archaïque. D'expliquer par exemple pourquoi ce qui opère avec des mots en France se joue avec le corps au Brésil (Bozon, Heilborn, 1996), comment s'articulent le désir et l'engagement. D'expliquer aussi les liens complexes entre émotions et pensée rationnelle. Le chantier est ouvert, il a été à peine ébauché.

Même en le disant bien, même en révélant l'infinie variété des contenus amoureux, tout n'est cependant pas dit avec l'amour ; la famille, c'est aussi autre chose. Bien que de façon moins visible, elle reste une institution (Théry, 1996), produisant des normes d'obligation (Martin, 1996) : chacun se sent (vaguement mais irrésistiblement) obligé d'agir d'une certaine manière ; trouver un conjoint, avoir si possible des enfants, être correct avec son partenaire, aider ses parents, bien élever ses enfants, aimer ses proches. D'où le « paradoxe de la famille contemporaine : la force de la régulation affective est telle qu'il semble obligatoire de s'y conformer. Impossible, au moins officiellement, de ne pas aimer son partenaire, ses enfants et ses parents » (de Singly, 1993a, p. 81). Certes, l'on ressent vraiment ces sentiments, parfois avec passion dans les débuts du couple. On se choisit et on s'aime ; mais il est obligatoire de se choisir, et il est obligatoire de s'aimer. J'ai souligné plus haut la quête de normalité dans les sociétés démocratiques : plus les repères de l'action sont ouverts, plus il est nécessaire de se référer à une norme protectrice. C'est pourquoi la famille n'est devenue incertaine qu'en surface. En profondeur, une norme diffuse continue à dire impérativement aux individus ce qu'ils doivent faire. Ils cherchent un conjoint, l'aiment, établissent le couple, ont des enfants qu'ils éduquent comme il se doit, etc., sans se poser la question du pourquoi de leur action : c'est ainsi. « Moi c'est vrai que je suis pas encore entré dans tout ça, dit Raphaël. Ça va parce que je suis jeune. Mais c'est vrai qu'après, continuer comme ça, ça serait pas normal. » Patricia semble prolonger son propos : « C'est comme si on tournait les pages d'un livre. On tourne les chapitres et on découvre la suite : au début on sait pas trop, puis on s'organise, on devient une vraie famille, comme tout le monde. C'est normal. » Dans le regard des autres, dans leurs gestes, dans leurs paroles ordinaires, une norme se dessine et s'impose, avec d'autant plus de force qu'elle apparaît non comme une contrainte mais comme une certitude naturelle : c'est normal. Plus la famille devient incertaine (Roussel, 1989), plus s'impose au creux de la nécessaire évidence l'affirmation de sa naturalité (Commaille, 1996).

Puisqu'un élan pousse vers l'autre et vers les enfants, puisqu'il est « normal » d'agir selon ce modèle conjugal ayant force d'évidence, les familles semblent se mettre en place d'elles-mêmes, naturellement. En fait, la société doit se mobiliser et dépenser une énergie folle. Elle doit travailler, à l'aide de romans, films et chansons, pour que le sentiment prenne consistance. Et par les phrases les plus banales, les images les plus simples, elle doit veiller à reproduire la norme d'obligation. Pourtant tout cela ne suffit pas. Il faut encore ajouter le rôle central des objets, sans qui la mise en place du couple serait impossible. Depuis plus de deux siècles, tout a concouru (du romantisme romanesque aux prédications de l'Église) à raconter une histoire du couple « interne à l'âme », davantage traversée par les sentiments et les larmes que par la routine quotidienne (De Giorgio, 1996, p. 317). Or, sans les objets, l'élan initial ne déboucherait pas sur la constitution d'une véritable famille et la norme d'obligation resterait une abstraction : un à un ils marquent les étapes de la fabrication du familial.

L'objectivation du couple

Au début, le jeune couple n'est que sentiments et désirs, paroles et caresses. Les premiers objets qui arrivent dans cette histoire jouent rarement un rôle central tant qu'ils n'interviennent pas dans le cadre d'un logement (où ils vont pouvoir développer toute leur force de structuration sociale). Ce moment ne tarde cependant pas à venir. Contrairement aux fantasmes exotiques véhiculés çà et là, l'amour s'accommode mal en effet de l'inconfort : les deux partenaires ont besoin d'un lit. Généralement il s'agit du lit de l'un, qui prend donc le rôle d'invitant. L'autre, l'invité, amène simplement avec lui quelques objets personnels : affaires de toilette, vêtements, livres et disques (Martin, Le Gall, 1993). Aussitôt, les deux protagonistes manipulent les objets et reformulent leurs trajectoires familières. L'invitant, sans trop s'en rendre compte, change ses marques, réduit son espace dans la salle de bains, range ce qui auparavant n'était pas rangé. L'invité est plutôt dans la peau d'un explorateur, découvrant ses nouveaux chemins avec une rapidité étonnante. Et peu à peu les objets changent, insensiblement et secrètement, comme si cette mue s'effectuait de l'intérieur d'eux-mêmes : le lit, les chaises, la table, le réfrigérateur, la gazinière, qui étaient personnels, deviennent « notre » lit, « nos » chaises, etc. En quelques semaines ou quelques mois, l'ensemble se transforme, se collectivise : un deuxième nom peut apparaître sur la boîte aux lettres. Les objets qui auparavant portaient séparément la mémoire de deux personnes singulières portent désormais la mémoire du couple. Ou plus précisément certains objets, car d'autres résistent, les vêtements bien sûr, mais aussi tel baladeur ou telle tasse à café, refusant la conjugalisation. La forme future des échanges (de type fusionnel ou associatif) est en jeu dans ces combats discrets autour des choses (Gacem, 1996).

La suite est plus calme et peut être décrite comme un processus d'accumulation régulière. Jour après jour, de nouveaux objets et de nouveaux gestes de danse avec les anciens s'ajoutent au patrimoine conjugal, constituant et densifiant la réalité familiale, arrimant les individus tout en les entraînant dans la fuite en avant domestique, l'accumulation sans fin. Mille objets, anonymes, participent à cette construction matérielle du fait familial. Quelques-uns sont des marqueurs plus forts : le lit, objet fondateur ; le lave-linge, indicateur d'une étape essentielle dans l'intégration ; le paillasson, symbole de l'établissement dans le nouveau système de valeurs ;

l'objet des objets enfin, la maison, l'accession à la propriété, aboutissement rêvé (Bonvalet, 1990). Dans les premières phases, les objets s'accumulent sans que rien ne semble changer dans les têtes : le couple s'imagine encore léger, libre comme la jeunesse, refusant l'enfermement ménager. Puis brusquement tout s'accélère ; après le lave-linge et le paillasson, la vie insouciante prend du plomb et une idée lourde d'avenir tombe sur les acteurs de ce scénario involontaire : ils sont devenus une vraie famille. Ils inscrivent alors leur présent dans la durée, changent d'opinion sur le mariage, pensent à avoir un enfant (Bertaux-Wiame, Gotman, 1993) ; et éprouvent une soudaine fringale d'achat d'appareils et objets divers (Mormiche, 1990) pour consolider cette réalité familiale élargie.

L'élan ménager

Rendus à un certain stade, les partenaires conjugaux découvrent qu'ils ont acquis un nouveau système de valeurs, un « esprit domestique » les poussant à s'engager dans le perfectionnement de leur organisation, alors qu'ils n'étaient jusque-là que deux individus lâchement enchaînés l'un à l'autre. Les objets et leur accumulation progressive sont, toujours, à la base de ce retournement. Parfois ils ont un rôle plus direct et précipitent les événements. Ainsi Yann était-il encore dans une phase clairement prédomestique (« Mes vêtements je les ai emmenés par sacs entiers chez ma mère, jusqu'à 25-26 ans ») quand ses parents vinrent lui installer un vieux lave-linge dont ils n'avaient plus l'usage. Il entra alors assez brusquement dans le monde de l'entretien du linge sans s'en rendre compte. L'évolution fut identique avec un vieux fer à repasser qui avait suivi le même trajet. « Du coup j'ai mis une couverture sur une table et j'ai commencé à apprendre la difficulté du repassage. » Raphaël est dans une situation semblable. Où en est-il aujourd'hui ? Il hésite à répondre. Il avait une vision claire de son logement : c'était un simple « pied-à-terre », car la vraie vie était ailleurs. « Mon appartement je le prends comme un pied-à-terre, c'est juste un lieu où je dors, le confort ne m'intéresse pas dedans. » Il est exagéré de dire qu'il ne faisait qu'y dormir : il y mangeait parfois, y travaillait un peu, écoutait de la musique, salissait, dérangeait des objets ; et logiquement avait à les remettre en place et à nettoyer. Or ces quelques gestes fonctionnels déclenchèrent en lui de drôles d'idées, des sensations bizarres, incongrues et inconnues : « Une sorte de plaisir matériel que je ne connais pas beaucoup » (lui qui fait un minimum de tâches ménagères et les trouve très pénibles). L'élément nouveau est l'apparition de l'image d'un vrai chez-soi : « Mais quand je range mon appart, c'est vrai qu'il commence à prendre un peu de gueule, qu'il commence à devenir quelque chose de crédible, un vrai chez-moi. » Raphaël, qui a le sens de la formule, a eu la révélation du caractère progressivement « crédible » de son œuvre ménagère. Il entre en effet dans une nouvelle croyance, dont il n'imagine sans doute pas aujourd'hui jusqu'où elle pourra le mener.

Lola semble raconter la version féminine de la même histoire : « Avant je sortais, le ciné, des spectacles de danse, les copains. J'avais même une vie associative (je m'occupais d'enfants africains). Maintenant avec l'appart, je ne peux plus me le permettre. » Elle est plus avancée que Yann ou Raphaël dans l'émergence d'un esprit domestique. Le fait qu'elle soit une femme n'y est sans doute pas pour rien. Ces dernières en effet répondent avec plus de force à l'appel des choses de la maison, même quand elles voudraient rester indifférentes

(Kaufmann, 1992). Lola a donc déjà changé ses priorités : fini ou presque les sorties, fini les copains : elle plonge dans l'univers domestique. D'autant plus facilement qu'elle se sent investie d'un rôle : « C'est à moi de le faire, il faut que je sache le faire. » Elle vit avec son ami depuis dix-huit mois. Le goût pour l'ordre ne lui est venu que récemment. Avant, il y eut une première évolution, qui en a créé les conditions : l'apprentissage de rythmes réguliers. Dans les premiers six mois de vie commune, ils n'avaient en effet aucune régularité dans leurs horaires, y compris pour les levers ou les repas : c'était « comme ça arrivait » et « quand on avait envie ». Fluctuation accentuée par les visites impromptues des copains. Ils ne se sont acclimatés à l'idée du chez-soi qu'après avoir apaisé cette agitation. C'est alors que d'autres envies ont commencé à fleurir dans les rêves de Lola. À la différence de Yann ou de Raphaël, le changement ne lui vient pas de ses mains : elle songe. Ce qui, peu à peu, l'a conduit à définir un idéal de propreté et de rangement. Mais son corps est rétif, il a du mal à suivre ces hautes exigences. Dans les temps ordinaires, le ménage reste donc assez rudimentaire. Si par contre une visite est annoncée, l'idéal se réactive, comme s'il n'attendait qu'une occasion pour se manifester. Elle trouve alors des gestes nouveaux et rageurs, déploie avec aisance une énergie insoupçonnée, nettoie et range absolument tout. Lola a un double système de référence. La norme haute, bien qu'appliquée seulement de temps en temps, est en fait son repère principal, l'objectif d'avenir, qui la fait chaque jour progresser dans son épopée ménagère.

La famille construit ses fondements au jour le jour, dans la danse avec les choses ; les personnes ne sont pas toujours au premier plan. À certaines occasions, elles jouent cependant un rôle décisif. Qu'aurait été l'histoire ménagère de Lola si elle avait vécu seule ? Vraisemblablement elle aurait découvert les mêmes envies ou à peu près ; mais à un autre rythme. Car la mise en couple donne un coup d'accélérateur à la dynamique d'organisation domestique. Le plus souvent. Nous avons vu en effet avec Rénata qu'il pouvait en être autrement, que le couple pouvait diminuer l'élan quand le système était auparavant déjà très développé, et qu'une discordance se faisait jour entre choses et personnes. Quand il y a accord au contraire, l'enrichissement des relations entre personnes a tendance à intensifier la danse avec les choses, dans un même mouvement de mobilisation familiale. Cela se vérifie en particulier lors de la naissance du premier enfant.

Avec cet événement, le couple saute brusquement dans une nouvelle phase de son existence, le petit personnage prenant une place énorme : la vie ne sera plus jamais comme avant. Certes, le scénario avait été imaginé. Mais la révolution est plus forte que ce qui avait été vu en rêve : le bébé devient en quelques instants le point de fixation à partir duquel l'ensemble des pensées et des actions ménagères sont réorganisées. Le premier temps est marqué par l'angoisse du chaos : il faut improviser, dresser des plans à la hâte, se battre contre pleurs et biberons, à la limite de l'épuisement physique et mental. Puis la tourmente se calme un peu, de nouveaux repères apparaissent, l'action reste forte mais est davantage canalisée. Les jeunes parents oublient alors très vite leur vie d'avant. Ils sont devenus deux personnes différentes, déjà inscrites dans un nouveau système de valeurs et de nouveaux enchaînements de gestes.

Comment caractériser cette nouvelle étape ? Le plus apparent est l'augmentation considérable de l'activité : mille tâches ont été ajoutées, une armada d'objets (poussette, table à langer et autre stérilisateur) a fait son apparition. Le plus important est non pas l'augmentation brute de l'activité mais la capacité à la développer : ce qui hier aurait semblé insurmontable est résolu aujourd'hui avec aisance. Car la mobilisation a monté d'un cran : l'action a un sens. Rien n'est difficile quand les activités ont un sens ; or à ce moment elles ont un sens très fort ; plus jamais une telle intensité ne sera atteinte dans le cycle de vie. Plus jamais non plus une telle centration sur l'intérieur : tout ce qui compte vraiment est ici, les loisirs, le sports, les amis sont un peu oubliés. D'où ce paradoxe : malgré la charge de travail et la fatigue, chacun s'ingénie à en rajouter encore, à tricoter des petites layettes, à concocter compotes et purées fraîches, à bricoler et décorer la chambre de bébé. L'activisme est si intense et la centration sur l'intérieur si forte que cet épisode n'est pas aussi favorable qu'on pense à l'usage de services : l'idéal du faire soi-même est à son apogée (Kaufmann, 1996a). Plus étonnant encore : les activités de base, non spécifiquement liées au bébé, telles que l'entretien du logement, ont tendance à être contaminées par la fièvre ménagère : malgré la fatigue et le poids du travail, de nouvelles envies poussent à effectuer le ménage plus à fond.

Mais comment faire ? À nouveau la rivalité entre les personnes et les choses devient délicate à gérer. Au centre est le bébé, lui seul : il est absolument impensable de le sacrifier au culte des objets, le temps devrait tout entier être consacré à le bercer, à le cajoler. Alors un classement subtil s'instaure dans les pensées, un décalage temporel permettant de masquer que (sur le long terme) les choses ne sont pas oubliées : tout pour le bébé tout de suite, certes, les objets seulement dans le temps restant ; pourtant l'idée s'installe d'un nouveau pas de danse avec les choses, plus rythmé et plus élégant, dès que ce sera possible. Avant que les conditions de sa réalisation ne soient réunies, le projet est déjà formé. Il est d'ailleurs si présent à l'esprit qu'il finit parfois par se confondre avec le réel. Ainsi Patricia déclare être devenue « plus maniaque » depuis la naissance des enfants. Or elle n'est ainsi qu'en pensées, en désirs. Dans les faits, elle ne peut encore les mettre en actes (cela ne saurait toutefois tarder : il est prévu qu'elle passe prochainement en temps partiel). Il est fréquent de constater une petite baisse des exigences matérielles au plus fort de la mobilisation. Christelle par exemple vit tout entière pour son bébé : « J'en fais un peu moins, j'en laisse tomber un peu, pour consacrer plus de temps à Manon. » Elle passe moins souvent l'aspirateur, dont le bruit risque de réveiller l'enfant. Question : souffre-t-elle de cette limitation de ses gestes ménagers ? Non, « c'est comme ça ». Imagine-t-elle que ce sera toujours comme ça ? Non, « c'est comme ça maintenant, mais c'est sûr qu'un bel appartement bien tenu, c'est agréable ». Elle rêve d'un autre avenir, elle a déjà des plans. Qu'elle met pour l'instant entre parenthèses, prise par l'envie la plus forte : être avec le bébé. Mais à l'évidence cette situation ne saurait durer. Il suffit d'observer la façon dont elle s'occupe des objets, dans la chambre de Manon, pour constater combien les exigences à renaître, pour l'ensemble de la maison, seront encore plus fortes après cette parenthèse.

L'accumulation des objets fondant progressivement la famille est un processus presque linéaire, régulier, une sorte de fleuve tranquille au cours lent et sans surprise. Les personnes au contraire introduisent des ruptures, des changements de cap, des accélérations soudaines, des débâcles imprévues. La formation du couple, et encore plus la naissance de l'enfant, renforcement des liens familiaux, appellent un renforcement de l'univers d'objets qui soutient la famille. La rupture, la délitescence des liens, peuvent au contraire provoquer un désengagement. Privés de la dynamique relationnelle qui contribuait à donner l'élan, les gestes se font plus lourds. « Au début ça allait, même la cuisine j'adorais. » Pour Arlette, tout a basculé avec son divorce. « Depuis plus ça va, plus je laisse tomber. Au fur et à mesure... toutes les tâches ménagères... maintenant y en a aucune... » Elle est d'autant plus malheureuse que l'ancienne norme reste tapie dans un coin de sa tête. « J'en souffre, je trouve que c'est nul d'avoir des fringues mal repassées. Quand j'arrive chez moi que je vois que c'est dégueulasse, je me dis : c'est lamentable. » Mais son corps refuse désormais de suivre. Avec la cassure du couple, un mécanisme en elle s'est brisé ; comme si elle avait perdu le contact avec les choses.

Sans qu'il y ait rupture, il arrive aussi que le lien se détériore, ne soit plus ce qu'il était, ou s'avère ne pas correspondre au rêve : l'effet peut être aussi désastreux. Carole n'a plus de goût pour la vie domestique, les tâches ménagères lui font désormais horreur. « Le travail ménager c'est une corvée, je n'aime pas faire le ménage... enfin je n'aime plus faire le ménage. Je préfère travailler à l'extérieur, n'importe quoi, mais pas le ménage ! » Avant, c'était différent (elle se souvient de scènes merveilleuses avec les enfants), et encore plus avant, quand elle était célibataire. « J'étais même assez maniaque de mon ménage, maintenant j'en prends et j'en laisse. Par exemple je passais la poussière tous les deux jours, maintenant je ne la fais qu'une fois par semaine » (à observer les lieux, son évaluation semble très généreuse). Pourquoi ce changement ? « C'est la vie de famille. » Et elle détaille le poids insupportable des activités générées par son mari et ses trois enfants. Mais pourquoi aujourd'hui et pas hier ? Parce qu'à l'évidence la famille n'occupe plus la place qu'elle occupait dans ses pensées, qu'elle ne donne plus un sens fort à ses gestes. Ne reste donc plus que l'effort, la « corvée » (elle emploie très souvent ce terme), la pénibilité. Que s'est-il passé dans sa vie ? Je n'ai pas réussi à savoir exactement : il est des secrets qui, bien gardés, permettent de contenir un peu la douleur. Il est toutefois probable que la crise se soit déclenchée à l'occasion d'un changement professionnel, accompagné d'un déménagement. Depuis quelques années (sous l'impulsion du mari, qui en rêvait depuis longtemps), ils tiennent un bar, ouvert de 8 heures du matin à 1 heure de la nuit. L'essentiel de leur journée se passe ici, en public. Ils y prennent leurs repas, elle y fait leur vaisselle (mélangée à celle des clients) et c'est là que le couple et les enfants se disent ce qu'ils ont à se dire. Le « logement » n'est que pour dormir. Elle a d'ailleurs refusé de nous le montrer. « C'est tellement vieux et petit que j'ai honte, je m'arrange comme ça. » Pour que la famille dynamise la danse avec les choses, il faut qu'elle sache elle-même créer du sens et de l'élan. Sinon l'effet est inverse.

Le nid vide

Le départ des enfants du foyer familial (ce qu'il est convenu d'appeler l'épisode du nid vide) peut lui aussi provoquer un affaiblissement du contact avec les choses. Rappelons-nous l'histoire de Raymonde. Elle s'est entièrement donnée pour ses enfants, ne ratant jamais ni une sortie d'école ni un devoir ni un bain. C'était pour les enfants, et uniquement pour eux, qu'elle parvenait à déplacer des montagnes, ne s'occupant des choses que parce qu'il fallait bien s'en occuper. Pourtant, dans un contexte où se développe une telle débauche d'énergie, il est bien difficile de faire la différence entre objets et personnes. Et sans trop s'en rendre compte elle avait élevé ses normes d'exigence : « C'était la bousculade, mais il fallait que tout soit fait, j'étais perfectionniste ; moins maintenant. » Car depuis leur départ, un véritable effondrement s'est produit. Sa journée s'est brusquement vidée, et les uns après les autres les gestes ménagers ont été gangrenés par la démobilisation : « Les cuivres avant j'en avais énormément, maintenant je les ai presque tous enveloppés et je les ai mis dans un tiroir. Avant je faisais mes vitres toutes les semaines, maintenant c'est tous les mois et ça m'est bien égal. » Alors qu'elle ne sait trop quoi faire de son temps, elle a diminué ses échanges avec les choses, qu'elle avait accentués quand elle manquait de temps et voulait s'occuper des personnes. Il n'y a là aucune incohérence : les rythmes varient selon les contextes ; la mobilisation familiale avait créé les conditions de l'activisme. Aujourd'hui, où il lui faut péniblement déployer des efforts pour produire seulement quelques gestes, elle regarde son passé avec étonnement, ayant du mal à se reconnaître dans cette autre femme qu'elle fut autrefois : « Je me dis : comment j'ai pu faire tout ça ? Du matin où on était levé à six heures, on courait, courait, courait tout le temps. Bon mais on est jeune, on en veut, on ne se pose même pas de questions. » Justement, des questions désormais elle s'en pose. Pourquoi cette autre femme a-t-elle agi ainsi ? Et surtout : a-t-elle bien fait d'agir ainsi ? de se donner tellement à fond pour des enfants qui ne semblent pas lui en savoir gré ? Ne leur en a-t-elle d'ailleurs pas trop demandé à eux aussi, n'aurait-il pas fallu davantage laisser la vie aller son cours ? « Avec le recul je me demande si j'en ai pas fait trop, si j'ai pas été trop stricte avec eux, mais ça c'est le recul de l'âge, l'expérience de la vie. J'avais une idée de l'éducation qui me venait de mes parents, une idée comme ça on ne s'en défait pas facilement. » Aujourd'hui elle s'est défaite de l'idée, et de toutes celles qui allaient avec. Le problème, c'est qu'elle ne parvient pas à en mettre d'autres à leur place. Elle se dit par exemple qu'il faudrait qu'elle vive davantage pour elle-même. Mais ce sont des mots qui restent des mots, des rêves qui restent des rêves, impossibles à concrétiser : on n'invente pas un cadre d'existence d'un coup de baguette magique. L'ancienne vie de Raymonde s'est brisée sans que rien ne la remplace : elle continue donc à peu près comme avant, au ralenti, vidée de l'intérieur.

L'appartement d'Éliane, net et rangé, brille dans les moindres recoins. Elle aussi vient de vivre le départ de ses enfants. Mais ici, pas d'effondrement : les gestes semblent avoir continué sur leur lancée, reproduisant les automatismes anciens. Pourtant, à l'entendre, son histoire n'est guère éloignée de ce qu'a vécu Raymonde : « Je suis devenue plus paresseuse. Avec l'âge on relativise les choses aussi. Plus jeune, j'étais plus maniaque. » Comme Raymonde, son corps s'est fait plus lourd depuis que la maison s'est vidée, l'élan est moins fort. Mais, explique-t-elle, les tâches aussi ont diminué : si elle a moins d'énergie, moins de volonté, moins de désir, les activités sont également devenues moins nombreuses. Au total, les apparences d'ordre ont donc pu être maintenues, au moins pour l'essentiel ; la diminution du rythme de la danse ne laisse pas de trace dans les choses.

Son exemple témoigne de l'évolution la plus fréquente. Après le moment fort de la mobilisation familiale, où l'activisme domestique atteint son maximum, s'ouvre une phase de détente, voire de repli, dans le cycle ménager ; bien avant que n'ait sonné l'heure de la retraite. L'aspect délicat à gérer pour les acteurs est qu'ils doivent tenter de ne pas ressentir ce revirement, annonciateur, déjà, de la vieillesse, alors qu'ils sont encore jeunes. La meilleure méthode consiste à garantir le *statu quo* du cadre d'existence, à assurer la continuité de la tenue des choses. Les objets servent ainsi d'indicateurs dans le rééquilibrage subtil qui s'opère, consistant à mesurer la diminution du travail, de façon que les apparences soient maintenues. Les poussières, les salissures, les mauvaises odeurs, déclenchent l'action aux mêmes degrés, mais pas avec le même rythme. « Je suis devenue un peu plus paresseuse », dit Éliane. Autrefois, elle n'avait pas besoin de se forcer, de se dire qu'il fallait faire : la seule vue de la moindre saleté la faisait bondir, chiffon ou balai à la main. Aujourd'hui, elle commence par se dire qu'il va falloir faire, puis passe à autre chose, avant de se décider enfin, non sans avoir à contraindre son corps pour qu'il lui obéisse.

Dans le meilleur des cas, les automatismes restent intacts. La ménagère continue comme avant, sans se poser de questions ; le contact avec les choses est maintenu à l'identique bien que l'environnement relationnel ait changé. C'est dans de tels contextes que les objets montrent à quel point ils peuvent jouer un rôle stabilisateur. Pourtant, nous l'avons dit, l'histoire de leurs rapports avec les personnes est tout le contraire d'un scénario écrit d'avance : les retournements imprévus, les choix contradictoires sont légion. Généralement, la démobilisation familiale lors de l'épisode du nid vide provoque un ralentissement de la danse avec les choses. Mais l'opposé peut aussi être observé : des choses qui en profitent pour prendre la place laissée vide par les personnes, qui renforcent leur présence au premier plan, et provoquent de nouveaux élans. Francine s'est beaucoup occupée de ses deux enfants. Elle avait même dû pour cela « mettre un peu de côté le ménage. Les enfants passaient avant, je faisais l'essentiel bien sûr, le lit, le balai, mais je n'aimais pas beaucoup le ménage, les enfants passaient avant, les poussières, tout ça, ça m'était égal. » Son état d'esprit n'a guère changé depuis. La seule différence est que les enfants ne sont plus là : à défaut de personnes, elle s'occupe donc des choses, sans que cela réponde à une motivation profonde. Le transfert s'est opéré de façon précise dans les rythmes quotidiens. Du temps des enfants, débordée, elle effectuait son ménage le week-end. Aujourd'hui, elle remplit ce temps par des activités plus libres, du jardinage, des discussions avec son mari. Elle fait désormais le plus gros du ménage de 6 heures à 7 heures 30 du matin, avant de prendre son petit déjeuner et de partir au travail. Cette tranche horaire n'est pas une nouveauté : c'était en effet exactement ainsi qu'elle procédait il y a vingt-cinq ans, avant les enfants. Le départ de ces derniers a donc réactivé l'ancienne structure temporelle (le contenu des activités est lui beaucoup plus important qu'autrefois). Bizarrement, les vingt-cinq années passées avec ses enfants apparaissent sous la forme d'une parenthèse dans sa vie (alors qu'elle croyait qu'ils étaient toute sa vie). Elle se retrouve comme autrefois, plus qu'autrefois (car l'interaction conjugale a perdu de sa vigueur), face aux choses. Sans passion (elle préférerait des personnes), mais avec dévouement et esprit d'organisation : jour après jour elle perfectionne son système, s'occupe toujours mieux de sa maison ; qu'elle le veuille ou non, les choses sont bel et bien en train de remplacer les personnes.

Si la première phase du cycle ménager suit un modèle unique, marqué par une accumulation régulière d'objets et une mobilisation familiale grandissante, il n'en va pas de même par la suite : les choix sont multiples, entre désengagement radical et nouvelle poussée d'activisme pour remplir les vides laissés par les personnes. Multiples et subtils dans les articulations entre personnes et choses : l'analyste doit s'armer de prudence avant de conclure. Comment interpréter par exemple que les mères saisissent des prétextes pour s'éterniser dans le rangement de la chambre d'enfant après son départ (Maunaye, 1995) ? Simple substitution, victoire des objets sur les personnes ? Il est plus vraisemblable au contraire que les objets soient utilisés, modestes instruments, pour tenter de faire revivre le rapport aux personnes. « C'est peut-être un peu sentimental, dit Célestine, mais faire la chambre des filles, c'est un peu comme si elles étaient encore avec moi. »

Le face-à-face solitaire

Le développement du cycle ménager dans les ménages d'une personne offre une situation de type expérimental pour observer, par la négative, les effets de la mobilisation familiale sur le face-à-face avec les choses : ici le rapport aux objets familiers est plus pur, avec beaucoup moins d'interférences relationnelles.

Les personnes vivant seules dans leur logement sont rarement des solitaires : elles ont même, en moyenne, plus de contacts que les personnes vivant en couple, car leur vie sociale en dehors du foyer est plus intense (Kaufmann, 1993a). Leur logement est, toujours en moyenne, plutôt grand et clair, parfois décoré, mais sous-équipé du point de vue ménager, surtout pour les hommes. Les plus jeunes s'impliquent très peu dans l'organisation de leur intérieur. Comme le dit Yann : « J'ai plus vocation à être dehors que dedans. » Ils passent un minimum de temps chez eux et cherchent à se débarrasser autant que possible de tout ce qui ressemble à une tâche ménagère. Puis, insensiblement, ils entendent eux aussi l'appel des choses, et ne parviennent que rarement à leur résister. Yann est tellement peu fier de son intérieur qu'il a refusé de nous y recevoir. Il n'est pas du genre à brandir un balai tout au long de la journée. Récemment pourtant il s'est senti dérangé par la poussière et les miettes sur le sol : « C'est pas agréable de marcher sur des saletés. » Il s'est dit qu'il fallait qu'il fasse désormais un effort. Cette volonté nouvelle a eu bien du mal à s'appliquer dans les faits. Quand il essaie avec l'aspirateur, il trouve cela « beaucoup trop long à installer ». Mais le balai n'est pas plus satisfaisant : « C'est pas efficace, il en reste toujours derrière, et ça m'agace. » Yann est là aujourd'hui, travaillé par la question de l'entretien du sol, entre sa tête qui voudrait, et son corps qui refuse encore. Les progrès semblent réels bien que limités : « En l'air, les toiles d'araignée, ça je laisse tomber », jugement sans doute provisoire. Le goût pour le propre et le rangé, les premiers rudiments de ce qui pourra devenir plus tard un véritable esprit domestique, commencent souvent ainsi : par quelques gestes ponctuels, une envie localisée. Comme si, à force de vivre avec telle ou telle chose, elle commandait un jour qu'on s'occupe un peu d'elle.

L'appel des objets se fait parfois beaucoup plus fort. Alors qu'ils étaient négligés au début, la situation peut se retourner en son contraire, sans que cette objectivation soit tempérée et perturbée par la présence de proches comme c'est le cas dans les couples. Il n'est pas rare que se développent alors enfermement dans le chez-soi et maniaqueries diverses. Pour les personnes vivant seules, il semble qu'il soit plus difficile d'établir le point d'équilibre permettant de trouver la bonne distance avec les choses. Le face-à-face est entier et exclusif, se faisant dévorant dès que l'objet n'est plus méprisé.

Familiariser les personnes comme les choses

L'amour physique est désormais au cœur de la fondation du couple : la vie à deux ne commence vraiment qu'avec lui. Au début, associé aux élans de la passion, il symbolise l'aventure, la découverte incertaine de l'autre et d'un nouveau Soi. Il s'oppose ainsi à la routinisation qui va suivre (Bozon, 1996), aux sentiments plus tranquilles en forme de tendresse ou d'amitié, à la stabilisation des identités. La vraie rencontre n'a d'ailleurs lieu et ne crée du nouveau que dans la mesure où elle brise la chape de plomb du quotidien (Kaufmann, 1993b).

Or, dès les premiers instants de la rencontre sexuelle, officiellement en plein tumulte d'indéfinition mutuelle, il est frappant de constater combien chacun cherche ses prises pour définir des enchaînements de gestes. Exactement comme il le fait pour familiariser un objet inconnu. Dans le cas de l'objet, le but est de l'incorporer dans les automatismes, de le faire sien en étendant ainsi la surface du corps. Question, qui choquera, mais qu'il faut pourtant poser : n'en va-t-il pas de même avec le partenaire amoureux ? Le but n'est-il pas de l'incorporer à ses automatismes, de le familiariser comme on familiarise une chose ? Le processus de familiarisation n'est-il pas un mouvement unique, intégrant personnes, choses et autres animaux domestiques ? En avançant dans le cycle ménager, la question n'en prend que plus de sens : la routinisation des gestes et l'accumulation des objets écrasent les personnes dans des rôles statiques, chosifiés.

Certes, les personnes ne sont pas des choses. Et de temps en temps elles manifestent leurs capacités d'initiative et de liberté, de recherche d'un Soi moins figé (de Singly, 1996), lancent parfois des révoltes audacieuses. Dans les débuts du couple, plutôt sous la forme de coups de cœur, d'envies de mouvement, de refus des objets au nom de la légèreté. Ensuite, davantage par la mise au point de stratégies, de projets, de réformes dans le fonctionnement de l'entreprise-famille. À chaque fois les personnes se manifestent en tant que personnes, telles qu'elles aiment se rêver, libres et créatives, maîtresses de leurs destinées. Elles n'y parviennent qu'en se distinguant du monde des choses pour se mettre à l'avant-scène, en le dominant, en détruisant les acquis du quotidien. Ce qui demande de la volonté et des efforts ; plus le cycle ménager est avancé, plus cela demande de volonté et d'efforts.

Le couple peut s'analyser comme une articulation permanente de deux tendances contradictoires : d'un côté les personnes tentent de se manifester et de se reconnaître en tant que telles ; de l'autre elles s'abandonnent au confort de la routinisation et de la chosification du quotidien. Les divers observateurs, spécialistes et conseillers de la vie privée ont beau crier au scandale, rien n'y fait, l'envie est trop forte : cette seconde tendance est de loin la tendance dominante. Plutôt que de s'indigner, il est préférable d'essayer de comprendre pourquoi. Le besoin le plus fort est celui de la consolidation du Soi, de sa reconnaissance dans sa réalité du moment et de son renforcement (la recherche d'invention n'est possible que dans la mesure où la stabilité est acquise). Les choses familiarisées permettent d'obtenir ce résultat, mais seulement à leur manière d'armée de l'ombre : discrète, silencieuse. La personne chosifiée, la chose humaine, être hybride comme le sont les animaux de compagnie, peut offrir beaucoup plus. Il lui suffit d'allier les vertus des vraies choses, la stabilité, la prévisibilité, la tranquillité, tout en sachant faire preuve d'humanité ; parler, sourire, aimer. Elle devient alors, quand l'assemblage est bien dosé, une sorte de composé idéal rendant la vie agréable et facile.

V.

RYTHMES ET TEMPS

Rythme tendu et rythme fou

Les variations de rythme des activités ménagères sont considérables. D'une personne à l'autre, bien sûr, mais aussi chez la même personne : la journée ne se déroule pas de façon étale, et chaque jour a son style, chaque phase du cycle de vie. Les personnes interrogées sont unanimes à constater que le rythme est directement proportionnel à la masse d'activités à effectuer. « Quand on a moins de temps, on le remplit plus efficacement » (Constance) ; « Moins j'ai de temps et plus j'en fais, je suis absolument inefficace dès que j'ai deux jours devant moi » (David). Il est donc logique que le cycle de vie, marqué dans sa première phase par une augmentation régulière de la masse d'activités, soit aussi marqué par une augmentation régulière du rythme de l'action. Il ne s'agit pas toutefois d'une corrélation mécanique. La masse d'activité n'a d'ailleurs pas de définition objective : le miracle de l'hyperactivité n'a lieu que parce qu'il y a volonté forte, elle-même rendue possible par un cadre de socialisation particulier (la mobilisation familiale). Arlette rêve avec nostalgie de cette époque où elle faisait tant de choses, et qui plus est sans efforts. Elle se revoit, légère et bondissante : « J'adorais le stress, il me tonifiait » ; il la portait. Aujourd'hui au contraire, elle est « obligée de faire tout un travail intérieur » pour quelques pauvres résultats.

Le rythme tendu ne se décrète pas. Il s'obtient par un assemblage subtil d'idées et de gestes. Rien n'est possible sans une volonté forte ou un idéal qui pousse à l'action. Mais les idées seules sont impuissantes tant que le corps peine à suivre le pas de danse exigé. Raymonde se souvient des pensées qu'elle avait dans la tête, aussi simples qu'obsédantes : « Je ne voulais pas que mes enfants soient moins évolués que d'autres. Je me disais : je ferai tout ce qu'il faut pour que ça arrive, je ferai tout. » Pourtant, c'est très vite le rythme lui-même qui devint le facteur clé, l'élan créant l'élan. Bien que venu de l'idée, le rythme était devenu plus fort qu'elle, il était devenu en lui-même l'idée : il fallait agir parce qu'il fallait agir, vite parce qu'il fallait faire vite. « Il le fallait, il le fallait, c'est tout, on n'avait pas le choix, pour que ça réussisse. » Le caractère abstrait de la définition de l'objectif (« pour que ça réussisse ») traduit ce qui était alors le principal : le maintien du rythme tendu lui-même. Un haut degré de tension de l'activité diminue la marge permettant d'établir une distance réflexive : le système d'action devient le cadre mental, particulièrement dans l'univers domestique (Douglas, 1991). « On est pris là-dedans », comme le dit très bien Yolande.

On est tellement pris que le corps parfois ne parvient plus à s'arrêter, même pour le loisir, même pour le repos ; le rythme tendu devient un rythme fou. Malgré les remarques de Jérôme, Rénata n'a que très peu ralenti son activisme ménager. Tous les soirs elle s'obstine à s'occuper du linge du salon de coiffure, jusqu'à tard dans la nuit, empêchant qu'ils puissent manger ensemble (elle se contente d'un sandwich en courant d'une pièce à l'autre). Elle l'explique en désignant l'esprit de guerre qui lui avait permis de s'en sortir et qui se maintient dans sa tête : « C'est parce que j'ai la trouille qu'il nous arrive une autre galère. » En fait, c'est son corps qui est devenu incapable de vivre sans le mouvement qui l'a faite telle qu'elle est aujourd'hui. « Ça fait partie de ma vie. » À certains moments, elle ne peut s'empêcher d'ailleurs d'exprimer la fierté et le plaisir procurés par sa capacité d'action : « J'ai un potentiel d'énergie qui est énorme, j'arrive à tout gérer en même temps. Et en plus j'aime ça. En fait c'est pas des contraintes. » Elle est désormais faite ainsi comme s'il s'agissait d'un trait de caractère, d'un état naturel (alors que ce cadre, bien qu'appuyé sur des prédispositions, a été construit). « Je suis quelqu'un qui est très rapide et qui est toujours en mouvement. » « Toujours » est le terme juste : le rythme hypertendu lui interdit désormais de goûter au plaisir de la détente. Dernièrement, des amis étaient venus passer quelques jours chez elle. Or elle avait beaucoup de mal à simplement s'asseoir un peu avec eux, à rester sans bouger ; il fallait absolument qu'elle s'agite. « C'est vrai que j'ai beaucoup de mal à ralentir. »

Carole aussi a des difficultés à maîtriser le rythme de son corps : « Je cours après le temps, et puis je cours tout court. Dans la rue je cours, même quand je ne suis pas pressée. » Son histoire est pourtant très différente de celle de Rénata. Souvenons-nous : elle a décroché du ménage, ne trouve plus goût à son foyer, vivote dans le bar familial. Seul est donc resté le rythme, mais qui ne produit rien, remarquable d'inefficacité. Elle s'affaire dans le vide, comme pour créer l'illusion d'une activité maintenue.

Le grain de sable

La mise au point du rythme juste est très délicate ; parfois il s'emballe, parfois au contraire le corps devient lourd, ne parvenant pas à exécuter la danse rêvée. À chaque instant le chef d'orchestre clandestin de la machine humaine donne des impulsions dans un sens ou dans l'autre pour trouver le bon tempo. S'il était seul avec ses désirs et ses choix, la manœuvre ne serait pas trop délicate. La difficulté vient du contexte, qui introduit continuellement des perturbations et des changements des règles du jeu : tel événement commande d'accélérer et tel autre de ralentir. En situation de rythme tendu, l'accélération devient problématique : comment aller plus vite quand on est déjà au maximum ? Un seul petit grain de sable dans les rouages peut alors provoquer des drames.

L'action ménagère apparaît tranquille et routinière ; et elle est parfois vraiment ainsi. Elle ne parvient toutefois à cet état qu'en dominant les forces de la destruction. Il est fréquent qu'un fantasme négatif pousse à l'action positive. Pour le ménage, cette phobie à conjurer est celle du dérèglement des enchaînements, de l'effondrement du système, du chaos domestique. Ordinairement, l'angoisse se dissout dans la régularité et l'efficacité des gestes. Mais elle refait surface au moindre dysfonctionnement, avec d'autant plus de violence que les équilibres sont fragiles : c'est le cas quand le rythme est tendu. L'agacement provient pour beaucoup de la disproportion entre la modestie de l'événement et l'étendue de ses effets. « Le grain de sable (la panne de voiture, des trucs comme ça) c'est complètement invivable, t'as l'impression de plus respirer pendant un temps » (David). Il révèle à quel point la vie peut ne tenir qu'à un fil, celui de la structuration serrée des suites de mouvements. Il souligne la faiblesse des marges de jeu. Il prouve l'état de subordination à l'organisation mise en place. Il laisse entendre à la personne qu'elle pourrait n'être que peu de chose au regard de ce système : le grain de sable donne l'impression de devenir plus petit. « On était très organisé, mais dès qu'il y avait un grain de sable dans l'engrenage, ça déraillait très vite » (Constance) ; « Ça fait très drôle quand on se sent... y a plus rien qui... on trouve plus ses... on se sent pas grand-chose » (Marie-Alix). L'existence est une mécanique, dont on est fier quand elle tourne à plein régime ; machinerie magnifique jusqu'au jour où elle se trouve être enrayée par un minuscule grain de sable.

Le grain de sable typique est celui qui surprend le plus, au moment où on l'attend le moins. Lui, qui va détraquer la belle machine humaine, a bizarrement souvent pour origine une panne de machine (lave-linge, automobile, etc.) : il y a là plus qu'une coïncidence. Ou, autre cas de figure, une perturbation du fonctionnement corporel, une maladie. La petite maladie de l'enfant occupe une place de choix dans le hit-parade des événements honnis. Plus l'organisation est serrée (plus la femme par exemple est impliquée dans son métier), plus les dégâts risquent d'être importants, plus la gravité de l'événement a donc tendance à être minorée : suivant qu'il y a rythme tendu ou rythme mou, le niveau de fièvre définissant s'il y a ou non maladie n'est pas le même (de Singly, 1993b). Quand les équilibres sont fragiles, le moindre grain de sable peut provoquer un drame. Dans les deux sens du terme : une catastrophe et une histoire. Car le grain de sable bouleverse le scénario, oblige les acteurs à entrer dans leur histoire et à improviser une suite de façon inventive. La fatigue ressentie, l'aspect « complètement invivable » du grain de sable, comme dit David, proviennent du fait que le cadre ordinaire de l'existence a été (provisoirement) brisé, que les repères habituels de la danse ritualisée avec les personnes et les choses ont disparu, que les déstructurations en chaîne peuvent ne pas s'arrêter. Il montre, par l'ampleur des dysfonctionnements qu'il provoque, que la vie elle-même peut n'être rien d'autre que ce cadre, un maillage serré d'injonctions et de gestes évitant d'avoir à se poser trop de questions.

L'alternance des rythmes

La vie domestique est scandée par des étapes et des contextes aux règles spécifiques, auxquels correspondent des rythmes particuliers. Il est assez rare qu'un rythme tendu parvienne à envahir toute l'existence comme c'est le cas pour Rénata : habituellement sont aménagées au moins quelques plages de reprise de souffle et de repos. Les week-ends et les vacances ont souvent pour base d'organisation cette rupture de rythme. Christelle apprécie d'autant plus la détente du week-end qu'elle est sous pression dans la semaine : « Je ne fais rien de particulier, je traîne. » Elle traîne et elle aime ainsi traîner, elle sent que cela lui est nécessaire, que cela lui fait du bien. À une condition : que cet épisode ne dure pas trop. D'ailleurs, certaines fois, notamment lors de week-ends de trois jours, elle sent le plaisir retomber : « Je dois avoir une horloge biologique, quand j'ai mon compte, faut que ça s'arrête. » L'alternance entre séquences actives et séquences de récupération est en effet réglée avec précision. Et elle s'inscrit dans un emboîtement de cycles à durées variables. Depuis le temps court de l'action (petites pauses), jusqu'au cycle quotidien (détente du soir), au cycle hebdomadaire (week-end), au cycle annuel (vacances). La retraite peut être perçue à l'intérieur du même schéma alternatif, à l'intérieur du cycle le plus long. C'est ainsi que Yolande vit sa récente cessation d'activité (invalidité), à 54 ans. Elle est brusquement passée d'un activisme aigu à un rythme lent. Comme Christelle le week-end, elle goûte avec bonheur ce temps plus long, apparemment libéré des contraintes. « L'ennui je ne connais pas. » Peut-être justement parce qu'il n'est pas vraiment libéré. Car Yolande a conservé un système d'organisation, plus discret, mais presque aussi serré qu'autrefois. Les repères sont pareillement impératifs, à la minute près, bien que le contenu des activités et le rythme aient changé. Ce dernier est devenu extrêmement lent, tellement lent qu'il masque le cadre organisationnel maintenu : Yolande donne l'impression de ne jamais se presser, d'avoir tout son temps (alors qu'elle veille à l'horaire et contrôle son activité). Elle se lève beaucoup plus tard désormais, puis, comme hier, fait sa toilette. Alors que les gestes sont à peu près les mêmes, elle met deux fois plus de temps pour cette activité. Yolande apprécie beaucoup ce nouveau rythme qui lui permet d'établir un autre rapport à son corps : « C'est agréable. » Vient ensuite le moment de la première sortie, dans le but unique d'acheter son journal. Le total de l'action lui demande environ une heure (dont une bonne vingtaine de minutes pour seulement se préparer à sortir puis remettre ses vêtements d'intérieur). Il est alors onze heures et elle attaque la lecture du quotidien, systématique, ce qu'elle ne s'était jamais permis dans sa vie. Avec une attention particulière pour les mots croisés, grand moment de plaisir. Le temps semble filer : il est très vite l'heure du rangement de la chambre et de la préparation du repas. Disciplinée, elle interrompt donc sa lecture. La suite de la journée est du même style : valse lente remplie de petits riens qui s'enchaînent. Si remplie qu'elle ne parvient pas à tout faire, encore moins que lorsque la journée était pleine d'activités moins choisies. Elle note par exemple à la lecture du journal (qu'elle a reprise en début d'après-midi) des livres nouvellement publiés. Prise de curiosité, elle décide alors souvent d'aller acheter celui dont on parle (à nouveau course pour un seul article, cette fois chez le libraire). Elle revient, le feuillette, et l'entasse sur des piles innombrables où d'autres livres attendent leur tour : Yolande manque de temps pour faire tout ce qu'elle aimerait. Le ralentissement du rythme est une méthode comme une autre pour vaincre le risque de vides dans la journée. Elle est fréquemment employée par les retraités. Ce qui (ajouté au vieillissement) explique que ces derniers n'aient guère plus de temps libre que les actifs (Delbès, Gaymu, 1995).

Temps vide et rythme mou

Mais pour une Yolande qui vit positivement le ralentissement de son temps, combien d'Arlette, de Raymonde, de Patricia, de Célestine, de Ferdinand, qui au contraire ne parviennent pas à s'adapter à la diminution du rythme ? Tant que le ralentissement n'est qu'une reprise de souffle, il est rare qu'il soit perçu négativement (ce qui au contraire devient fréquent quand il s'inscrit dans une durée longue). Dans certains cas pourtant, même la pause entre deux temps forts est mal vécue : quand la machine à agir ne parvient plus à s'arrêter, comme pour Rénata, ou quand le cadre familial n'offre pas les conditions qui rendent la détente agréable. Le cadre familial ou son absence, lorsque le monde privé est hanté par la solitude. Arlette déteste les vacances, elle hait les dimanches : « Je ne prends pas de vacances. Je ne sais pas prendre le temps comme ça, comme les gens qui font rien. Je ne supporte pas les dimanches. » Elle est particulièrement angoissée par le silence du téléphone. Dans la semaine, elle assure une permanence téléphonique à son domicile. Il ne cesse alors de sonner. La dérangeant, certes, mais ce désagrément est bien secondaire : il donne un rythme à la vie, elle s'est adaptée à la cadence qu'il imprime. Le dimanche brusquement tout s'effondre, et elle ne parvient pas à réagir. Sans la prothèse que constituent les sonneries du téléphone, sa machine corporelle ne se met plus en marche. « Il n'y a pas d'appels, je ne supporte pas et je suis encore plus fatiguée, je me force, je me bute, et je m'énerve d'autant » ; les dimanches sont un vrai calvaire. Elle a identifié son ennemi principal : c'est la perte des contraintes, le temps libéré. « Je ne cherche pas plus de temps pour moi, ah non ! je n'en voudrais pas. » Exemple marginal ? Absolument pas, et les résultats de l'enquête l'indiquent clairement : la gestion du rythme lent peut être aussi difficile que celle du rythme tendu, d'une autre façon, pour d'autres personnes, dans d'autres contextes. Il semblerait même que la pénibilité soit plus mal vécue en situation de mauvaise gestion du rythme lent qu'en situation de mauvaise gestion du rythme tendu. Dans ce dernier cas, la difficulté est en effet plutôt d'ordre technique (bousculade, surmenage), et elle est compensée par une valorisation conférée par le rythme élevé. Dans le rythme lent au contraire, l'estime de soi est souvent atteinte : la déstructuration s'instille au cœur de la personne.

La problématique du temps vide est rarement prise en compte, comme si seul importait l'autre versant des choses : la bousculade, le manque de temps, la course après le temps. Cette erreur de perspective est due à la position particulière des observateurs (chercheurs, journalistes, décideurs), qui appartiennent au même monde, justement celui de la course après le temps. Or existe un autre monde, sans doute quantitativement aussi important, ayant à résoudre des problèmes différents mais au moins aussi difficiles, autre monde qui reste ignoré, justement parce qu'il n'a pas l'énergie lui permettant de se faire entendre. Son absence est particulièrement préjudiciable dans les débats actuels sur le temps et le partage du temps. Car seule la moitié de la société s'exprime au nom de tous : il est urgent d'apprendre à mieux connaître le temps vide et les rythmes mous. Patricia par exemple ne parvient pas à profiter du changement de rythme offert par son congé maternité : « Ça aurait été à une autre saison peut-être. Mais là je reste à regarder la télé, à écouter de la musique, à tricoter, c'est pas... ça sort pas beaucoup de... » Bref elle s'ennuie : des activités qui dans un autre contexte auraient pu être vécues comme gratifiantes sont ici perçues comme simple remplissage : fond sonore, fond visuel, mouvement des mains. Mais la tête ne suit pas. Elle ne parvient pas à imaginer autre chose, ou à mettre en mouvement le corps quand quelques idées apparaissent. En d'autres termes, le problème vient de l'absence d'un cadre poussant à l'action (d'un cadre mental créant la motivation ou d'un cadre physique structurant des automatismes) : le temps trop libre devient vide, et le rythme sans contraintes devient mou. L'« enveloppe rythmique » s'est déchirée, l'« ambiance rythmique » s'est faite imperceptible, elles qui ne sont pas de simples instruments, souligne André Leroi-Gourhan (1965, p. 135), mais intrinsèquement créatrices de l'espace et du temps pour le sujet.

Les effets négatifs consécutifs à l'affaiblissement du rythme sont particulièrement importants à l'épisode du nid vide, qui suit la phase de mobilisation maximum. Le besoin de souffler brouille en effet les cartes au début : la perte des soutiens rythmiques se fait ressentir plus tard, alors que de nouvelles habitudes se sont déjà constituées et qu'il n'est plus possible de les remettre en cause. La déstructuration est d'autant plus forte que le rythme avait été été tendu dans la période précédente. Par simple contraste d'abord. Ensuite parce que le rythme tendu produit souvent une contraction des activités personnelles : le combat pour l'ensemble du groupe familial est prioritaire et exige tellement que le reste est réduit à la portion congrue. La diminution des activités laisse alors désarmé : les structures rythmiques étant familiales, elles disparaissent avec les activités et c'est l'ensemble du rythme tenant la personne qui s'effondre. Célestine a vécu successivement trois degrés de désengagement : le nid vide, la retraite, le décès de son mari. À chaque fois que les activités devenaient moins nombreuses, son horizon s'est rétréci. Bien que le processus se soit échelonné sur une trentaine d'années, c'est aujourd'hui, à 82 ans, qu'elle a l'impression d'une rupture brutale, d'un soudain basculement dans le vide : « J'ai couru après le temps quand je travaillais et que j'avais mes enfants, mais maintenant je trouve que j'ai trop de temps. J'avais trop à la fois et puis subitement rien. Alors là ça me pèse ! le temps me pèse, j'ai trop de temps, j'ai trop de temps ! » Célestine essaie de le remplir ce temps trop long, ce temps qui pèse tant. « J'aurais plus d'activités agréables ça me plairait bien. » Hélas, elle n'arrive pas à réaliser les conditions de cette action improbable, elle n'arrive même pas à se représenter ce qu'elles pourraient être : « J'essaie de parer par des choses, mais je ne vois rien de spécial à faire : si je vais dehors je me dis que je vais m'enrhumer, si je vais dedans c'est pas mieux, et un tas de trucs comme ça. » Incapable de se résigner à l'ennui, elle se bat pour trouver ces mystérieuses activités qui s'enfuient devant ses pas. Mais les idées et les choses refusent de se laisser faire.

L'erreur d'appréciation sur les « activités » est la même que sur le temps : il est faux de penser que chacun les souhaite et est apte à les mettre en pratique à partir du moment où il disposerait de temps libre. Chacun ne les souhaite pas (le rythme mou est parfois aménagé avec un confort qui ne le rend pas désagréable) et, quand il les souhaite, la réalisation de cette idée nécessite des conditions qui ne sont pas données à tous.

Raymonde, comme Célestine, connaît bien ce problème. Elle aussi après s'être donnée pour ses enfants a désormais trop de temps. Les rythmes ont pourtant été détendus, mais cela n'a pas suffi à le remplir : « Maintenant j'ai trop de temps... Non c'est pas que j'ai trop de temps, je mets beaucoup plus de temps à faire ce que je fais : avant, le petit déjeuner c'était du vite avalé, maintenant je prends le temps de déjeuner. Mais le contact des enfants me manque : ça fait un très très grand vide. » Pour combler ce vide, Raymonde s'« arrange » comme elle dit, enchaînant, plutôt mal que bien, des remplissages divers : « Bon je m'arrange, l'été j'ai le jardin, ou bien je vais en ville, je fais des petites tournées, bon je m'arrange à peu près. Mais l'hiver ! il faudrait que j'organise mes journées. » L'hiver, l'enfermement devient beaucoup plus difficile à supporter et la sensation de vide se fait abyssale. Elle se raisonne alors et forme le projet d'une véritable activité, personnelle, organisée, extérieure : elle songe notamment à suivre un cours d'anglais. L'idée est parfaitement cohérente avec la critique qu'elle fait de son passé : s'être trop donnée pour ses enfants, n'avoir pas su penser à elle plus tôt. C'est sa nouvelle morale : « Il faut se dire : bon on a tout fait pour nos enfants, maintenant il faut essayer de vivre un peu pour nous. » Hélas, entre les idées et la mise en pratique le chemin est difficile. « Mais alors comment s'organiser ? C'est pas évident ! on a un flottement là. » Quand elle dit « comment s'organiser ? », il faut bien comprendre Raymonde. Elle ne parle pas des aspects techniques. Sur ce point elle a d'ailleurs fait les premiers pas (elle a pris tous les renseignements nécessaires). L'organisation dont elle parle concerne sa vie à elle, ses habitudes quotidiennes, ses envies : il lui faut construire un nouveau cadre et s'y sentir à l'aise. Un travail considérable, nécessitant une énergie et une volonté dont on ne soupçonne guère l'intensité quand le contexte n'est pas favorable. Pour Raymonde comme pour beaucoup d'autres, remplir son temps est une épreuve plus dure que l'activisme d'autrefois.

À force de volonté, Ferdinand réussit tant bien que mal à colmater les brèches du temps. Qu'il vente ou qu'il gèle, il s'oblige à sa longue promenade de l'après-midi, ponctuée par la lecture régulière des annonces devant les vitrines des agences immobilières (il n'a pourtant aucun projet), à la salutation rituelle des commerçants du quartier. « Je me promène, je vois les constructions, je dis bonjour : ça y est, le temps passe, ça remplit la journée. Vous rentrez : vous êtes content. » L'installation d'une boîte de nuit à côté de chez lui ne le gêne pas. Le bruit et les mouvements sont bien un peu désagréables mais ils ont un avantage, ils conjurent le vide : « La nuit est moins morte. » Par cette petite phrase, il a exprimé le fond des choses : le temps vide porte en filigrane la légèreté de l'être, l'obsession de la mort.

L'organisation du temps libre

Le loisir est souvent posé dans son opposition au travail, forme libre et choisie contre une forme contrainte. L'enquête donne à voir une autre composante, généralement sous-estimée : l'aspiration à structurer le loisir. Cette volonté organisatrice vient de loin. Robert Castel rappelle qu'à l'origine des congés payés sous le Front populaire, le mouvement ouvrier chercha à définir une conception visant à « saturer la durée » et à « travailler ses loisirs » (1995, p. 343), en opposition à l'oisiveté des bourgeois. Le temps libre s'inscrit en fait dans la même opposition rythme tendu/rythme mou que les activités ménagères.

Les personnes interrogées ont d'ailleurs systématiquement mis en parallèle la question du temps libre avec leur organisation et leurs rythmes ménagers. Nous avons vu avec les exemples de Célestine et de Raymonde que le vide et la détente pouvaient rendre difficile l'accès aux loisirs. L'activisme mal maîtrisé aboutit au même résultat. Dans les deux cas, la faille est dans l'insuffisante maîtrise de l'organisation. « Si j'étais mieux organisé dans les tâches ménagères, nous dit Raphaël, ça pourrait me forcer à prendre des loisirs. » Effectivement, la domination de la base ménagère est souvent un préalable pour accéder à des loisirs structurés, la capacité d'organisation assurant la continuité, le passage du travail ménager au loisir. Mais écoutons bien la façon dont Raphaël s'exprime, elle n'est pas anodine : « Ça pourrait me forcer à prendre des loisirs. » Il ne parle pas d'envie, de choix personnel, mais d'obligation. À la suite des obligations qui se construisent dans la sphère domestique, le rythme peut entraîner le rythme, et s'élargir à d'autres domaines, le loisir organisé pouvant être perçu comme une norme de comportement, un indicateur justement du fait que l'on est bien organisé, que l'on a atteint un haut niveau de maîtrise sur son existence. C'est ainsi que certains se sentent obligés ; obligés d'avoir des activités dites de temps « libre ». Est-il certain que Raymonde ait vraiment envie de son cours d'anglais et puisse y trouver de l'intérêt ?

Il semble plutôt qu'elle se soit mis en tête qu'elle devait le faire, comme si une injonction supérieure décidait pour elle (de la même manière qu'hier elle devait donner leur bain aux enfants tous les jours). Il est vraisemblable que sur l'ensemble des activités de loisir, le nombre de celles qui sont choisies par pure envie personnelle soit inférieur à celles qui répondent à des normes d'obligation : je fais du sport parce qu'il faut que j'en fasse, parce que j'ai pris des kilos ou que c'est bon pour ma santé, parce que mes collègues et mes amis en font, etc. Sans parler des espaces institutionnels dans lesquels peuvent se développer ces activités (une équipe de foot, un club de poterie), qui ajoutent une nouvelle strate d'obligation : je continue à agir ainsi parce que je suis attendu, parce que me retirer demanderait un effort de volonté, une rupture.

Le temps à soi chez soi

Les cadres sociaux déterminant les conduites ne tombent pas du ciel : ils sont produits très concrètement, jour après jour, par les individus eux-mêmes. Mais une fois mis en place, ils prennent une vie autonome, le rythme entraînant le rythme : la vie n'a plus qu'à suivre son cours. Et parfois ce cours s'emballe : la capacité d'organisation peut développer une logique perverse, chaque niveau atteint poussant à aller encore plus loin, à s'organiser et à s'activer encore plus. De nombreuses personnes se protègent de ce risque en privilégiant, dans le domaine privé, des activités tranquilles aux disciplines floues. Irénée par exemple rêve d'une situation où elle pourrait complètement se retrouver au foyer, pour se laisser aller à une infinité de petites choses : « À la maison je suis quelqu'un qui ne s'ennuie jamais. » Entre les tâches ménagères et la pure détente, il est possible en effet d'isoler des activités de type intermédiaire, mélange de travail et de liberté créative (bricolage, jardinage, décoration, couture, petits plats, confitures, etc.). Dans le tricot par exemple, des ruses sont inventées pour créer les conditions de l'utilité sociale et se convaincre de cette utilité. Ainsi est légitimité ce qui est par ailleurs vécu comme une détente : le jeu des mains qui libère le rêve et la pensée, ou qui constitue un prétexte autorisant à regarder la télévision, ou à discuter avec des amies. Ces activités intermédiaires et composites n'apparaissent pas n'importe où, n'importe comment. Socialement, elles sont les plus développées au milieu de l'échelle sociale (Grimler, Roy, 1990). Car en haut prédominent des activités davantage tournées vers l'extérieur du logement (vie associative, sports, pratiques culturelles). Et plus en bas, la base domestique permettant d'organiser ces activités fait défaut. Elles impliquent en effet qu'une infrastructure ménagère soit déjà constituée à un certain degré de sophistication autour des tâches classiques : ménage, rangement, lavage, repassage, cuisine ordinaire. Sans cette base, il est difficile de passer au deuxième niveau, plus libre et créatif.

La gestion des transitions entre tâches classiques et activités plus libres exige une grande maîtrise. Francine par exemple a mal négocié l'élargissement de ses espaces créatifs lors de son passage à mi-temps. Une mauvaise synchronisation du désengagement professionnel et de la période du nid vide est sans doute à l'origine de ce dysfonctionnement. À l'époque des enfants, elle les faisait passer avant tout et avait donc un peu sacrifié son ménage, déstructurant son organisation et s'habituant à ce laisser-aller : un désengagement professionnel à cette période aurait peut-être permis de rétablir certains équilibres. Or celui-ci s'est produit plus tard, après le départ des enfants, juste au moment où elle avait plus de temps. Cette soudaine abondance lui a alors tourné la tête : mille scénarios d'activités l'ont entraînée sur les pistes les plus diverses : « Quand je suis passée à mi-temps, au départ, j'ai été débordée, je voyais des tas de choses à faire, des peintures, des trucs, tout ça. » Résultat : la confusion et une désorganisation encore plus grande de ses activités de base, dont il reste encore aujourd'hui des traces. « Je ne sais pas si c'est que je veux en faire trop mais c'est pas tellement organisé ma façon de faire, c'est vrai que des fois c'est fatigant. » Heureusement pour Francine, elle disposait d'une arme secrète : le rythme ménager qu'elle avait construit il y a longtemps, avant les enfants. C'est d'ailleurs pourquoi elle a repris son ancien horaire pour effectuer son ménage (de 6 heures à 7 heures 30 du matin), alors que rien ne l'y oblige désormais : elle est parvenue ainsi à reconstruire les structures élémentaires de son action. Et sur cette base solide, elle perfectionne plus calmement son système, s'occupant toujours mieux de sa maison.

Le temps libre chez soi n'est pas un temps facile à gérer. Quand il s'agit d'un simple moment de repos compensateur, il est assez aisément inscrit dans un rythme alternatif. Mais dès que le cadre rythmique est plus incertain, toutes sortes de dérives deviennent possibles. Comme chez Francine, qui avait inversé les priorités. Comme chez Rénata ou Maïté, qui privilégient tellement l'essentiel qu'elles ne parviennent pas à se rendre disponibles pour des activités plus libres, plus personnelles. Dans leur cas, il n'y a pas insuffisance de la base ménagère mais au contraire hypertrophie. L'idéal est en effet difficile à accomplir : il faudrait savoir à la fois développer des rythmes tendus et savoir les limiter. Nous connaissons bien Rénata désormais, trouvant plaisir au rythme fou qui l'agite, si irrésistiblement entraînée par les mouvements de son corps qu'il lui est difficile de s'asseoir avec ses amis, qu'elle ne trouve pas le temps pour dîner avec Jérôme. Or, à un moment de l'entretien, elle livre soudainement une tout autre perspective sur sa vie : « Je suis chiante, c'est vrai que je suis chiante. J'aimerais bien... j'aimerais bien pouvoir lire, j'aimais bien ça autrefois. Oh oui j'aimerais bien ! beaucoup de culture, cinéma, théâtre, tout ça ! Et du temps pour prendre soin de moi, à mon âge c'est important. » Il y a de la passion dans sa voix, ses yeux brillent davantage qu'ils ne brillaient quand elle parlait du ménage : ce jardin secret lointainement enfoui est sans doute un rêve très fort, plus motivant que l'activisme de surface. Rénata est prisonnière de son rythme, machinerie aveugle qui l'empêche de guider sa vie autrement. Maïté n'est pas dans une situation aussi extrême, simplement l'organisation ménagère remplit chez elle tout l'espace disponible. Elle a parfaitement structuré son travail domestique. Elle contrôle les rythmes, élevés, qui lui permettent de se libérer pour son métier en laissant une maison en ordre. Il ne reste plus grand-chose pour le temps libre, qu'il soit organisé ou plus mou. Elle n'en souffre pas particulièrement, mais reconnaît qu'une autre gestion de son existence aurait été possible, nécessitant une capacité d'organisation plus grande, une maîtrise plus haute remettant le ménage à sa place, l'intégrant dans un ensemble plus vaste : « Il faut s'organiser pour le temps libre. Je connais des gens qui sont très organisés pour leur détente, pas moi. Je fais passer ça après et après il est trop tard ; il faut pouvoir s'organiser. »

La problématique du temps libre

Ce qu'il est communément admis d'appeler le temps libre est en fait constitué d'un amalgame de temps fort différents : la reprise de souffle, simple récupération inscrite dans un rythme à deux temps, le temps vide corrélatif à une déstructuration des cadres du quotidien, le temps de loisir organisé et définissant de nouvelles normes d'obligation, etc. À travers ces contextes divers se dégage l'idée d'un temps plus personnel, maîtrisé, créatif, opposé aux rythmes contraints symbolisés par l'univers du travail. Cette idée, aujourd'hui très à la mode, représente un enjeu considérable dans les débats en cours, première pierre à partir de laquelle sont développés divers projets de société. Or elle ne résiste pas à l'épreuve des faits : ce temps libre dont on parle, dont on rêve, n'existe pas ou très peu. L'idée qui circule dans les débats politiques a un caractère essentiellement théorique. Elle part d'une équation simple : l'absence de cadres sociaux permet de développer des activités plus choisies et la réalisation de soi par soi ; l'univers du travail est celui où ces cadres sont les plus contraignants. « Le temps libre doit avant tout s'entendre comme temps libéré. Libéré de la contrainte sociale la plus forte exercée par le travail » (Sue, 1994, p. 194). L'idée est belle, c'est évident ; elle incite à un raisonnement pur, de type esthétique. Le problème est que le temps qui se situe hors des cadres de contrainte est d'une subtile complexité, que sa réalité est diverse : dans certains contextes les personnes vivent plus mal la réalisation de soi dans un cadre souple que dans un cadre dur. Il est donc urgent d'analyser concrètement le rapport au temps, dans des situations précises. Cette connaissance est indispensable pour reprendre le débat de façon plus saine.

L'idéalisme abstrait du débat sur le temps libre brouille les cartes dans un autre débat : la question du partage du travail. Certes, celui-ci semble une perspective obligée, mais il y a manière et manière de poser les termes du débat. Le glissement le plus radical s'appuie sur la donnée historique de la diminution du temps de travail pour remettre en cause la place de ce dernier ; en opposition bien sûr aux activités plus libres et créatives. Au nom de ceux qui ont besoin d'un travail et qui le revendiquent (non seulement pour des questions financières mais aussi parce que le travail est et reste malgré tout une instance privilégiée de réalisation de soi), on réussit à le remettre en cause comme principe général : beau tour de force ! La question pourtant n'est sans doute pas dans l'opposition entre travail et non-travail, mais dans le contenu des activités (au travail et en dehors), dans le développement de la maîtrise des rythmes et des projets d'existence. À défaut de réflexion sur ces thèmes, l'accroissement du temps libre risque d'entraîner des désillusions. Y compris sur l'objectif technique visé : la création d'emplois, qui dépend davantage du contenu du temps libéré que de sa quantité.

Deuxième partie

SOUS-TRAITER LE TRAVAIL FAMILIAL

La danse du propre est d'abord une histoire de famille : l'idéal domestique est de pouvoir faire soi-même. Mais cela n'est pas toujours possible. Poids des tâches, manque de temps, attrait de certaines offres de services : un jour ou l'autre le cercle de la danse s'élargit à de nouveaux personnages, très différents : des professionnels du travail ménager et familial. Élargissement problématique, car le registre de la familiarité, ses discrétions et ses secrets commodes, ne peut plus régir ces pas de danse à plusieurs. Il faut (ou il faudrait) expliciter, penser, évaluer : tout le contraire de ce que l'on fait habituellement.

VI.

POURQUOI SI PEU EST-IL DONNÉ À FAIRE ?

La mobilisation familiale

L'idée de donner à faire une tâche quelle qu'elle soit pose un problème à tout ménage. Car à travers l'activité, ce n'est rien d'autre qu'un peu de la substance même de la famille dont on se défait. Cela explique que la propension à déléguer soit d'autant plus faible que l'« esprit domestique » est fort. Quand les valeurs familiales sont à leur zénith, quand les regards sont intégralement tournés vers l'intérieur du petit monde familial, ne pas faire soi-même devient un vrai déchirement. Au contraire, les ménages moins intensément familiaux seraient prêts à sous-traiter sans le moindre remords. Le paradoxe est qu'ils ont souvent peu à donner à faire. Alors que les familles où l'esprit domestique est fort en ont beaucoup, et sont contraintes à déléguer malgré elles. Ces différences de position s'inscrivent dans le déroulement du cycle ménager, marqué par les étapes d'une mobilisation familiale grandissante.

Yann, jeune homme vivant seul, est proche du degré zéro de l'esprit domestique. « J'ai plus vocation à être dehors que dedans », dit-il de façon élégante. Lorsque nous l'invitons à rêver à une situation idéale, contrairement aux familles, il n'hésite pas une seconde : il déléguerait tout. « Tout, tout, absolument tout, j'arriverais, le repas serait fait, tout. » Son modèle est l'hôtel : un lieu où il n'y ait rien à s'occuper, un chez-soi banalisé, géré par des professionnels. Il n'a pas trop à se forcer pour imaginer ce rêve, car il l'a déjà vécu. Au début, la femme de ménage qu'il avait employée était censée avoir une mission classique : faire le ménage. Mais elle n'avait pu s'arrêter là. Comment en effet exécuter des ordres quand il n'y a pas de direction ? Peu à peu elle avait donc élargi son intervention. D'abord en lui faisant des remarques. « C'était bien, c'était quelqu'un qui prenait des initiatives, qui me disait si les carreaux étaient pas faits, des choses comme ça, c'était bien pour moi. » Puis progressivement en prenant tout en charge. Pour l'alimentation par exemple : après une première phase où elle avait critiqué la façon dont il s'y prenait, cherchant en quelque sorte à l'éduquer, elle abandonna ces remarques (qui vraisemblablement avaient peu d'effets) et composa elle-même les repas. « Elle faisait tout, tout, elle avait les clés, elle avait toutes les libertés. » Yann en rêve encore quand il ose des scénarios d'avenir : « J'arriverais le soir, tout serait prêt, je n'aurais qu'à me mettre les pieds sous la table, elle m'aurait préparé un petit potage... » Hélas, sa femme de ménage est partie (ayant trouvé un emploi plus stable), le laissant seul et désemparé comme s'il avait subi un divorce : « Ça c'est moche ! ça c'est moche ! » Et Yann d'ajouter : « Maintenant je cherche la femme idéale... heu ! heu ! je veux dire : je cherche la femme de ménage idéale. » Lapsus révélateur. Non seulement parce qu'il est sans doute à la recherche d'une femme et pas seulement d'une femme de ménage. Mais parce que son extériorité au monde domestique produit facilement une confusion entre les deux attentes. La « femme idéale » pouvant le libérer des charges du ménage ; la « femme de ménage idéale » s'occupant de « tout » comme si elle était la véritable maîtresse de maison.

Il est intéressant de comparer avec Hugues. À première vue, sa situation semble proche : légèreté de l'organisation, système d'ordre très souple. Le rejet des tâches ménagères et la difficulté pour les effectuer sont les mêmes. Pourtant ses idées sur la délégation sont à l'opposé. La mobilisation sur les valeurs familiales intervient en effet assez tôt, dans la phase ascendante du cycle ménager, avant la mise en place de fait de l'organisation domestique (elle la prépare). Hugues se situe précisément à ce point. Première différence : il vit en couple, ce qui constitue un élément essentiel pour précipiter la formation de l'esprit domestique. Ensuite et surtout, de nouveaux rêves lui sont apparus, en décalage avec le système actuel. Il fait peu d'activités ménagères, n'importe comment et avec pénibilité. Mais il commence à s'imaginer un tout autre type de chez-soi, surtout depuis la naissance du bébé. Par moments, Hugues se laisse même aller à rêver à « une grande maison et tout ça, je m'y vois bien, le jardin et tout ça ». Ce qui change dans sa tête va sans aucun doute bientôt se propager dans son corps. Quelques signes ne trompent pas : malgré la pénibilité des gestes, il s'acharne à élever son rythme de travail ménager, à faire plus et mieux, bien que cela ne soit guère spontané. La mobilisation porte sur deux aspects : ses idées s'ancrent dans le familial (beaux rêves d'avenir) cependant que son corps intensifie sa capacité de travail. Dans un tel mouvement, les pensées se ferment à la sous-traitance, dénuée de sens puisqu'il s'agit au contraire de se tourner vers l'intérieur et de faire plus soi-même. Il a essayé de ne pas donner à garder le bébé. Toutefois c'est impossible le lundi : il utilise donc les services d'une crèche dans la journée et d'une baby-sitter le soir. « Mais c'est vraiment parce qu'on ne peut pas faire autrement. » Quant au ménage, la question apparaît tellement déplacée que la réponse ne vient qu'après un instant de silence marqué par l'étonnement : « Dans notre situation, ça non, je ne m'imagine vraiment pas quelqu'un ici. » Pour des raisons financières. Mais aussi parce que ce scénario est inconcevable en pensées et en rêves dans le contexte présent.

La mobilisation familiale rend impensable la délégation : il faut se centrer sur le chez-soi pour parvenir à le construire. Puis, quand une organisation dense a été mise en place, c'est celle-ci, dans sa logique de fonctionnement, qui fait barrage : puisque l'on a été capable de s'en sortir jusqu'à maintenant, puisqu'on est fier de ce qui a été mis en place, un changement est sans intérêt. Pire : il signifierait que l'on remet en cause les acquis.

La phase suivante (la baisse de la mobilisation, le nid vide) est plus ambiguë. Le ralentissement des rythmes change le regard : l'envie de déléguer certains travaux apparaît plus fortement. Mais pourquoi déléguer aujourd'hui, dans une situation où l'on a moins à faire, alors qu'on se le refusait hier, quand on subissait une pression très forte ? Il y aurait là une incohérence manifeste, un manque de suite dans les idées qui serait insoutenable. Un malaise étrange sourd du regard porté sur la phase de mobilisation : ce qui apparaissait hier évident n'est plus aujourd'hui qu'une attitude bornée. Pourquoi donc ne pas avoir pensé plus tôt à sous-traiter ? Francine ne comprend pas, et regrette : « Ce qui aurait été bien, c'est qu'on le fasse avant, quand mes enfants étaient plus jeunes. Mais à l'époque on n'avait pas trop d'argent. Et puis on pensait à autre chose : on faisait ça comme ça, sans penser autrement, on le faisait. » Elle le regrette d'autant plus qu'elle est consciente d'être piégée par cette attitude ancienne : une ouverture plus grande à la délégation hier l'aurait laissée plus libre aujourd'hui de choisir. Raymonde est comme Francine, stupéfaite de sa capacité de travail d'autrefois, de son refus obstiné de sous-traiter, elle qui désormais donnerait bien à faire le peu qui lui reste. Période ambiguë : quand la vie se ralentit, l'inverse peut aussi être observé, le refus de se défaire du moindre geste. Comme pour Célestine, qui ne souhaite pas que son activité ménagère, déjà très réduite, diminue encore. Malgré la facilité qui fut la sienne à déléguer, et l'avancée en âge qui rend les travaux pénibles, le maintien d'un minimum d'activités est nécessaire à son équilibre. « Parce que maintenant à la maison, ne travaillant plus, n'ayant plus rien à faire, il faut que j'aie un petit truc à m'occuper ; sans ça je m'ennuie trop. »

La ménagère

À l'intérieur de la mobilisation familiale, le centre de la résistance à la délégation se situe dans l'idée que se fait la femme de son rôle ménager. Sa place étant là, aucune autre qu'elle-même ne saurait être en mesure d'assumer les tâches familiales, sauf cas de force majeure. Déléguer serait manquer aux principes implicites mais intangibles qui guident son action.

Il y a quelques générations, ce rôle était bien défini. C'était celui de mère et de ménagère, de femme au foyer sublimée en fée du logis. Aujourd'hui, avec l'entrée massive des femmes sur le marché du travail et le vague idéal du partage des tâches entre hommes et femmes, cette définition a perdu son caractère officiel. Cependant, si le rôle de femme au foyer est devenu aujourd'hui quelque peu marginal (Djider, Lefranc, 1995), l'assignation de la femme aux activités du foyer reste très forte (Kaufmann, 1992). Loin du principe de l'égalité, le modèle qui s'impose est celui d'une insertion professionnelle de la femme, mais secondaire par rapport à celle du mari ; la femme gardant en charge l'essentiel des tâches liées à la famille et à la maison. Il concilie les deux identités féminines (professionnelle et ménagère), la femme parvenant à être à la fois celle qui travaille à l'extérieur et qui s'occupe de sa famille et de sa maison. Lola a déjà clairement ce modèle en tête : « Il faudrait réaliser le compromis entre la femme au foyer et la femme qui travaille. » En ce qui concerne l'avenir, elle rêve d'un travail à mi-temps : « Pour avoir le temps de faire tout ce que j'ai à faire chez moi. » Évitant ainsi d'avoir recours à des services extérieurs ou d'employer une personne à domicile : « L'idéal serait que je puisse tout faire. » Idéal lointain : beaucoup de tâches sont encore rudimentaires et effectuées avec pénibilité. L'idée du rôle précède donc sa mise en place réelle. Comme pour la mobilisation familiale, il faut commencer à s'en imprégner pour que les gestes parviennent ensuite à s'imposer.

Plus tard, le rôle s'inscrira dans la lourdeur du concret, la dynamique des enchaînements rythmiques, la grâce de la danse avec les objets. L'opposition à la sous-traitance s'établira alors dans les faits, quelles que soient les idées générales sur la question. Francine se sent piégée par son passé, qui l'empêche de donner à faire aujourd'hui. Elle est aussi piégée par le présent de ses gestes. Surtout les « petits riens qui occupent tout le temps » (Favrot-Laurens, 1996), les moments informels faits de disponibilité et de sollicitude qui sont aux fondements du dévouement domestique : les moins facilement externalisables. « Dans ma vie de femme de maison, je suis dépassée, parce que je me rends disponible pour tout le monde. Je suis dépassée. Pourquoi ? Je n'ai pas d'excuses, je ne comprends pas. » La vraie disponibilité doit rester inavouée, secrète : il faut se donner aux autres sans le dire. C'est la raison pour laquelle Francine se reprend très vite après son demi-aveu (« parce que je me rends disponible pour tout le monde ») : les petits riens à la base du rôle doivent rester invisibles. Donc, juste après en avoir donné les raisons, elle ne sait plus pourquoi elle est dépassée, elle ne veut pas le savoir. Il suffit pourtant de détailler sa journée pour le comprendre. D'observer le repas par exemple : elle est tout entière au service de son mari, sur le qui-vive, rarement assise, se levant à chaque instant pour lui donner du pain ou lui remplir son verre.

Perdre son âme ménagère

Les femmes ne sont encore qu'au tout début du chemin qui devrait les mener à l'égalité. Dans les faits, elles restent encore étroitement attachées à la famille et à la maison, pièces maîtresses de leur socle identitaire. Jusqu'où une femme peut-elle prendre de la distance, sous-traiter le familial pour s'investir dans son travail comme le fait un homme ? L'histoire de Marie-Alix montre qu'il est des seuils qui peuvent difficilement être dépassés.

Tout avait pourtant bien commencé. Elle avait trouvé une jeune fille pour la décharger un peu et lui permettre de s'occuper davantage de son travail. Déjà vaguement coupable vis-à-vis de ses enfants, souhaitant ne pas regarder à la dépense pour que son remplacement soit parfait, elle avait « plutôt eu tendance à charger la barque » dans l'évaluation de la rémunération, prenant comme référence les journées où elle était le plus absente. Résultat : la « nounou » prit également cette référence et ne compta pas son temps, et l'habitude d'une délégation plus massive que prévu s'installa progressivement. Après la phase de mise en place de cette organisation, les doutes s'estompèrent dans les pensées de Marie-Alix, entraînée par un élément nouveau : la passion pour son travail. « Après, ce n'est venu qu'après, ça m'a permis de m'investir dans mon travail. Petit à petit je me suis laissé prendre par mon boulot. J'ai l'impression d'être libre, d'être épanouie, de m'éclater quand j'en fais plus. » Bonheur trop fort sans doute. Car elle sentit parallèlement son esprit sortir de l'univers familial qui, peu à peu, devint lointain, brumeux, étranger.

Aujourd'hui elle en est là, toujours heureuse dans son travail, mais son plaisir gâché par le sentiment d'avoir été trop loin, d'avoir perdu d'un côté ce qu'elle avait gagné de l'autre : « C'est vrai qu'il y a eu une dérive, plus ça a été, plus j'ai dérivé dans le boulot. Il y a des soirs, je sais, je rentre pas, c'est des prétextes. » Elle se sent mieux dans son travail que chez elle, et cette idée est trop contraire aux évidences élémentaires : elle est lasse de jouer un rôle de composition à la maison et souhaiterait retrouver ses anciennes sensations. Mais comment faire ? Comment faire pour rentrer plus tôt chez elle. Elle a essayé, et ce fut à chaque fois l'échec. L'idée du plaisir familial enfin retrouvé la poussait à l'action : « J'ai essayé plusieurs fois de rentrer tôt. De temps en temps, je fais l'effort, ça me fait plaisir, je vais les chercher à l'école, je pense leur faire une fête, comme un cadeau, j'avais imaginé une belle soirée en famille. » Hélas, la réalité est rebelle et refuse de se couler dans l'image, les sensations sont introuvables, les enfants détestables : « Les fois où j'essayais de rentrer tôt, j'avais l'impression de tout désorganiser. D'abord je culpabilisais vis-à-vis de la nounou, parce que je considérais qu'elle me remplaçait, donc elle ne pouvait rester là. Et puis ça devenait la galère, la galère ! Je me retrouvais au milieu d'un repas... les mômes commençaient à faire des caprices, à en profiter. Moi j'avais besoin de décompresser après le boulot, eux ils faisaient des caprices, je voulais les faire manger, ils voulaient pas manger, ils voulaient pas ceci, ils voulaient pas cela... Alors je ne suis plus rentrée très tôt. » Marie-Alix n'arrive plus à reprendre pied chez elle et cette incapacité est intolérable : elle ne peut se résoudre à n'être que la femme qui travaille, sans véritable immersion familiale comme les autres femmes. Ayant échoué dans ses tentatives de contre-attaque frontale, elle est contrainte à des actions de guérilla limitées. Le repassage, plus facile que les enfants, sur lequel elle s'est repliée. Et parfois un retour plus tôt (devenu un indicateur très sensible), mesuré avec précision, pour bénéficier du symbole sans les inconvénients concrets : « Dès fois un quart d'heure plus tôt, mais jamais très tôt, juste un peu plus tôt. »

« C'est normal »

Une telle dérive est rare. Car au moindre dérapage la société allume ses feux pour indiquer qu'il y a dépassement de la norme ; et développe des pressions subtiles pour forcer la dissidente à demeurer à l'intérieur : c'est à la famille de faire, à la femme. L'expression (« c'est normal » ou « c'est pas normal ») revient de façon lancinante sur les lèvres de Francine : « Je sais pas, ça serait pas normal, quelque part je suis un peu gênée, parce que je trouve que j'ai pas mal de temps libre, alors... » Temps libre assez particulier : Francine oublie ce qu'elle vient de nous expliquer : ce temps est pris à s'occuper des autres. Qu'importe ! ce qui compte est son rôle social, ce qu'elle doit faire, absolument ; le reste n'est que détail. Et ce rôle lui dit qu'il est interdit de déléguer, interdiction qui se manifeste, physiquement, par une sensation de gêne. La même phrase revient très souvent : « Quelque part je me sentirais gênée. » D'autant plus gênée que le mari, discrètement mais fermement, est un gardien vigilant de la norme. Il n'a jamais touché un balai ou un torchon : « Ah ! il n'en serait pas question ! » Ce n'est pas à lui de faire, ni à quelqu'un d'autre, c'est à sa femme : c'est normal.

Francine accepte cette idée, qui s'est construite au fil des ans comme une évidence conjugale : « Ce n'est pas maintenant que je vais donner du travail alors que j'en ai moins que j'en ai eu. Une jeune femme qui a des enfants, c'est plus logique de donner à faire, tandis que moi... » La normalité du rôle s'enchaîne à une normalité plus technique, liée au volume de travail : la délégation est normale pour ceux qui ont beaucoup de travail. Donc ceux qui en ont moins ne sont pas en position de pouvoir se le permettre. Notamment les ménages sortis de la phase de mobilisation, et ceux qui n'y sont pas encore entrés. Ou les femmes au foyer. « Moi je vois des bonnes femmes, qui ne travaillent pas, les gosses vont à l'école, et qui ont quelqu'un à la maison pour faire le ménage. Eh bien je serais bien curieuse de savoir ce qu'elles font ! » (Patricia).

Francine regroupe l'évocation des deux normalités : ce n'est pas normal parce que c'est mon rôle et parce que j'ai peu à faire. Mais généralement, elles se relayent selon les phases du cycle ménager. Quand la femme n'est pas encore ou n'est plus fortement engagée dans le ménage, il n'est pas normal de sous-traiter car il y a peu d'activités. Et quand il y en a beaucoup, ce n'est pas normal parce que c'est à la famille et à la femme de faire. En réalité, il est peu de situations où déléguer soit considéré comme vraiment normal : les hommes vivant seuls, les personnes âgées physiquement affaiblies. Et les familles avec jeunes enfants, débordées par les tâches ; mais dans des limites raisonnables, et si possible en affichant des remords.

Selon les contextes, l'imposition de la norme vient du regard des autres ou du plus profond de soi. Pour les femmes dont l'intégration ménagère est légère, c'est la peur d'être mal jugée qui est déterminante. Voyez Lola, surprise par la question, qui répond d'un souffle : « Ça ne peut pas me venir à l'esprit de dire : "Je peux faire faire ça par quelqu'un." Ça serait un abus ! » Mais aussitôt elle réfléchit et interroge ce qu'elle vient de dire : « Je ne sais pas pourquoi d'ailleurs ça ne peut pas me venir à l'esprit. » Quelles sont ces paroles bizarres qu'elle vient de prononcer sur un ton aussi affirmatif ? L'espace d'une seconde, Lola a l'impression qu'une force mystérieuse lui a volé ses pensées, l'obligeant à répondre ainsi. Car si elle essaie de bien réfléchir, il lui semble qu'au fond, intellectuellement, elle n'est pas d'accord : « En fait pourquoi chacun ne pourrait pas faire comme il a envie ? » Puis, brusquement, Lola change à nouveau d'avis. Elle a senti un malaise, très désagréable, elle s'enfonce dans un embrouillamini mental. Pour s'en sortir, il lui faut se raccrocher à l'idée qui lui apparaît la plus simple et la plus forte ; tant pis pour le débat intellectuel. « Non, à mon âge ça serait abuser, non, moralement, ça me gênerait. » Des milliers de regards imaginés marquent les limites du possible, comme si la femme qui a trop peu à faire courait le risque d'être sévèrement jugée si elle osait déléguer. « Quelque part j'aurais honte, non c'est pas possible dans ma situation » (Arlette). Son rôle est de faire par elle-même et elle doit strictement s'y conformer.

Mais dans une autre séquence biographique, quand elle aura enfin acquis le doit de déléguer sans être mal jugée, entraînée par la mobilisation familiale et la force des gestes, l'envie de passer à l'acte aura disparu. Ce qui sera moins imposé par le regard des autres le sera par son propre corps : c'est normal de faire soi-même.

La honte d'être mal jugé

Les gestes du ménage sont construits autour de nombreux paradoxes : la mobilisation familiale pousse à faire soi-même au moment où il y a pourtant le plus à faire. Nouvelle étrangeté : la délégation nécessite un haut degré d'organisation. En conséquence, les personnes qui ont le plus de difficultés, qui dominent si mal la question ménagère que leur logement en porte les traces manifestes, et qui auraient besoin d'être soutenues, sont justement celles qui ne peuvent sous-traiter (excepté sous des formes liées à l'aide sociale).

La première raison expliquant ce phénomène bizarre est la honte d'être mal jugé. Donner à faire alors que l'on ne sait pas faire équivaudrait à subir un regard extérieur sur une activité dont on n'est pas fier, à prendre le risque d'être évalué négativement. Arlette se définit comme « cool du point de vue du ménage » ; manière habile de dire sans dire son désordre. Elle est parfois un juge sévère de ses propres gestes, mais le plus souvent elle sait se trouver des circonstances atténuantes, comme dans cette phrase élégante. Le regard extérieur révélerait la face la plus noire de sa vie ménagère. Arlette imagine déjà la rumeur se propageant, ses secrets ménagers montrés du doigt alentour : « C'est aussi que je suis trop cool du point de vue du ménage, et m'entendre dire : ouah ! j'ai été chez celle-là, c'était pas gégène ! » Peur du jugement public et honte plus intime, venant du regard critique sur soi que provoquerait le regard de l'autre. Bernadette refuse ce regard accusateur, qui pointerait ce qu'elle ne veut pas voir : « Quand je vois la maison à la fin de la semaine dans un tel bordel, je me dis : s'il y a quelqu'un qui se ramène là, j'aurais la honte ! »

Imaginant cette honte, Arlette précise : « Et puis j'ai des petites manies, des habitudes, j'aurais peur qu'on se moque un peu de moi. » L'absence de fierté à propos de l'organisation mise en place, en même temps qu'elle dissuade de donner à faire, élargit la sphère des choses intimes que l'on souhaite soustraire aux regards extérieurs. Intimité honteuse autant que secrète, secrète parce que honteuse. C'est moins l'intimité stricte qui est cachée que la crasse et le désordre du monde intime ; ce qu'il y a de plus personnel est au cœur de la crasse intime.

Souvent, le refus du regard extérieur qui provoque la honte rejoint la question de la normalité technique. « Non c'est pas sérieux franchement : si aujourd'hui je demande à une femme de ménage de venir faire le ménage dans mon appart, elle rigole un grand coup, hein ! elle repart tout de suite » (Raphaël). L'anormalité permet d'ailleurs d'atténuer la honte : la femme de ménage refuse le travail parce qu'il est impensable, en riant plus qu'en jugeant (en riant d'autant plus et en jugeant d'autant moins qu'il s'agit d'un homme). Le regard aurait été plus lourd vis-à-vis d'une femme en position de devoir assumer son rôle et ne l'assumant pas. La honte est d'autant plus forte que la personne en charge du ménage est censée devoir se mobiliser. Carole aurait particulièrement honte, elle qui n'a pas de vrai chez-soi alors qu'elle a un mari et des enfants, une vraie famille. Pourtant, quand nous l'invitons à rêver, loin du présent, elle livre son désir secret de tout donner à faire. Les personnes faiblement ou mal organisées ne sont pas opposées par principe à la délégation, elles en rêvent même parfois. C'est la mise en pratique qui est impossible.

L'organisation

La seconde raison expliquant la difficulté à déléguer en situation de faiblesse ménagère provient de l'organisation elle-même. Pour donner à faire, il faut en effet non seulement une organisation solide, mais aussi une capacité à diriger la délégation selon les principes régissant cette dernière. L'activité déléguée est tout le contraire d'une masse informe, pouvant être transmise simplement, libérant totalement celui qui transmet. Si l'organisation préalable repose sur des automatismes réguliers et répond à des principes clairs susceptibles d'être explicités, la transmission peut s'opérer facilement. Mais si tel n'est pas le cas, l'effort qu'elle exigera pourra devenir dissuasif. À nouveau nous observons ici que ceux qui auraient le plus besoin d'être aidés ne peuvent l'être. Parce que donner à faire présuppose paradoxalement que l'on sache déjà très bien faire soi-même. Plus encore que la honte, c'est d'ailleurs ce qui empêche Carole de pouvoir y penser sérieusement : « Actuellement je n'ai pas d'organisation pour pouvoir le faire. » Elle ne voit pas concrètement comment elle pourrait introduire une personne dans son système très improvisé : « Pour l'instant je serais trop brouillon pour dire à quelqu'un de faire ceci, faire cela. Comme j'entame tout et que je ne finis pas grand-chose, la pauvre elle aurait du mal à s'y retrouver. » L'organisation nécessaire se situe à deux niveaux. Général : logiques d'ensemble, clarté des repères. Et plus ponctuelles : sur les détails de telle ou telle tâche. Francine prend l'exemple du repassage : « Ça demande plus d'organisation, c'est sûr : si t'as pas fait ta lessive, elle va pas te faire ton repassage. Quand elle venait faire le repassage, c'était le mardi : vous pouvez être sûr que pour le mardi tout était prêt, ah oui ! » Aujourd'hui qu'elle ne le donne plus à faire, elle n'a plus aucune régularité et réagit par coups de nerfs à la vue de la montée du tas. Quand l'organisation est précaire, la sous-traitance exige un fort investissement intellectuel pour que les directives puissent être données. C'est ce qui la rend peu attrayante (en plus de la honte) pour Bernadette : « Il y a des soirs, j'arrive fatiguée, je me dis : il me faudrait bien quelqu'un. Mais je mettrais plus de temps à lui expliquer qu'à prendre moi-même les choses en main. »

Excepté les rares petits quarts d'heure où elle rentre plus tôt, Marie-Alix ne parvient à reprendre pied dans l'univers domestique que par la grâce du repassage. Or ce seul point d'ancrage, qui la sauve d'une dérive absolue, lui est venu en fait d'une difficulté à déléguer, par défaut d'organisation et trop grande particularité de son système. Elle fait ses machines irrégulièrement et repasse de même. Premier problème : il lui serait nécessaire de s'attacher à un vrai rythme. Second problème : elle a l'habitude de classer les chemises de son mari en deux catégories. Les « normales » (pour le bureau), qu'elle repasse, et les « vieilles » (à usage interne), qu'elle ne repasse pas : rien ne l'agaçait autant que de voir les vieilles chemises mélangées aux autres dans la pile du linge repassé par la « nounou ». Il lui aurait suffi de ranger à part les vieilles chemises. Mais la moindre réforme est une montagne à déplacer quand les habitudes sont profondes. « S'il faut penser à tout, c'est usant. » Il est en effet difficile d'accepter de fournir des efforts intellectuels pour changer le quotidien quand le système déjà mis en place fonctionne. Ici encore il y a résistance.

Sous-traiter du travail ménager demande que soit

fourni un travail intellectuel. Parfois également un important travail manuel. Parce que tout ne peut être dit avec la parole ; il arrive même qu'on dise bien peu. L'essentiel des messages passe par ce que le commanditaire montre de son organisation et de ses manières de faire. Il se donne en exemple pour dire silencieusement ce qu'il attend, il esquisse des modèles, et pour cela range avant le rangement, nettoie avant le nettoyage. Nouveau paradoxe. « Ça demande de l'organisation et ça demande du travail. Dans le sens qu'il faut que je sois pour elle un exemple. Par exemple si elle voit de l'ordre dans la maison, qu'elle se dise que c'est normal que j'aime l'ordre, que donc elle le fait dans ce sens-là. Quand elle vient faut donc pas que ce soit, comme elle dit, le bordel. Parce que je veux pas qu'elle pense ça de moi en sortant. Et puis qu'elle se dise : oh ben j'en ai bien fait assez vu comment c'était. »

L'intime et le personnel

La sphère de l'intimité, à protéger des regards, est d'autant plus large qu'il y a désordre. Elle varie également selon l'histoire de chacun. Il y a toujours un seuil minimum : au moins un espace, un objet, une manière, à dissimuler aux regards. Car le chez-soi fixe les repères essentiels du Soi, et les repères les plus forts sont les plus secrets. Cette sphère de l'intime représente un nouveau frein à la délégation. Irénée est bien organisée et fière de son intérieur : logiquement, elle n'est donc pas crispée sur un refus d'intrusion. Elle accepterait même non sans plaisir un regard et un jugement extérieurs. Elle fait toutefois une exception nette pour le linge sale et son lit : « Je ne comprends pas que des gens puissent montrer ça à tout le monde. Le lit il faut le faire, je ne comprends pas... Il faut faire son lit tous les matins en se levant, c'est la première des choses à faire. » Carole, qui vit pourtant dans un tout autre univers du ménage, a la même fixation sur le lit : « Non, une personne étrangère, je ne pourrais pas m'imaginer lui donner mon lit à faire. » Le lit, le linge sale et les sous-vêtements reviennent souvent dans les exemples donnés. Ils mêlent en effet les composantes les plus personnelles et les plus secrètes : la saleté (qui est toujours au cœur de l'intime : même Irénée a de la saleté et du désordre à soustraire aux regards), et ce qui est au plus près de soi, ce qui touche au corps. Lola oppose les activités liées au corps et celles qui portent sur les aspects les plus extérieurs, matériels, de la maison : « Le lit, le repassage, le linge, étendre mes petites culottes, pas question ! Par contre les sols ou les carreaux, O.K. » Or il se trouve qu'elle exécute les premiers avec facilité, au contraire des seconds : ceci n'est pas un hasard. La force qui pousse à l'action est en effet plus grande pour les gestes les plus personnels, la pénibilité y est combattue avec plus d'insistance. Justement parce qu'ils sont plus personnels et qu'il n'existe pas d'autre solution que de les faire soi-même : le système est circulaire, la définition de l'intime à protéger des regards s'inscrit dans la production des gestes personnels.

Le monde personnel se réfère également à l'opposition classique privé-public, catégorisation commode et socialement partagée, qui met du clair dans les idées et simplifie la vie. « Toucher mes affaires, savoir ce qu'il y a chez moi, c'est ça qui me gêne le plus », dit Patricia, qui ajoute : « Bon j'ai pas des trésors, mais c'est mes affaires. » L'évocation d'un vol éventuel, à peine sous-entendue, n'est pas à prendre à la légère. Bien que le risque soit peu important, il est en effet très présent dans les têtes. Car, au-delà de la peur, il symbolise l'effraction du monde personnel, les trésors d'intimité de toute façon dérobés par la présence étrangère. « C'est le fait d'avoir quelqu'un d'étranger à la maison qui ne va pas » (Patricia). Surtout si la présence est continue, ne laissant pas de répit, de replis pour se retirer. Il semble évident que la montée des valeurs de personnalisation (y compris de personnalisation des gestes ménagers) ne soit pas pour rien dans le reflux du nombre de personnes employées à demeure, remplacées de plus en plus par des prestations ponctuelles : la présence limitée dans le temps est mieux tolérée.

Les objets et les gestes personnels sont ceux de l'intimité. De l'intimité honteuse du désordre et de la saleté, et de l'intimité fière des trésors qui ne sont qu'à soi. Ils sont également ceux de la stratégie identitaire, des choix d'organisation ménagère qui s'enracinent dans des principes existentiels. Bien sûr, il est des cas où même ces choix peuvent être délégués. Ce fut le cas pour Yann à l'époque de sa femme de ménage idéale ; ça l'est en grande partie aujourd'hui pour Marie-Alix concernant l'éducation de ses enfants. Mais généralement ils occupent une place trop centrale dans la structuration quotidienne des gestes fondateurs de l'identité ; ils sont ce qui donne un sens personnel à l'action, ce qui inscrit l'action dans une vie qui a du sens. Le système de rangement par exemple. Il ne peut être réduit à une technique ou banalisé : il repose sur des choix précis à opérer, développant des scénarios biographiques différents. Pour Yolande, c'est la seule chose qu'elle ne pourrait pas déléguer : « Parce que c'est personnel. Vous n'allez quand même pas demander à quelqu'un de décider les choses que vous voulez garder ou jeter ! »

Entre intimité honteuse, trésors qui ne sont qu'à soi et choix stratégiques, la sphère définie comme strictement personnelle varie d'une histoire de vie à l'autre. Pour Lola, les gestes intouchables sont ceux du linge, pour Yolande ceux du grand rangement, pour Maïté ceux qui entourent son dernier enfant : l'activité aisément externalisable chez l'une est au cœur de l'intime chez l'autre, et inversement. L'enfant a une place particulièrement instable : à la fois cœur du familial et charge de travail considérable, il passe avec une fluidité étonnante du plus personnel à ce qui est le plus facilement donné à faire (Kaufmann, 1996a). Certaines activités ont une régularité de positionnement plus grande. Le linge sale et les sous-vêtements par exemple, très souvent classés dans l'intime à protéger. Les aspects les plus masculins et techniques (liés à la maison plus qu'au corps) au contraire, renvoyant à un univers professionnel, sont plus facilement détachés de la sphère des gestes intouchables.

Le prix à payer

Enfin, dernier obstacle à la sous-traitance : le prix à payer. Donner à faire implique évidemment plus de dépense que si l'on fait soi-même : la question financière est donc importante. Il est rare toutefois qu'un vrai calcul soit développé, comparant coûts et bénéfices. L'argument financier intervient plutôt pour renforcer une décision de refus, déjà prise. Après avoir hésité à propos du repassage, Yolande est parvenue à s'organiser par elle-même : « Maintenant je peux le faire, alors je le fais. Et puis cet argent-là je peux le dépenser autrement. » Le repassage est très pénible pour Maïté. Pourquoi ne le donne-t-elle pas à faire ? « Eh bien c'est le temps. Maintenant j'ai plus de temps quand même. Et puis c'est dans les 50 francs de l'heure : je trouverais ça un peu bête d'aller payer quelqu'un alors que j'ai du temps. » Son cas illustre une attitude courante. Elle aurait les moyens de payer ; le frein n'est donc pas strictement financier. La dépense est mise en relation avec l'organisation actuelle plutôt qu'avec les avantages qu'elle permettait d'obtenir (par exemple : dégager du temps pour soi, ou pour travailler davantage et obtenir une rémunération supplémentaire). Le flux est vu dans un seul sens : il y aurait à payer en plus. Carole aimerait bien déléguer le nettoyage des vitres. Mais cela lui « paraît cher » alors qu'elle « peut le faire ». Donc elle s'interdit d'y penser.

L'argument financier est utilisé de façon particulière à l'intérieur des échanges conjugaux. Dans le schéma classique, la femme offre sa beauté, sa compétence relationnelle et affective, et son travail domestique, contre la force, la position sociale et les revenus professionnels du mari (de Singly, 1987). Cela explique qu'elle résiste davantage à la délégation. Car elle impliquerait un don moins important de travail ménager et une dépense financière plus grande pour le ménage, donc un déséquilibre des échanges, l'obligeant à compenser par d'autres dons, qu'elle discerne mal et qu'elle imagine lui coûtant plus que le travail ménager. Il arrive (rarement) que les positions soient inversées : l'homme apportant moins d'argent que sa femme et compensant par d'autres dons, notamment du travail ménager ; c'est le cas de David. Le même principe d'équilibre se vérifie cependant, incitant à l'économie celui qui apporte plutôt du travail ménager que de l'argent, et inversement, à la dépense ménagère celui qui est moins investi dans les tâches ménagères. Son emploi est moins rémunérateur que celui de sa femme ; et il s'occupe davantage qu'elle de la maison. Pour éviter que ce déséquilibre ne s'accentue, il souhaiterait pouvoir déléguer certains travaux (il en rêve secrètement) ; mais sa position l'en empêche. Au contraire, il est contraint d'adopter une attitude d'économie radicale, de s'opposer à toutes sortes de dépenses, qui impliqueraient un investissement professionnel de sa femme encore plus fort :

« Je râle parce qu'elle dépense de l'argent, elle voudrait toujours tout améliorer. Moi je me trouve bien comme on est. Quand elle m'a connu, elle disait même que je vivais dans des cartons. J'avais un matelas trop court, mes pieds dépassaient : ça ne me gênait pas. » Ça le gênerait aujourd'hui, comme le gênent certains manques dans leur organisation actuelle et le fait qu'ils sous-traitent si peu. Mais il ne peut le dire ni même le penser trop fort.

VII.

SE DÉCIDER

Les freins à la sous-traitance sont nombreux ; ils s'alimentent au plus profond du fonctionnement familial : donner à faire, c'est un peu perdre son âme ménagère. Il serait toutefois erroné de dresser un tableau unilatéral et statique de ces résistances : d'autres forces jouent en sens contraire, la décision ou la non-décision sont le résultat d'un affrontement permanent. Nous allons maintenant voir quelques facteurs incitatifs, avant d'étudier dans quels contextes se forme la décision.

La pénibilité

L'envie de donner à faire apparaît souvent quand une tâche devient pénible. Pour Carole, le plus détestable est le nettoyage des vitres : c'est ce qu'elle déléguerait en priorité. Pour Francine, la répulsion se cristallise sur les vitres et le repassage. À l'époque des enfants, quand elle fut débordée, elle se déchargea justement de ces deux tâches : « J'avais pris une personne, c'était pour faire ça. » Aujourd'hui, la pression temporelle est moins forte, et Francine les assure à nouveau. La pénibilité, facteur incitatif important, n'opère donc pas de façon mécanique : elle s'allie à d'autres facteurs. Son rôle ne devient déterminant que lorsque le contexte est favorable.

Quand une tâche devient pénible, le premier réflexe ne consiste pas à tenter de s'en décharger. Mais au contraire à remobiliser son énergie pour reconstituer l'automatisme (dont l'affaiblissement est à l'origine de la pénibilité). « Quand ça ne va pas, on ne se pose pas de questions, dit Maïté, on baisse la tête et on continue. » Ce principe de la tête baissée est extrêmement répandu ; il peut même se maintenir quand la pénibilité atteint des sommets. Avant de pouvoir prendre une distance avec soi, de développer des idées de sous-traitance qui impliquent inéluctablement une remise en cause de l'organisation présente, il faut que cette organisation ait fait faillite, ou que le corps soit devenu irrémédiablement rétif. Retournons voir Francine. Parfois, dans les moments creux de l'action ménagère, une pénibilité lourde l'écrase à nouveau. Elle est tentée de rêver qu'elle se débarrasse des deux corvées. Rêve sacrilège. C'est à elle de faire, maintenant qu'elle a le temps ; la seule solution devrait donc consister à retrouver ses rythmes. La douleur étant vraiment trop forte, elle a pourtant imaginé un subtil plan de guerre : séparer les deux tâches, pour s'autoriser à penser à la délégation de la plus pénible : les vitres. Par compensation, une telle pensée est devenue dès lors encore plus taboue pour le repassage : « Non, le repassage, ça y est hein ! j'ai réussi à m'y faire, non ! non ! » Elle s'exclame, elle crie presque, comme pour conjurer les rêves illicites.

Des petits scénarios clandestins sont furtivement développés. Apparemment purs fantasmes, pour se faire du bien, compenser la dureté du quotidien. En fait, ils préparent idéologiquement le terrain de la décision. Il suffira ensuite de rencontrer un événement déclencheur, de « tomber sur une personne » (Raymonde), ou « qu'une occasion se présente » (Francine), pour qu'elle soit prise. Avec parfois une facilité qui surprend : l'occasion peut brusquement lever les résistances.

Avant d'étudier les événements déclencheurs extérieurs au ménage, il faut dire un mot du mari. Il peut lui-même jouer ce rôle de déclencheur, justement parce qu'il est (plus ou moins) extérieur à la dynamique ménagère : spectateur privilégié des fatigues et des agacements, des plaintes et des peines de sa femme. Contrairement à cette dernière, il n'est pas dans la position de devoir relancer son corps pour reconstituer les automatismes. Il a donc plus facilement un œil critique et lance avec une grande liberté des hypothèses de réforme ménagère : achat d'un appareil, utilisation d'un service, emploi d'une personne. Le rôle de la femme est de rester sourde à ces hypothèses, de les contrer par le silence et la force de son corps en action, fondement de l'organisation familiale. Par rapport au poids fondateur de ces gestes, l'homme est doublement léger. Il a la légèreté de l'irresponsabilité ménagère. Mais aussi celle de la pensée plus libre et fluide.

C'est pourquoi il est souvent le premier à jouer sur les occasions qui se présentent, à utiliser les informations qui passent pour proposer des scénarios. Les offres de déduction fiscale par exemple stimulent son génie réformateur : il dresse des plans, calcule les économies possibles. Il est emballé par certaines idées, cherchant à les imposer ; quels que puissent être les effets concrets (qu'il évalue mal) sur l'organisation domestique. La femme à l'inverse part de cette organisation (qu'elle maîtrise) et de sa sauvegarde. Ce qui la conduit à refuser d'envisager les occasions tant que la machinerie ménagère continue à fonctionner à peu près. Mais quand elle s'enraye (surmenage, pénibilité, dysfonctionnements et crises diverses), elle saisit alors l'occasion d'une façon plus radicale, plus entière, que le mari. Et plus décisive, car c'est elle qui est aux commandes. Par sa position, de responsabilité et d'engagement ménager, elle est condamnée à des revirements brusques : après avoir fait le dos rond, elle change ses idées du tout au tout et passe à l'action. Francine, quand ses enfants étaient encore petits, avait du mal à faire face. Mais c'était pour elle l'époque de la mobilisation ménagère la plus forte, où délégation rime avec démission : elle n'osait guère en rêver. Un jour elle apprit qu'une voisine cherchait à faire des ménages. Son sang ne fit qu'un tour, en quelques minutes un tourbillon d'idées changea ses repères habituels. « Et voilà, c'est parti comme ça. »

Les crises

Le fonctionnement domestique ordinaire sécrète le refus de la sous-traitance ; les crises et dysfonctionnements divers au contraire poussent à réformer l'organisation. Le cas le plus notable est la pression temporelle insupportable, l'impossibilité physique de faire face. « J'étais débordée, je n'arrivais plus à suivre, je me suis dit : il faut que je trouve une solution » (Carole). La crise est alors globale, se répercutant sur tous les aspects de la vie quotidienne (surmenage, fatigue, activités bâclées, insatisfaction latente) : plus la désorganisation est grande, plus il y a recherche de solutions. Le dysfonctionnement peut également être plus localisé. Occasionnel, comme le « grain de sable », qui oblige à demander exceptionnellement une assistance. Ponctuel, quand une activité n'est pas réalisable (horaires de travail qui nécessitent de donner l'enfant à garder). Technique (entretien des appareils), quand le ménage ne sait pas faire.

Dans ce deuxième cas, le schéma est simple : un dysfonctionnement (ou un manque) précis provoque une demande de délégation pour y remédier directement. Quand la crise s'élargit et se globalise par contre, les correspondances deviennent floues : il faut avant tout, d'une manière ou d'une autre, diminuer la pression. À ce stade, le technique et le relationnel, le ménager et le familial, ont tendance à se mélanger. Et la crise éclate ailleurs (le couple, les enfants) que là où elle aurait dû éclater (la stricte organisation ménagère). C'est pourquoi l'événement déclencheur le plus fréquent est une tension dans les relations familiales.

Jérôme trouve qu'il a trop peu de temps avec Rénata, son activisme étourdissant l'agace. Au début, il avait juste lancé quelques phrases, en riant. Mais, au fil des phrases, le ton avait changé, et de véritables scènes de ménage avaient fini par s'installer. Aux moments les plus intenses, des questions très dérangeantes avaient été posées : suffit-il d'être côte à côte pour être ensemble ? S'aime-t-on vraiment quand on a si peu de temps partagé ? Il fallait au plus vite fermer ce gouffre au cœur. En contre-attaquant à la périphérie : Rénata accepta d'embaucher une femme de ménage (quatre heures par mois). « Nos relations se dégradaient de plus en plus, je me suis dit que ce n'était plus possible. » Elle n'est pas peu fière de ce combat vainqueur contre elle-même. Le changement reste pourtant limité. Les quatre heures par mois ont été immédiatement routinisées, intégrées au millimètre dans les habitudes : elles sont intouchables. Secrètement, Jérôme rêve de les élargir. Il n'en a pas encore parlé à Rénata, mais un nouveau conflit se prépare.

Les rêves préparatoires

La pénibilité des gestes, le surmenage ou les tensions conjugales incitent à penser à des scénarios de sous-traitance. Ce sont de vagues rêveries, dont on imagine qu'elles ne prêteront pas à conséquence ; elles n'en préparent pas moins le terrain. « C'est une idée comme ça, qui me trotte par la tête » (Christelle). Le premier réflexe est de ne pas rêver, de relancer le corps dans l'action. Patricia : « Tant que je peux faire, je fais, je me débrouille. » Mais quand le résultat est imparfait, le rêve, réconfort psychologique, refait surface : « Des fois je dis : ah j'en ai marre, je vais aller chercher quelqu'un ! » Enfin, stade ultime, le rêve peut se transformer en quasi-décision. C'est ainsi que les choses ont évolué dans la tête de Francine (à propos du nettoyage des vitres). Aujourd'hui, elle n'est cependant pas encore certaine d'avoir franchi le pas : « Ça je crois qu'il va falloir voir, j'y pense, ça serait bien. Ceci dit je ne sais pas si je le ferai. » Car la caractéristique du rêve préparatoire, pensée parallèle à l'action, est d'être fluctuant et subordonné aux événements du quotidien. Si le contexte devient favorable (une occasion qui se présente), il aura constitué un élément essentiel de la décision. Mais il peut aussi rester indéfiniment à l'état de rêve clandestin.

Les rêveries, pensées floues et non officielles, extrêmement mouvantes, laissent peu de traces dans la mémoire. Il est difficile de les recueillir : leur destin est de rester discrètes sinon secrètes. Quand un rêve prend la forme plus claire de projet en bonne et due forme, il devient alors présentable. Comme le rêve de Constance, devenu véritable stratégie, et même double stratégie (l'une officielle-conjugale, l'autre secrète-personnelle). Nous allons prendre le temps pour le visiter. Il convient toutefois de ne pas oublier que la plupart n'ont pas cette forme élaborée et stabilisée, ils s'inscrivent rarement dans un futur aussi précis.

Constance est actuellement au chômage et s'occupe de tout à la maison. Elle envisage de reprendre un travail et souhaite donc se désengager des tâches ménagères. Or son mari sera relativement disponible à ce moment-là. Il a donc décrété que la solution était simple : il prendra en charge ce qu'elle fait actuellement (ou du moins une partie), et ils devraient ainsi éviter les frais d'une délégation. « On ne sait pas encore ce qu'on va faire. Son envie pour l'instant serait de faire du ménage et du repassage et de ne pas prendre de femme de ménage. » Cette décision en apparence généreuse plonge en fait Constance dans l'embarras, l'empêchant d'organiser concrètement la délégation. Il lui semble que son mari n'évalue pas l'importance du travail qu'il dit (abstraitement) vouloir prendre en charge : « Comme il s'est désengagé, qu'il a perdu pied, je pense qu'il ne se rend pas compte de ce que ça représente, du volume, surtout avec les enfants. » Il y a donc un grand risque pour que les charges ménagères lui retombent dessus après que son mari aura été confronté au poids des réalités (alors que les dispositions n'auront pas été prises pour déléguer). En d'autres termes : elle imagine le piège se refermer sur elle. Ce qu'elle est bien décidée à ne pas accepter. Ne pouvant s'opposer frontalement à la bonne volonté de son mari (comment s'opposer à un mari qui veut s'occuper des tâches ménagères ?), elle a mis au point une stratégie subtile pour éviter la catastrophe. *Primo* : préparer secrètement l'alternative. « Je vois si des fois ça cafouille avec mon mari, je me suis déjà renseignée sur une dame, elle serait d'accord. » *Secundo* : ne pas s'engluer dans une situation ambiguë. « Si lui il assume complètement, très bien, sinon il faudra prendre quelqu'un. Dans la discussion, c'est clair : moi je ne fais rien. Ça va être le test en janvier. » Le contrôle des dates est essentiel pour ne pas laisser traîner la décision et courir le moindre risque : il faudra qu'en janvier la prise en charge soit parfaite, sinon elle mettra en œuvre sa stratégie personnelle.

En fin d'entretien, elle nous avoue d'ailleurs que ses doutes sur la prise en charge sont tels que la discussion conjugale n'est pour elle qu'un compromis de surface : elle est bien décidée à clarifier la situation en janvier, dès les premières faiblesses du mari : « En fait je crois que je vais faire le forcing pour avoir quelqu'un. » Reste cependant une inconnue : ses propres réactions face à son mari quand celui-ci ne parviendra pas à faire face. Ne sera-t-elle pas tentée de l'aider, de faire ce qu'il fera mal, ce qu'il oubliera de faire ? Elle est fermement décidée à résister, à se faire violence s'il le faut pour ne toucher à rien, car là est le piège, elle le sent bien. Dans les moments de déprime, Constance imagine parfois son mari (rêves noirs) prêt à l'ouvrir bien grand pour l'y faire tomber. Ou s'imagine (rêves tout aussi noirs) s'y laissant glisser elle-même. Elle doit donc camper strictement sur ses principes, s'en tenir à sa stratégie. Or quand elle tente de détailler certains aspects concrets, beaucoup de zones d'ombre apparaissent. Par exemple la gestion mentale de l'organisation générale, qu'il sera totalement incapable de prendre en charge : elle ne pourra pas se désengager sur ce point. Ou des aspects plus précis, plus manuels, comme le rangement du linge dans les armoires. Elle a donc défini une liste de points très précis, comme autant de garde-fous : « D'accord pour ranger le linge, mais je ne toucherai pas un fer à repasser, pas une seule fois, ni un balai, ni un aspirateur... » Après un silence elle ajoute : « ... si je tiens le choc ». Car l'adversité, elle le sait bien, est d'abord en elle, dans les envies qui risquent de la pousser à la faute. Exemple rare de stratégie d'envergure, l'exemple de Constance explique sans doute, par la négative, pourquoi de tels plans sont si peu fréquents. Car il faut une âme de combattant inflexible et de politique averti pour mettre en schémas le quotidien à ce point, une force mentale hors du commun : il est plus simple et reposant de gérer les événements au coup par coup.

Un peu, beaucoup, tout

La décision de donner à faire certains travaux ménagers ouvre une logique de pensée et d'action contraire à l'ordinaire du fonctionnement domestique. Il est donc essentiel que des limites soient fixées. Une fois le pas franchi, l'idée de donner à faire étant devenue plus familière, les résistances s'affaiblissent face à d'autres délégations éventuelles. La qualité de la prestation, la satisfaction qui en est retirée peuvent alors inciter à élargir la demande. Voyez la trajectoire de Marie-Alix : « Au départ, le premier besoin, c'est faire garder un enfant : parce que ça tu ne peux pas faire autrement. » Une jeune fille est donc venue à la maison, tous les jours, de 16 heures 30 à 19 heures 30. Spontanément elle rangea le désordre occasionné par les enfants. Marie-Alix eut alors une discussion avec elle. Elle ne souhaitait pas que soient mélangées ces deux activités (elle se serait sentie coupable si toute l'attention n'avait pas été réservée aux enfants de 16 heures 30 à 19 heures 30). Mais en discutant, l'idée d'un autre type de travail délégué, dans une autre tranche horaire, fit son chemin : « Elle, ça lui faisait des sous, moi ça me faisait ça de moins à faire. Elle, ça l'intéressait d'avoir un peu plus d'argent, moi d'être déchargée. » C'est ainsi que peu à peu Marie-Alix sortit presque totalement de l'univers du travail domestique.

Parfois le désir de délégation devient radical. Autant les premiers pas sont difficiles, autant les résistances peuvent disparaître ensuite. Surtout dans des circonstances exceptionnelles, qui brisent les rythmes habituels, lors d'un changement de mode de vie. Maïté par exemple était (comme elle l'est toujours) bien organisée dans son travail ménager, quand elle dut faire face à un nouvel engagement professionnel, impliquant de nombreux déplacements. Elle venait de décider une délégation ponctuelle : la garde des enfants (aujourd'hui au contraire c'est ce qu'elle refuse le plus de déléguer). « Au départ c'était pour s'occuper des enfants, surtout pour faire les devoirs à la sortie de l'école. » Elle n'hésita pas à élargir brusquement la demande : « Elle faisait tout, tout, tout, vraiment tout : elle me remplaçait complètement. » L'équilibre le plus difficile à tenir est celui d'une délégation importante sans être totale. Car il y a risque de confusion des rôles, indécision en ce qui concerne la direction des opérations ménagères. En évoluant vers la délégation totale, ce risque disparaît. Au-delà d'une certaine masse de travail déléguée, l'évolution devient rapide : le souhait apparaît de se débarrasser également de la charge mentale d'organisation. Souhait très bien exprimé par cette phrase : « Elle faisait tout. » Autrefois, Carole a eu ce genre de femme de ménage qui « faisait tout ». Rêve merveilleux qui a duré deux ans. « Elle faisait tout, tout, tout, tout ; je ne m'occupais de rien. J'arrivais, je me mettais les pieds sous la table. Je ne me levais même pas de table, la table était débarrassée, c'était un rêve. »

La jeune fille lui pliait même sa serviette. Pourtant elle n'était pas d'accord avec sa façon de la plier. Mais elle préférait la critiquer plutôt que de plier elle-même, tant était devenu grand son désir de ne plus rien faire du tout. « Tout était délégué, je n'avais plus aucune responsabilité. Elle vivait carrément avec nous, sept jours sur sept, dimanche, tout. Je n'avais plus rien à m'occuper. »

Puis les enfants (qui avaient été à l'origine de cette révolution) furent mis à l'école maternelle, et la situation professionnelle du ménage changea. Le système bascula alors dans son contraire : aujourd'hui elle ne donne plus rien à faire, et n'imagine pas pouvoir déléguer étant donné son défaut d'organisation. La délégation radicale s'inscrit dans certains contextes particuliers, et est surtout adoptée par des femmes moins impliquées de façon intime et personnelle dans les choses ménagères. Ce cas de figure minoritaire permet néanmoins d'observer à quel point les flux d'activités peuvent être d'une extraordinaire fluidité, passer soudainement d'une absence totale de délégation à une délégation totale, et inversement. Les résistances, bien que puissantes, doivent être mises en relation avec cette fluidité : quand le contexte devient favorable, les obstacles qui paraissaient insurmontables disparaissent comme par enchantement.

VIII.

LA FEMME DE MÉNAGE

La décision de donner à faire ne résulte pas d'une procédure simple : il lui faut lever des résistances et contourner bien des obstacles avant de s'imposer. C'est la proximité du monde domestique, avec ses règles particulières de fonctionnement, qui explique cette complexité : le capital d'habitudes acquises doit être défendu bec et ongles, tout ne peut être dit, tout ne peut être pensé comme s'il s'agissait d'un problème technique.

Une fois la décision prise, les relations à établir avec la personne employée ne parviendront pas non plus à atteindre la simplicité technique. L'univers familial est trop proche, avec ses codes fondateurs implicites, ses silences parlants, ses objets fétiches : une suite de pièges sournois pour la femme de ménage. La donneuse d'ordre et l'employée sont donc condamnées à jouer très serré si elles veulent maintenir l'échange, notamment en contrôlant étroitement leurs gestes, leurs mots et leurs émotions.

Un peu d'histoire

Quelques éléments d'histoire sur le travail ménager salarié sont nécessaires pour mieux comprendre son contexte actuel. À l'origine, la domesticité était fortement marquée par sa fonction symbolique : le nombre et la nature du personnel marquaient l'appartenance « à une caste supérieure : celle des gens servis » (Perrot, 1987, p. 178). Ce qui explique la forte hiérarchisation du métier, avec au sommet une véritable aristocratie du service : la domesticité d'apparat, essentiellement masculine, signe ostentatoire d'un luxe indiquant une position sociale. Jusqu'au XIXe siècle, qui vit s'approfondir un triple mouvement : de féminisation, de prolétarisation et de rentabilisation. « Le mot “gens” perd de son importance avec la féminisation, et surgit le vocable de ménage qui fait apparaître la notion de travail » (Fraisse, 1979, p. 59).

Au tournant du siècle, époque charnière, se manifestent à la fois l'apogée du travail salarié à demeure, sa généralisation dans le monde de la petite-bourgeoisie et le début de son déclin. L'intégration d'un étranger dans la famille est en effet en décalage avec la nouvelle sensibilité qui se fait jour. Le désir d'intimité rend une présence continue dans le logement plus difficile à supporter. Sauf à familiariser totalement l'importune, à lui interdire de constituer elle-même une famille, à la nier en tant que personne indépendante, à la faire disparaître en la rendant invisible (Martin-Fugier, 1979). Mais les domestiques sont également pris dans les mouvements du temps, qui poussent au renforcement de la conscience de soi, à la « personnalisation du serviteur, qui, à terme, porte la mort de la domesticité » (Perrot, 1987, p. 184). Au début du XXe siècle, le chœur des bourgeoises s'élève pour dénoncer la rareté et la « mauvaise qualité » du travail des bonnes. Une double évolution se fait jour alors. D'une part, une plongée encore plus profonde vers la déqualification du métier, pour maintenir la négation de la domestique en tant que personne. Le critère le plus efficace s'avère être celui de l'âge : la « petite jeune fille », sans formation et de milieu modeste, permet de prolonger un rôle social devenu anachronique. D'autre part, un déclin de l'emploi permanent à demeure, remplacé par des prestations ponctuelles offertes par des personnes ayant leur propre logement et leur famille : les services (articulés à la mécanisation du ménage) remplacent peu à peu la domesticité. Rares sont désormais les ménages logeant chez eux des domestiques (moins d'un sur mille), et ce nombre continue à baisser rapidement. Alors qu'ils sont de plus en plus nombreux à faire appel à une aide extérieure pour les travaux ménagers et la garde des enfants (Eneau, Moutardier, 1992).

Les « petites jeunes filles »

Si la présence permanente à demeure est devenue rare (milieu rural, grandes maisonnées où la domesticité a gardé un certain statut), l'idée d'une intégration forte de la femme de ménage dans le système familial n'a pas disparu tout à fait. Elle se manifeste notamment dans le cas de personnes âgées ou malades ayant une forte demande affective et relationnelle (Caradec, 1996). Ou dans un type d'emploi (héritage du passé) devenu aujourd'hui très particulier : les « petites jeunes filles ».

L'expression est parlante : ce ne sont pas des jeunes filles, mais des « petites » jeunes filles, quel que soit leur âge, le redoublement de l'adjectif étant essentiel pour désigner autant un mode de relation qu'un type de personne : de milieu modeste, maternées, intégrées au fonctionnement familial, à une place subordonnée. Le développement de prestations plus ponctuelles (baby-sitting, heures de ménage) conduit à banaliser l'expression, et à retenir davantage la subordination, la non-professionnalité (donc la faiblesse de la rémunération) que l'intégration à la famille : la « petite jeune fille » est de plus en plus un simple synonyme de « petit boulot ». Mais il reste encore de vraies « petites jeunes filles » intégrées à la maisonnée, témoignage d'une époque en train de disparaître. Raymonde en a eu plusieurs fois dans sa ferme, qu'elle a éduquées et préparées à la vie adulte, et qui en retour lui étaient dévouées corps et âme : « C'est des petites jeunes filles que j'ai eues, de pauvres familles. Elles sont très reconnaissantes. Il y en a une, elle ne savait rien faire, c'était une petite fille qui était d'une maigreur épouvantable quand je l'ai eue, à 14 ans. Je leur ai appris à travailler. Puis quand elles se sont mariées, je leur ai fait leur trousseau. Je les ai rendues heureuses, je les ai préparées à leur rôle de maîtresse de maison. » Raymonde en parle comme elle parlerait de ses enfants : « Dans la maison tout le monde mettait son soulier autour du sapin. Il fallait voir leur joie à ces filles ! D'avoir un cadeau comme les enfants ! » L'intégration à la famille s'effectuait cependant à une place spécifique, en échange d'un travail. Raymonde était tellement habituée à ce système qu'elle eut beaucoup de mal à accepter la présence d'une femme de ménage plus indépendante (employée parce qu'elle n'avait pas réussi à trouver une « petite jeune fille »). « Ah mais là, ça n'a pas été du tout ! Elle était pas discrète, elle avait toujours son mot à dire sur ceci cela, elle me cassait la tête ! Une femme de ménage il faut s'intégrer avec elle, sinon ça peut pas aller. » Entendons bien : non pas faire un effort pour aller dans son sens, mais l'intégrer au mode de fonctionnement de la maisonnée.

La délégation invisible

La présence continue d'une personne étrangère est devenue intolérable dans le monde moderne, où prédominent les valeurs de l'intime et de la communication conjugale. Raymonde elle-même avait fini par porter un regard différent sur ses « petites jeunes filles » : « Il y avait cette contrainte aussi d'avoir toujours quelqu'un à table, midi et soir. Même pour le couple, c'était un problème. » Le refus est encore plus fort pour ceux qui n'ont jamais connu ces formes de domesticité. « Je n'ai pas envie d'avoir quelqu'un de l'extérieur dans ma vie privée. On ne veut pas quelqu'un d'étranger qui soit là au petit déjeuner, tout le temps, au quotidien. Notre vie c'est tous les quatre » (Constance). Maïté avait employé une femme de ménage qui s'installait parfois jour et nuit pour s'occuper des enfants en son absence. La « mamie » avait fini par se prendre d'affection pour la famille, elle se sentait chez elle. « Pour les enfants c'était la mamie. Elle se plaisait tellement chez nous que même quand on était là fallait qu'elle vienne : alors là c'était pénible. Du style : c'était frapper à la porte à neuf heures du matin pour nous apporter le petit déjeuner. Bon ben c'était gentil, mais gonflant, hein ! »

Maïté pouvait d'autant moins supporter cette demande d'ingérence dans les relations familiales que pour elle l'idéal aurait été une délégation totalement invisible. Non seulement une personne qui ne s'installe pas de façon permanente, mais un minimum de contacts, une prestation effectuée pendant les absences, une intrusion pouvant être ignorée : « Moi le rêve, c'est d'arriver comme ça et de trouver tout fait, et d'être tranquille chez moi quand j'arrive. » De nombreux facteurs font craindre la présence de l'étrangère. L'effraction de l'intimité ; les manières de procéder différentes et l'agacement qui en résulte ; le trouble créé par le conflit de rôle : pourquoi cette autre femme fait-elle ce que l'on pourrait faire soi-même au cœur du monde intime ? Francine ressentait vivement la gêne dès qu'il y avait coprésence ; elle préférait donc « ne pas être là quand elle était là », quitte à trouver toutes sortes de prétextes pour quitter les lieux : « Quand j'ai quelqu'un qui est dans ma vie comme ça, ça me gêne un peu quelque part. Donc je préférais, quand j'avais des après-midi que j'avais la femme de ménage et qu'elle devait faire un certain travail, je préférais aller faire mes courses ou quelque chose : ne pas être là quand elle était là. » Car la femme de ménage n'était pas seulement dans son logement, elle était dans sa vie comme elle dit très bien. De plus, Francine avait ressenti la même gêne de la part de l'employée : « Même pour elle c'était mieux que je ne sois pas là, elle était habituée comme ça, elle était plus tranquille. »

La coprésence instille obligatoirement de l'affectif et du lien (Caradec, 1996), incitant par ailleurs, qu'on le veuille ou non, à réactiver l'ancien modèle, le maternage ou la domination. L'absence pendant la durée de la prestation permet de diminuer ce risque.

Troubles et jalousie

Une autre vous remplace. Si elle remplace mal, que son travail laisse à désirer ou qu'elle procède d'une manière qui n'est pas la vôtre, elle risque la critique et le congédiement. Si elle remplace trop bien, elle peut aussi paradoxalement être source de problèmes, en jouant le rôle de la maîtresse de maison aussi bien voire mieux que ne l'aurait fait cette dernière, en devenant une rivale. La rivalité, qui apparaît d'abord au niveau du travail ménager, peut devenir véritablement anxiogène quand elle s'élargit au rôle tout entier. Raymonde se souvient d'une « petite jeune fille » qui avait pris son travail trop à cœur. Passe pour le ménage : elle n'avait pas à se plaindre de son zèle, au contraire. Mais pour les enfants c'était différent, surtout pour le bébé. « Quand il se réveillait le matin et qu'elle allait le chercher, alors ça je n'acceptais pas. Parce que moi mon meilleur moment c'était le matin, de lui faire des câlins et tout ça. Et je me disais : elle prend ma place ! Ça je n'acceptais pas ! Quand je grondais les enfants ils allaient d'instinct se réfugier auprès d'elle, elle prenait mon rôle ! Après elle est partie, heureusement parce que je ne pouvais plus. »

Célestine aussi a vécu une telle expérience pénible. Alors que ses enfants étaient jeunes et qu'elle était très occupée professionnellement, elle avait pris (pendant neuf ans) une femme de ménage à plein temps. « Elle tenait l'intérieur comme si ça avait été à elle, elle touchait à tout, elle faisait n'importe quel travail qui se présentait. Elle tenait ma maison en mon absence. » Elle recevait également les clients de son mari. « Y a des clients qui croyaient la première fois que c'était elle la patronne. C'est pour vous dire qu'elle avait pris forcément une grande place vu que moi j'étais pas là de la journée. » Devant une tel envahissement, Célestine fut prise de doutes : quelle était cette vie bizarre ? Mais sa conclusion fut claire et sans appel : si elle voulait poursuivre dans son choix d'engagement professionnel (ce à quoi elle tenait plus que tout au monde), elle devait contrôler ses sentiments et refuser d'éprouver de la jalousie. Car c'est bien cela qu'elle éprouvait : de la jalousie. « Il a fallu faire des concessions. Je me suis dit que si j'avais de la jalousie, alors il faudrait que j'arrête. » Hélas, le vague sentiment (qui portait davantage sur son remplacement comme « patronne » que sur une trahison amoureuse) croisa le chemin d'une méchante rumeur colportée par le voisinage. « Elle avait fini par prendre trop de place dans la maison. J'ai eu des sous-entendus de gens qui disaient que je la laissais trop avec mon mari. Je n'ai jamais cru. Mais j'ai eu des moments assez pénibles à cause de ça. » L'évocation de relations sexuelles entre la bonne et l'homme de la maison a souvent alimenté l'imagination romanesque (Fraisse, 1979). Elle symbolise l'idée de la rivalité, dans ce qu'elle a de plus brûlant. Cette éventualité diminue aujourd'hui avec le remplacement de la domesticité par des prestations extérieures. Mais le symbole continue à agir de façon diffuse quand la maîtresse de maison se sent avantageusement remplacée par une autre femme.

La différence de manières

Il n'existe pas deux personnes ayant exactement les mêmes manières de faire. Autour de cette question, les relations entre donneuse d'ordre et employée de maison sont donc structurellement conflictuelles : même quand le travail est bien fait, il n'est pas fait à sa façon. « Je trouvais à redire parce que c'était pas fait à ma façon, mais tout était bien fait » (Carole) ; « Chacun a sa façon de faire. Mais on aimerait que ce soit fait comme nous on fait » (Maïté). Car le principe d'ordre qui règne dans le chez-soi ne peut être que celui de la maîtresse des lieux, et il ne peut y avoir plusieurs principes différents. Après une période où elle refoula son agacement, Maïté se décida à donner des directives précises : « J'ai été obligée de lui dire que j'aimerais que ce soit comme ci comme ça. » Par exemple sur la composition des repas : « Le potage il faut le faire avec telle ou telle chose. » Ou à propos du nettoyage de certains objets : « Le lavabo doit être passé au Cif après chaque vaisselle. » Il s'agit généralement de minimums de propreté. Mais le trop bien fait peut aussi, paradoxalement, être critiquable : « C'était trop bien fait à mon goût. Je vais donner un exemple précis : les chemises elle me les mettait sur cintres et elle boutonnait tous les boutons ! Alors moi le matin j'étais obligée d'enlever tous les boutons pour pouvoir les mettre ! » (Carole).

La différence de manières crée de l'agacement. Si l'envie de donner à faire n'est pas très forte, et l'agacement important, il y a de grandes chances que l'employée soit rapidement congédiée. Si au contraire la motivation est profonde, la seule solution consiste à contrôler l'agacement, à refouler ses rancœurs. Célestine, qui tenait tant à vivre sa vie professionnelle, avait un besoin absolu de sa femme de ménage. Bien que les manières de celle-ci (ainsi que la place qu'elle avait prise auprès de son mari) lui fussent insupportables, elle retenait ses critiques, essayant même d'éviter d'y penser. Contrôle de soi qui, selon sa définition, confinait à la sagesse : « Je suis en fait une personne sage : ce qui est fait est fait. Quand je l'ai prise, je me suis dit : ça va me rendre service, donc ça devient presque obligatoire. Quand on travaille, qu'on a des enfants, le mari un autre métier et d'autres trucs, qu'on est obligé d'avoir quelqu'un, eh bien il faut savoir faire des concessions : il y a des choses qu'on aimerait autrement mais c'est pas la peine de demander. » Yolande est dans le même état d'esprit. Le moment le plus délicat est celui du premier regard : elle s'oblige a ressentir de la satisfaction, et se prépare à l'avance à cette perception positive : « J'ai toujours confiance à l'avance, à 100 %. Pour m'enlever cette confiance, il faut vraiment quelque chose d'important. Je me dis en arrivant : ah c'est bien ! ça va être super ! ça va être tout propre ! Bien sûr il faut que ce soit vraiment propre, que le travail ait été fait correctement. Mais si ça l'est : point final, je vais pas pinailler. Je ne tiens pas que ce soit moi qui le fasse ! »

Éliane aussi se répète la même litanie : « Quand c'est fait, j'essaie de ne pas voir ce qui pourrait m'agacer. » Pourtant ses gestes semblent démentir ses propos : son premier réflexe en arrivant chez elle est de remettre à « leur » place tous les objets « mal » rangés. La critique n'est pas éliminée ; elle est seulement contenue. Éliane est divisée. Entre la part consciente, où sont mémorisés les principes de tolérance et de refus de la critique. « Elle vient : je considère que c'est fait. C'est fait, c'est fait. Plus ou moins bien je sais, mais je considère que c'est fait. De ce côté-là ma tête est tranquille. » Et par ailleurs les profondeurs du corps, qui conservent le schéma de son intime ordre des choses : « C'est plus fort que moi : dès que j'arrive, il faut que je remette tout en place. » À vrai dire, les critiques refoulées ont bien du mal à se maintenir dans l'univers muet des seuls réflexes corporels : des phrases s'échappent, qui témoignent d'un double niveau de réflexion. « Dès fois ça m'arrive : je lui fais des petites remarques. Faut dire que les bibelots, alors là, c'est la valse des bibelots ! Ça c'est vraiment agaçant ! » Elle a fait un effort considérable pour diminuer ses critiques : « Au début, j'avais beaucoup de remarques à faire, des trucs énormes qu'elle ne voit pas. » Car elle avait senti que la délégation aurait pu être remise en cause. Mieux contrôlées, elle n'ont cependant pas disparu : Éliane joue sur deux niveaux de pensée et de parole, faisant alterner le silence approbateur et la critique, qui, mal contrôlée, pourrait remettre en cause la délégation. Rénata est également condamnée à la double pensée. Soumise à la demande pressante de Jérôme, elle ne peut pas remettre en cause les quatre heures de ménage. Mais l'agacement secret qui l'agite est tel qu'elle ne parvient à se calmer qu'en remettant les objets à leur place. « Autant elle accepte l'idée d'être aidée, autant elle va toujours repasser derrière. Elle va jamais être satisfaite quand c'est pas elle qui le fait » (Jérôme). Comme beaucoup d'autres employeuses, Rénata est divisée entre tolérance et critique, passant de l'une à l'autre. Parfois laissant libre cours à son agacement : « Il y a un truc de cuivre dans le fond de la baignoire, eh bien il faut le passer au tampon Jex : ça brille, c'est formidable ! C'est élémentaire bon sang ! Pourquoi elle ne comprend pas ça ? » Parfois livrant le discours du contrôle sur soi : « Bon mais c'est vrai que c'est de la maniaquerie, et on ne peut pas demander à tout le monde d'être maniaque. C'est vrai : qu'est-ce que ça peut bien faire que ce soit terne dans le fond ? » Le ton est bien différent entre ces deux phrases. La première est passionnée, la seconde aussi terne que l'objet décrit : Rénata n'affiche qu'une tolérance de surface. Elle est prise dans un contexte qui l'oblige à déléguer, sans en ressentir intimement la nécessité, ne refoulant que très difficilement l'agacement.

La critique immodérée

Les ménages employeurs s'efforcent de ne pas reproduire les relations de subordination de la domesticité d'autrefois, de considérer les employées, sinon comme des égales, du moins comme des personnes indépendantes ayant leur légitimité professionnelle. Mais la différence de manières réintroduit insidieusement la subordination, le modèle de référence étant celui du ménage employeur : toute pratique différente est considérée comme déviante et sommée de se conformer au modèle. Niée dans ses manières personnelles, la femme de ménage peut être contrainte de s'effacer jusqu'à être niée en tant que personne. Entraînés dans l'engrenage de la critique, les ménages employeurs finissent par perdre conscience du fait que l'employée détient aussi une part de vérité. Cela est très clair en cas de conflit : jamais l'autre version de l'histoire n'est prise en compte. Les enfants de Marie-Alix lui ont demandé un jour : « Pourquoi tu ne passes jamais l'aspirateur ? la maison est sale. » Sa conviction a été immédiate : c'est la « nounou » qui est à l'origine de cette rumeur calomnieuse. Elle a donc décidé de la congédier, sans la moindre discussion.

Parmi les critiques souvent entendues dans l'enquête, celle-ci : le supposé manque d'initiative des femmes de ménages. « Faut tout lui dire, s'indigne par exemple Éliane, elle n'a aucune initiative. » Or les employées sont structurellement mises en position de ne pas pouvoir prendre des initiatives de grande envergure. Car celles-ci présupposeraient de pouvoir s'appuyer sur leur propre modèle d'action.

L'imposition aveugle du modèle de bonnes manières a d'autres effets pervers. Chacun a ses habitudes et ses degrés d'exigence, différents à propos de tel geste ou de tel objet. Le haut niveau de propreté de l'employée sur certains aspects ne sera guère perçu, alors que le niveau jugé trop faible sur un autre aspect sera vivement critiqué. Le résultat de ces innombrables micro-décalages est un nivellement par le haut des exigences. La meilleure façon d'éviter les insatisfactions et les conflits est en effet pour la femme de ménage d'augmenter ses normes habituelles (lorsque le terrain sera mieux connu, elle pourra davantage ajuster ses gestes à la demande). Arlette, qui a pourtant conscience de ne faire son ménage que très approximativement (« en gros » pour reprendre son expression), hésiterait à donner à faire car elle aurait « peur que ce soit mal fait ». Cette exigence abstraite se cristallise dans un terme qui revient sur toutes les lèvres : il faut que le travail soit « impeccable ». Pour Éliane, le travail impeccable lui permettrait de trouver enfin une solution à ses agacements : « Évidemment si c'était impeccable y aurait rien à dire, mais faut pas rêver. » Pour Lola, seule l'hypothèse d'un travail « impeccable » lui permettrait d'imaginer une délégation : « Mais alors il faudrait que ce soit fait impeccable, partout, derrière le frigo, partout, impeccable. »

La montée abstraite des exigences peut faire perdre le sens des réalités. C'est ainsi que des femmes, qui connaissent pourtant le temps que peuvent nécessiter certaines activités, ont tendance à l'évaluer différemment lorsque une employée les effectue. En devenant abstraite, la critique tend à gonfler, et à se fixer sur la personne de la femme de ménage, accusée de tous les maux, s'élargissant parfois à l'ensemble de la corporation. Rénata n'est pas contre la délégation en tant que telle : c'est l'incapacité de la profession qui lui interdit de donner davantage à faire. « Si c'est pour voir le souk dès que je relève la cuisinière, ce n'est pas la peine. S'il pouvait exister une seule bonne employée de maison, une seule, je n'hésiterais pas une seconde. » Célestine, malgré sa volonté de comprendre, ne peut s'empêcher elle aussi de généraliser la critique : « Elle est pas terrible, mais une autre ce serait pareil, y en a pas de vraiment terribles vous savez. »

Faire appel à un proche ?

La suspicion règne donc autour du travail effectué par la femme de ménage, la critique est latente, prête à éclater au moindre prétexte. Un élément permet de réduire ce risque : avoir une grande confiance dans l'employée. Et pour avoir confiance, le facteur décisif est la proximité : il faut avoir affaire à une personne proche, que l'on connaît. « Si j'avais à prendre quelqu'un ce serait quelqu'un que je connais, quelqu'un de confiance. À la limite je préférerais quelqu'un de ma famille » (Carole). Avant de faire appel à une entreprise ou à une salariée indépendante, des efforts sont donc souvent faits pour mobiliser les ressources dans des cercles plus rapprochés : le voisinage, ou encore mieux, la famille. Patricia ne fait pas confiance aux « étrangers », elle préfère utiliser les services de la famille (excepté ceux de sa sœur, trop « jalouse » et « curieuse »). Cependant, faire travailler un membre de la famille pose d'autres problèmes. « Je me méfierais, quelqu'un de la famille, je me méfierais : on ne sait pas les problèmes que ça peut poser » (David). Il s'agit certes de quelqu'un que l'on connaît, et auquel il peut être plus facile de livrer son intimité (pas toujours). Mais c'est aussi une personne intégrée dans un réseau d'échanges spécifiques (Déchaux, 1996), où ce que l'on donne et ce que l'on reçoit est bien particulier : de l'affection et du lien social. Que devra-t-on donner contre le travail ? Rien n'est dit de bien précis, rien n'est clair dans les têtes. C'est ce flou, l'idée d'une dette incertaine s'accumulant de façon diffuse qui font craindre de s'engager. « Je ne veux pas avoir des relations de ce type-là avec des membres de ma famille, je n'ai pas envie de devoir quelque chose. Ça ne peut qu'entraîner des quiproquos, des problèmes, des conflits » (Constance). D'autant que la démarche de demande est difficile, rompant un équilibre des échanges, y introduisant une donnée exogène. « Famille, j'aimerais pas : je trouve que c'est drôlement délicat de demander à quelqu'un de la famille » (Christelle).

Le ménage est pris dans une contradiction : il souhaiterait employer une personne connue, mais sans entrer dans un système d'obligation, en restant libre. Libre de ne rien devoir en échange (excepté de l'argent). Libre d'arrêter l'expérience. Libre de demander plus de travail quand il le souhaite. Libre de pouvoir critiquer. L'appel à la famille ne permet pas de telles libertés : au contraire, il renforce un système d'intégration dont il sera bien difficile de se sortir. Maïté garde en mémoire un souvenir désagréable : « C'est pas si évident que cela avec la famille. Des personnes étrangères, à partir du moment où on paie, on peut demander ce qu'on veut. Mais si c'est quelqu'un de la famille, la mère, la belle-mère, une sœur, eh bien c'est beaucoup plus difficile. Dernièrement, j'ai pris une petite-nièce, qui a 19 ans. Eh bien c'est vrai que c'était pas *clean-clean* quand je suis arrivée. Ça aurait été quelqu'un j'aurais dit : vous auriez pu nettoyer la gazinière ! Là j'ai payé, c'est tout : non, on ne peut pas du tout avoir les mêmes rapports. L'employée, c'est l'employée ; la famille, c'est la famille. »

Le cercle intermédiaire

« L'idéal c'est quelqu'un d'extérieur à la famille, mais qui en même temps doit être intégré, quelqu'un d'étranger mais qui soit une personne de confiance, qui passe bien avec les enfants, en qui on peut avoir confiance » (Constance). Un étranger mais qui ne reste pas étranger, qui s'intègre parfaitement dans la vie familiale. Un tel souhait d'intégration n'est pas partagé par tous les employeurs : beaucoup préfèrent la prestation invisible. Par contre, presque tous ont cette même définition de l'employé idéal, entre deux extrêmes à rejeter : il doit être ni trop proche ni trop inconnu. « Pas dans la famille, quelqu'un d'extérieur, mais une relation quand même. Je prendrais plutôt quelqu'un dans les relations. Quelqu'un qu'on ne connaît pas, qui débarque comme ça, j'aurais pas confiance » (Christelle). Le critère central est la confiance, qui elle-même repose sur une notion de « connaissance » de la personne employée. « Il faut quelqu'un que l'on connaît, en qui on peut avoir confiance » (Bernadette). Quelqu'un d'étranger, je ne connais pas : à la limite il peut faire n'importe quoi. Moi j'ai plus confiance en quelqu'un que je connais » (Patricia). Qui peuvent être ces personnes à la fois connues et non proches ? Un cadre de définition relativement strict se dégage entre le familial et l'anonymat lointain : des voisines, des connaissances de connaissances. La réalité de l'interconnaissance est souvent bien mince : il suffit que « quelqu'un de confiance » ait « entendu dire » d'une personne qu'elle était « bien » (Christelle) pour que s'établisse la nécessaire confiance. L'important est de se convaincre que la personne est « connue », quels que soient les éléments réels sur lesquels est fondée cette impression.

Malgré le caractère confus de sa définition, la confiance renvoie à des contenus précis. Elle porte d'abord sur la qualité du travail fourni (sur ce point, les rumeurs circulant dans le réseau d'interconnaissance sont un vecteur d'information essentiel, les ménages employeurs construisant la réputation des employées). Elle porte aussi sur le respect des biens. Il s'agit de ne pas craindre pour les grands et petits trésors que l'on possède (le danger réel est faible mais il est grand dans l'imaginaire). Elle porte enfin sur le respect de l'intimité : tout risque doit être évité que des secrets soient violés, que la vie la plus personnelle soit divulguée ou suspectée d'anormalité, que des déviances supposées soient révélées. Or le paradoxe est que les secrets de l'intimité sont susceptibles d'être le moins respectés justement dans le cercle intermédiaire. Les personnes très proches ont une capacité de compréhension et de silence ; les professionnels lointains peuvent être plus critiques mais leur parole se perd dans les sables du monde anonyme. Les personnes insérées dans le réseau d'interconnaissance local au contraire occupent une position redoutable : souffrant d'une subordination, condamnées au silence, elles-mêmes soumises à une réputation qui définit leur valeur sur le marché, elles se défendent en construisant à leur tour la réputation des ménages employeurs. Information qui se propage de façon d'autant plus efficace qu'elles sont inscrites dans le réseau local : leur parole a du poids parce qu'elles sont connues. C'est paradoxalement parce que, étant connues, on devrait pouvoir leur faire confiance (théorie officielle) qu'on risque beaucoup en leur faisant confiance. Bien qu'ils ressentent intuitivement ce piège, les ménages employeurs ne peuvent pas l'éviter : ils sont prisonniers de la définition sociale de la confiance telle qu'elle s'est constituée.

Payer quelqu'un de la famille ?

Employer une personne plus proche de soi (dans la famille plutôt que dans le réseau d'interconnaissance local) peut éviter ces désagréments. Mais il y a un autre coût : la perte de liberté. Pour le diminuer, les ménages s'évertuent à détacher l'échange de sa logique familiale, en le monétarisant de façon plus ou moins importante. Ce faisant, ils le rapprochent du cercle intermédiaire, la différence devenant mince entre la personne de la famille que l'on paye comme une employée et l'employée que l'on connaît si bien qu'elle finit par faire partie de la famille.

Payer un travail effectué par un membre de la

famille n'est toutefois pas chose facile, la logique marchande étant parfaitement contradictoire avec la logique familiale, où l'on est censé donner et se donner sans compter. L'art consiste alors à isoler la prestation du reste des échanges. Ce qui ne pose guère problème avec les enfants. Bernadette, qui détestait nettoyer les vitres, avait passé un marché avec ses filles : « C'était dix francs la fenêtre, c'est un service qu'on monnayait. » La rémunération avait une valeur éducative, tout en s'inscrivant dans l'allocation habituelle d'argent de poche. Hélas, entre adultes il n'en va pas de même : impossible de trouver un équivalent à l'argent de poche. Il en résulte un flou de l'échange, des négociations permanentes, le ménage employeur cherchant à approfondir la monétarisation pour se soustraire à l'emprise du don, la personne employée refusant cette rémunération au nom de son rôle familial. Patricia préférerait un échange clairement monétarisé : « Moi ça ne me dérangerait pas de payer, ça serait normal, c'est eux qui veulent pas. » Lorsque les deux partenaires sont en désaccord, c'est toujours la logique du don qui l'emporte dans le cadre familial : il n'est pas possible de payer. « Moi j'ai toujours pour principe de demander ce que je dois, c'est normal, ils font un travail. Bon je sais très bien qu'ils vont me dire non, mais ça ne m'empêchera pas à un autre moment de faire un cadeau. Mais des fois c'est pareil : le cadeau il me revient. Alors je les emmène au restaurant. » Patricia n'est peut-être pas toujours sincère quand elle propose de payer (puisqu'elle sait qu'elle ne paiera pas). D'autant que le paiement en lui-même est moins important que le fait de le proposer : la proclamation de la dette permet de payer en monnaie symbolique et de diminuer un peu la pression. Mais le symbolique est d'un maniement risqué : à force de répéter que l'on est débiteur, l'effet peut devenir inverse. C'est pourquoi Patricia ne se contente pas de proposer de payer : elle tente réellement de contourner les refus en offrant des contre-dons divers. La négociation est continuelle, les indécisions permanentes, les ajustements divers : la gestion de la relation est très complexe. Non moins complexe pour Maïté : elle joue sur deux logiques différentes d'échange, en évitant qu'il y ait des interférences. « Ma belle-mère c'est à titre gratuit : elle acceptera jamais un billet, quoi que ce soit ; j'amène un bouquet de fleurs, je lui fais plaisir autrement. Ça serait l'offenser. Par contre, ma mère, y a aucun scrupule : c'est un dédommagement de tant par jour, point. »

Dans la famille, l'échange est rarement situé à l'un des deux extrêmes : totalement gratuit ou totalement monétarisé. Il se situe plutôt dans l'entre-deux, naviguant entre des définitions changeantes. Le cadeau illustre parfaitement cette ambiguïté. Il permet d'éviter la gratuité du travail sans pour autant tomber dans l'échange explicitement monétarisé. Entre gratuité et échange monétarisé, il introduit du flou, facilitant l'ajustement entre les deux partenaires. Il est toutefois possible de mesurer la place exacte de chaque cadeau sur une échelle de monétarisation. À un pôle se situe le véritable cadeau, occasionnel, provenant davantage d'une impulsion que d'un calcul : deux ou trois fois par an, Raphaël a soudainement envie d'offrir des fleurs à sa mère pour la remercier de venir faire le ménage. Au milieu se situe le cadeau plus régulier, ne cherchant pas toutefois à compenser la valeur du travail. « Ah dans la famille, c'est gratuit, c'est de l'entraide. Bien sûr quand elle va partir je lui offre un petit truc, une bricole, un petit plaisir, c'est pas grand-chose » (Carole). À l'autre pôle enfin, le cadeau dissimule mal un véritable troc, un donnant-donnant calculé de part et d'autre, tout en évitant l'argent. « Quand elle vient faire le repassage, des fois c'est une plante, mais plutôt une petite entrée, un dessert, du blé gratuit pour ses poules, tout ça. On s'arrange très bien, ça s'est toujours bien passé » (Raymonde).

Gêne et silence

Les relations entre employeurs et employés ne sont guère plus aisées. Le mélange ambigu entre familiarité et distance professionnelle crée une hésitation permanente, la parole est délicate en dehors des bavardages anodins : dès qu'il s'agit de choses sérieuses, celui qui parle peut changer de registre et ainsi créer le trouble, passer de la familiarité à la distance, de la tolérance à la critique, de l'égalité de positions à la domination. Les partenaires sont donc conduits à réduire les créneaux de discussion, et à les contrôler en les routinisant. Ainsi quelques vraies discussions peuvent avoir lieu, des directives sont données, des critiques sont faites. L'essentiel cependant reste enfoui dans les profondeurs de l'implicite. Marie-Alix aurait eu beaucoup à dire, mais elle se contentait de cette habitude bizarre qui avait été prise : écrire deux ou trois conseils sur un papier. « On fonctionnait par petits mots. Je lui disais : attention de bien passer sous le lit ou sous les radiateurs, de bien faire les toiles d'araignées. » Constance a divisé en deux l'univers du ménage : le « normal », pour lequel elle ne dit jamais rien (elle n'en pense pas moins), et l'« exceptionnel », qui libère la parole : il lui faut indiquer les gestes inhabituels (le nettoyage des vitres, un rangement en profondeur, etc.). Elle en profite évidemment pour délivrer quelques messages sur les manières de faire : « Quand c'est le ménage normal, elle sait ce qu'elle a à faire, mais quand c'est exceptionnel, je peux lui dire comment faire. » Célestine a une méthode semblable, elle se force à programmer le travail pour parler plus facilement : « Je la prépare à l'avance. Par exemple je vais lui dire : mardi on va faire les carreaux. Alors elle va savoir qu'il faut en mettre en coup. »

Même ritualisée et réduite à des créneaux étroits, l'énonciation de directives n'est pas aisée. Marie-Alix a tenté plusieurs fois d'aller au-delà de ses petits mots, pour préciser ses souhaits : sans résultats. « Pour l'éducation, ça a été, on s'est pris des moments où on se prenait un petit jus d'orange, où je lui donnais mes valeurs. Pour le ménage, je n'ai pas su donner mes ordres. » Les fois où elle a essayé, la gêne s'est installée de part et d'autre ; la gêne, diffuse ou manifeste, qui empoisonne les relations. Parce que tous ignorent ce que chacun est pour l'autre, que les attentes et les positions ne cessent de changer, parce que l'incertitude est permanente et la transparence impossible. Dans cet univers opaque, la moindre critique de détail peut être perçue comme une remise en cause. « Les portes de placard, c'était poisseux, tout ça. Quand je lui faisais la remontrance, gentiment, hein, parce que je l'aimais, eh bien elle pleurait ! Alors c'était gênant, très très ennuyeux » (Maïté). La discussion peut devenir si difficile qu'on préfère mettre un terme à cette relation compliquée. « Je lui ai dit, elle était gênée : elle a même pleuré. Je ne voulais pas la torturer, mais on en est restées là, j'ai dû m'en séparer » (Yolande).

Le plus fort de la gêne est lié au rapport de domination employeur-employé. La tendance est à vouloir traiter la femme de ménage comme une égale. Mais comment dès lors diriger son travail ? Yolande ne parvient pas à s'en tenir à une position claire : « Des fois je me sens coupable, de se faire servir c'est pas toujours évident. Ça m'est arrivé de me sentir obligée de me justifier auprès de la personne que j'emploie. C'est aussi pour dire : je ne suis pas là pour torturer, pour abuser. » À d'autres moments, elle prend une distance critique avec ce sentiment qui ne peut déboucher sur rien : « Il m'arrive de me dire : mais c'est idiot ! Parce que la personne qui vient, elle aussi ça l'arrange ce travail. » Hélas, l'accalmie ne dure guère, la gêne resurgit, l'incapacité à établir une relation banale.

Décidément, rien n'est simple dans le domaine ménager.

Troisième partie

LE TRAVAIL DES SENSATIONS

Après nous être laissé entraîner dans les tourbillons de la danse ménagère et avoir suivi ses rythmes complexes, après avoir élargi les pas à d'autres danseurs, extérieurs au ménage, l'objectif de cette partie est de plonger à un niveau plus élémentaire : celui du geste lui-même. Quelles sont les forces qui poussent à l'action ménagère ? Quels sont les liens entre corps et esprit ? Qui décide et comment ? Quels sont les mécanismes concrets de la machine humaine dans ses mouvements les plus quotidiens ?

IX.

L'INJONCTION

Comment s'explique le mystère de l'action ? Dire que l'acteur décide souverainement de ses actes ne rend compte que d'une part infime de la réalité. Dire que les structures sociales définissent les pratiques des agents n'informe en rien sur l'action elle-même : quelles sont les forces qui produisent concrètement l'élan, qui mettent en branle le corps humain ? Sans parvenir à préciser davantage, j'avais proposé dans des travaux précédents (Kaufmann, 1992) de désigner ces forces sous le terme d'« injonction ». Le flou de la notion m'a été reproché (Déchaux, 1995). Il est devenu aujourd'hui possible d'aller plus loin.

« Il faut le faire »

Quels sont les facteurs qui poussent à l'action ménagère ? Contrairement au chercheur, les personnes interrogées ont une réponse simple : il faut le faire et on le fait, c'est tout. « On ne se demande pas pourquoi on respire », résume Christelle. Il faut le faire comme il faut manger, dormir, se défendre ou fuir quand on est attaqué. Il faut le faire comme il faut rouler à droite, répondre à celui qui vous parle, aller au travail le matin : de la même manière il faut donc se laver, nettoyer sa maison, faire sa vaisselle. L'évidence est si claire que l'on ne se pose pas cette question du pourquoi ; l'évidence est très claire justement parce que l'on ne se pose pas la question du pourquoi. « C'est une nécessité, il faut le faire, donc on ne se pose pas de questions » (Yolande). L'enquêteur, qui pose cette question que l'on ne doit pas se poser, agace. Les réponses qu'il reçoit sont brèves, formulées sur un ton impératif, tant pour l'inciter à changer de sujet que pour ne pas être soi-même tenté de sombrer dans le gouffre de la réflexion interdite. Francine a trouvé une formule parfaite : concise, définitive. « Faut que ce soit fait, point ! »

À écouter de près les propos, il apparaît cependant que ce refus du débat avait été souvent précédé d'un bref instant de silence, marqué par la surprise et l'hésitation. La surprise bien sûr, car le thème est habituellement refoulé. Mais l'hésitation aussi, quelques mots bredouillés, l'envie de dire, l'évidence au fond de soi, la perception diffuse d'éléments de réponse : l'injonction est vaguement ressentie dans le lointain d'une pensée floue. Si l'évidence se doit d'être inquestionnable, l'élan qui pousse à l'accomplir n'en est pas moins vécu et peut laisser un souvenir. Si les divers facteurs à l'origine de l'élan sont impossibles à distinguer pour l'acteur, la qualité du mouvement qui pousse à l'action peut par contre être assez bien analysée et décrite. Dans le meilleur des cas, l'évidence profondément incorporée permet au corps de se mouvoir sans que la tête ait à intervenir. « C'est automatique, c'est systématique, c'est une chose réglée quoi, et qui ne me coûte pas » (Francine). L'injonction se confond alors avec l'automatisme, elle prend corps comme lui dans le corps, évitant d'autant plus facilement la tête et ses questions, créant l'aisance et la fluidité des gestes. « Les automatismes, c'est bien, on n'a pas besoin de réfléchir, c'est pas fatigant » (Célestine). L'automatisme est toujours au cœur de l'injonction, mémoire disponible du geste et du rythme adéquats dans un contexte donné. Mais les contextes sont changeants et enchevêtrés, se structurant sous l'emprise de contraintes contradictoires. C'est là qu'intervient l'injonction, au spectre plus large que le seul automatisme incorporé. Elle globalise l'ensemble des impulsions, qu'elles soient incorporées ou liées au contexte, et les synthétise instantanément en une seule évidence d'action : il faut faire ceci ou cela. Parfois il faut faire ce que l'on a toujours fait, l'habitude routinisée. Parfois au contraire, les sensations du moment, la contrainte d'une interaction ou l'assujettissement à une conformité quelconque poussent à faire autrement : l'injonction assure les réglages les plus fins et définit une réponse unique. Autant que possible en gardant secret tout ce travail, en évitant qu'il émerge à la conscience. Ainsi le corps parvient-il à rester léger et obéissant y compris en dehors des habitudes les plus régulières.

Moins ce travail de l'injonction est réussi, plus la tête doit intervenir dans la danse, plus le corps se fait lourd. L'injonction sort alors de l'implicite et devient de plus en plus clairement consciente. Elle n'est plus une force qui pousse à l'action mais un principe que l'acteur se rabâche pour se forcer à agir. Une distance se crée entre son corps en mouvement et ce principe extérieur auquel il réfléchit. Raymonde actuellement est en plein trouble : « Je le fais, hein, je le fais, parce qu'il faut bien que je le fasse, bon mais... Je le fais parce qu'il faut le faire, mais il faut bien dire que je n'aime pas trop ; des fois... » Des fois, elle va jusqu'à se demander s'il est vraiment si évident qu'il faille le faire ; question qui fragilise encore davantage l'évidence et amène à multiplier les questions. Arrivée à un tel point, la personne est livrée à elle-même, à ses doutes et à ses pensées, sans le confort de l'injonction.

La force du regard

L'action ménagère ne s'imagine pas dans l'instant, elle ne part pas de zéro. La mémoire du passé sur laquelle elle s'appuie est, nous l'avons vu, en grande partie stockée dans les objets, l'ordre des choses qui nous entoure et guide nos mouvements. Ou plus précisément : dans le rapport de la personne aux choses familières. L'ordre en effet est double, continuellement dupliqué en deux modalités qui se répondent en écho. Il y a bien sûr l'ordre concret des choses elles-mêmes, la place qu'elles occupent dans leur matérialité spatiale. Mais il y a aussi le plan de cet ordre, enregistré par l'individu, schéma mental dont la particularité est de n'affleurer que rarement à la conscience claire, d'être à la fois cognitif et incorporé. Or c'est ce schéma mental, et non l'ordre matériel, qui constitue l'élément décisif, la référence ultime : les choses doivent être mises en correspondance avec lui (Douglas, 1981). Faire le lit est pour Lola une évidence telle qu'elle refuse de considérer cette activité comme une tâche ménagère : « Je n'y pense même pas. » Son corps se met en mouvement sans qu'elle ait à le commander. « Je déteste quand un lit est défait » : la seule vue des draps chiffonnés provoque l'action, elle les tire et les lisse aussitôt pour qu'ils redeviennent conformes au schéma. Généralement, les choses dérangées sont en nombre limité : la grande masse de ce qui a été accumulé dans la maison reste stable. Le schéma mental n'intervient donc que de façon ponctuelle, sur les anomalies remarquées. L'instrument qui provoque le réajustement, en déclenchant le geste, est le regard. J'ai montré dans une autre recherche l'importance du rôle du regard, qui permet de diriger le corps, d'effectuer un travail cognitif en esquivant le niveau conscient (Kaufmann, 1995). Ici il détecte les anomalies, les écarts au schéma, et guide d'autant plus facilement l'action que les rythmes sont habituels.

La satisfaction ressentie après le rangement elle aussi est double. Plaisir des choses rangées bien sûr. Mais également détente et calme dans les pensées. Avant de déclencher l'action rédemptrice, le regard a en effet transmis l'information signalant que le schéma n'est plus respecté. « Quand on sent qu'on se laisse gagner par le bazar, c'est fatigant, on en a plein la tête » (Arlette). Cette confusion dans les esprits provoque agacement et fatigue, élément décisif qui pousse à l'action quand elle n'a pas été immédiate. « Je ne peux pas supporter de voir quelque chose qui traîne, quelque part ça me perturbe ». Le « quelque part » en question déteste tellement être perturbé que Rénata fait tout son possible pour réagir instantanément ; d'où son activisme effréné. Comme elle (bien que sur un rythme plus calme), Célestine préfère l'action instantanée à la sensation désagréable provoquée par la perturbation du schéma mental. Avec une prédilection pour les poussières, et une arme préférée : le balai. « Je n'aime pas voir traîner une poussière : je trouve que ça défait tout l'ensemble. Je balaie, dix fois par jour je balaie, je balaie partout : je ne peux pas voir une poussière : faut que je prenne le balai. » « Ça défait tout l'ensemble », entendons bien : non seulement l'ensemble esthétique constitué par l'ordre de la maison, mais aussi l'ordre qui est dans sa tête et, plus globalement, la combinaison de ces deux ordres : l'harmonie qu'elle est parvenue à établir avec son monde familier.

Le corps a été mis en mouvement. L'action a pour but, et pour seul but, de reconstruire la correspondance avec le schéma mental. D'un rapide coup d'œil, vérification est faite que le résultat est correct, qu'il ne reste pas une poussière, que l'objet a retrouvé sa place. Il ne s'agit pas d'une véritable évaluation critique : seule est jugée la conformité avec le schéma incorporé. Patricia l'exprime clairement : « Faut le faire et faut que ce soit bien fait, mais quand c'est fait c'est fait. » Il n'y a pas à s'interroger exagérément sur le pourquoi et sur le comment, sur la qualité de l'œuvre : cela a été fait comme cela devait être fait, donc c'est propre, donc c'est rangé. Seule une détection d'anomalie par le regard peut relancer à nouveau le processus.

La force de l'idée

Les habitudes ne sont pas de simples gestes réflexes ; elles mémorisent une culture, des idées. L'injonction du moment réactive ces habitudes, donc ces idées (bien qu'elles restent souvent implicites). L'élan ainsi créé se fonde sur des causes diverses. Il tire parfois sa force du rythme de l'habitude, de la profondeur de son incorporation. D'autres fois au contraire, ce qui pousse à l'action est l'idée à la base de l'habitude, l'évidence si claire que le corps ne peut refuser de s'y soumettre. Il y a dans ce second cas transit discret par la conscience (une conscience floue), qui vient en soutien à l'automatisme. Qui vient en soutien systématiquement, tellement l'idée du « Il faut faire ceci » ou du « Il faut faire cela » s'impose.

Le mécanisme peut être analysé à l'aide d'un indicateur : les procédés de résorption de la pénibilité. Cette dernière se manifeste à l'occasion de discordances, soit internes à la pensée, soit entre le corps et l'esprit : nous verrons cela plus loin. Nous nous intéresserons pour le moment aux méthodes grâce auxquelles elle parvient à être réduite. L'objectif est toujours le même : il faut créer l'élan. Mais les moyens divergent. Première solution : la régularité du rythme, qui renforce mécaniquement les automatismes. C'est pourquoi, par exemple, la vaisselle est en moyenne moins pénible que le repassage ou les vitres (Zarca, 1990). Deuxième solution : la force impérative de l'idée, qui balaie les hésitations. Je prendrai l'exemple du nettoyage des W.C. En théorie, l'action ne semble guère ragoûtante : saletés les plus répugnantes et odeurs putrides ne devraient pas en effet être en mesure de susciter l'enthousiasme. L'activité est d'ailleurs classée au plus bas quand elle est effectuée dans le secteur professionnel. Or c'est justement autour de certaines tâches apparemment ingrates, et ce n'est pas un hasard, que se construit le plus fortement le sentiment d'obligation. Par le miracle de l'évidence : ces lieux si proches du corps, de l'intimité et des saletés corporelles doivent être impeccablement propres, encore plus que d'autres. C'est du moins en ce sens que l'injonction travaille. D'où la fréquence avec laquelle, dans l'enquête, la propreté des sanitaires a été prise comme exemple de l'obligation indiscutable. « Les W.C. il faut qu'ils soient absolument propres. » Et Francine d'ajouter la suite logique : « Alors ça me gêne pas. Parce que c'est quelque chose sur laquelle je suis intransigeante. » Si intransigeante que l'automatisme du geste est parfait, qu'elle agit sans y penser. Christelle par contre réfléchit un peu, mais paradoxalement plutôt pour freiner son envie de nettoyage des W.C. Chaque matin elle est tentée. Le geste pourrait se développer spontanément, sans le moindre effort. « Ça ne me dérange pas du tout, parce que j'apprécie vraiment quand c'est propre. » Elle a toutefois refusé de se laisser aller à cette envie, et soumis l'action à la critique. Elle en a déduit qu'un nettoyage quotidien serait exagéré, qu'un jour sur deux suffirait, que le temps ainsi économisé serait plus utile ailleurs. Mais les matins où elle laisse jouer l'élan coulent plus facilement que ceux où elle doit le freiner pour faire autre chose. C'est ainsi que, par le miracle de l'injonction, le nettoyage des W.C. peut apparaître comme une tâche moins désagréable que d'autres.

Un mécanisme instantané

L'injonction n'a pas en elle-même de passé. Elle s'inscrit dans l'instant, synthétise et trie les impulsions diverses, pour créer l'élan. Parmi ces impulsions, un certain nombre viennent du contexte immédiat. Les sensations et émotions du moment, les jeux d'interaction et les rapports de pouvoir, voire le cadre physique, poussent à tel ou tel type d'action. Je ne détaillerai pas ici ces divers facteurs, pour me concentrer sur un autre élément : la réactivation des cadres de détermination. La mémoire du passé (et les guides d'action qu'elle renferme), stockée en diverses instances, est réactivée par l'injonction, qui puise dans ces ressources comme elle saisit le présent immédiat : le modèle de comportement transmis depuis des siècles est traité sur le même pied qu'une influence fugace, mis en concurrence et combinés entre eux pour déterminer l'action. Ce qui est mélangé dans la mécanique instantanée de l'injonction peut toutefois être distingué dans l'analyse. Je m'intéresserai ici à la façon dont l'injonction réactive la mémoire du passé, stockée en deux domaines qui semblent opposés : l'intériorité la plus intime, les habitudes profondément incorporées, et les modèles, les normes sociales, qui s'imposent de l'extérieur. Tous deux renferment et transmettent la mémoire du passé, chacun à sa manière. Comment s'articulent-ils entre eux ? La façon dont l'injonction les mobilise permet d'y voir un peu plus clair.

Évidences intériorisées et obligations externes

Une question posée dans l'enquête interrogeait les personnes sur la façon dont elles ressentaient injonctions internes et pressions externes. Les résultats furent décevants. Le plus notable en effet était la très grande complexité et variabilité des combinaisons. Ce qui était intérieur à un moment devenait extérieur à un autre, et inversement ; des régularités semblaient difficiles à dégager. Dans une telle situation, une technique d'investigation commode consiste à prendre des cas extrêmes (notamment le plus facilement observable : quand un ménage ressent des pressions sociales extérieures sans éprouver d'injonctions intériorisées). C'est celle que j'ai utilisée dans l'enquête, et que j'utiliserai ici. Il convient toutefois de garder à l'esprit qu'il s'agit là d'un exercice de laboratoire et que dans la réalité les frontières ne sont jamais nettes et le processus en travail permanent.

Une situation simple est celle de jeunes ménages en début de cycle d'installation. Ils ont peu d'objets, peu d'activités, des exigences de rangement faibles, des intérêts limités portés aux questions ménagères. Pourtant, en décalage avec cette légèreté et cette décontraction de leur quotidien, ils ne sont pas sans avoir d'autres modèles en tête. Modèles vus dans l'enfance ; la maison familiale impeccable. Modèles vus dans des magazines, à la télé, lors d'une invitation ; de superbes décorations. Au début ces images restent extérieures, si lointaines qu'elles semblent ne pas être mémorisées, comme si elles passaient sans laisser de traces. En fait elles en laissent, imperceptibles, mais qui petit à petit, en se surajoutant, finissent par trouver leur place dans un coin des pensées : une nouvelle norme se forme et va désormais soumettre le quotidien à la critique. La pression se fait plus forte quand un proche est porteur de la norme, quand ses petites phrases, quelques gestes, son regard, parlent de façon masquée mais néanmoins insistante, disant sa réprobation. Alors, ce qui n'était qu'un modèle lointain, au mieux un éventuel possible, devient un horizon probable à atteindre un jour.

Quand la mère de Yann lui rend visite, elle ne peut s'empêcher, pendant une heure ou deux, de remettre en ordre le petit logement (qui en avait bien besoin). Il semble d'ailleurs que ce ne soit pas délibéré de sa part, qu'elle ne puisse résister à une injonction personnelle. Elle commence doucement, par quelques rangements ponctuels, sans rien dire ou en parlant d'autre chose. Puis, sa machine corporelle mise en route, tout s'accélère. Yann ressent alors un profond malaise (« C'est honteux, hein ! »), ne sachant quoi dire, ne sachant quoi faire, faisant semblant de tripoter en ressentant la fausseté de ses gestes, malaise accentué encore par le silence de la scène. Il est agité de sentiments contradictoires, agacé par l'ingérence maternelle, furieux d'être honteux, mais malgré tout content qu'un peu de ménage soit fait, puis plongeant dans une réflexion critique sur son présent. À cet instant, il est totalement convaincu que la véritable norme de référence se situe bien là, qu'il devrait faire un effort, que son laisser-aller habituel ne peut plus continuer. Dès le lendemain ces bonnes intentions semblent oubliées. Pourtant la nouvelle référence commence à s'installer. Pas encore comme un véritable système de contrainte le poussant à agir ; ce qu'elle ne saurait toutefois tarder à devenir.

Chez les jeunes ménages, la perception d'une norme extérieure contraignante s'inscrit dans un processus évolutif : ils la font leur à mesure que l'organisation domestique s'améliore. Chez des ménages plus anciens, la même perception extérieure et contraignante n'a pas cette vertu incitative. Elle ne change plus le système mis en place ; et se limite à provoquer des dissonances dans les pensées, de la pénibilité dans les gestes. Voyons l'exemple de Bernadette. Elle déclare vouloir ne pas s'investir trop dans le ménage (ceci pour mettre ses idées en accord avec la réalité des faits, le désordre manifeste). Mais elle ne parvient pas à se convaincre totalement, elle garde un œil sur une autre référence possible, qui se révèle avec force à l'occasion d'un jugement supposé sur soi, d'un regard extérieur : « On fait le ménage, on est obligé. Si tu ne le fais pas, tu te dis : mince ma maison est dégueulasse. C'est vrai qu'il y a toujours des copains qui viennent ; il faut quand même que les choses soient nettes et propres. » C'est aussi le souci du regard extérieur qui pousse Francine à l'action : « La poussière, des choses comme ça, moi ça m'est égal qu'il y ait de la poussière. Mais ça me gêne si quelqu'un vient, qu'il passe un coup de doigt et qu'il voit qu'il y a de la poussière. » Menace réellement vécue ou instrument subtilement utilisé pour se remobiliser, toujours est-il que l'éventualité du regard extérieur lui permet de se représenter des obligations impératives, qui compensent la faiblesse de son énergie personnelle, son goût limité pour les choses ménagères. Elle se décrit ainsi : « Je ne suis pas une femme d'intérieur. » Elle laisserait bien la poussière à sa place s'il n'en tenait qu'à elle. Mais les obligations sont là, qui pèsent sur sa vie. Cette sensation de contrainte revient de façon lancinante dans ses propos : « Le repassage et les carreaux, c'est des choses que je suis obligée de faire avec, mais j'aime pas vraiment ça. C'est comme le repassage, on est bien obligé de le faire. Le ménage on est obligé de le faire. Enfin : on s'oblige à le faire. »

Dans certains cas, un équilibre original parvient à s'établir. Bien que toujours perçue comme extérieure, ne provenant pas du fond de soi, la norme s'incorpore cependant dans les automatismes, unifiant la personne autour de ses gestes. Maïté est un bon exemple. Elle a certes intériorisé une idée, celle de l'hygiène, surtout son versant négatif : elle réagit instantanément à la perception de la moindre crasse. « Je ne supporte pas ce qui est collant, sale, poisseux. » Mais en dehors de cette idée, et notamment pour tout ce qui est rangement ou repassage, les activités ménagères lui apparaissent clairement sous la forme d'une obligation extérieure : elle les fait parce qu'il faut les faire. Pourtant elle les fait bien, à un rythme élevé. Le cas du repassage l'illustre. C'est pour elle une activité particulièrement pénible, dont elle n'est pas sûre de saisir l'intérêt : « Le repassage, ah là c'est l'horreur ! c'est horrible ce truc ! » Cela n'empêche qu'elle l'exécute régulièrement et intensément, plus que beaucoup de femmes davantage convaincues, lissant et empilant sans se poser des questions draps, serviettes et autres torchons. « Les housses de couette, ah j'ai horreur de cela ! mais je les repasse. » C'est l'enchaînement des gestes et les mouvements du corps seuls qui tiennent lieu de réponse quand des doutes l'effleurent ; qui évitent même que des doutes ne l'effleurent.

Ce type d'équilibre est cependant assez rare. Généralement, la perception de l'extériorité de la norme provoque un trouble intérieur, qui peut être résorbé par un travail sur soi, approfondissant l'incorporation du schéma normatif. Cela explique pourquoi les modèles extérieurs parviennent à s'imposer. Non pas grâce à leur puissance intrinsèque, mais parce que pour la personne qui les perçoit la seule façon de résorber les dissonances qui se sont infiltrées en elle est d'accentuer l'intériorisation. Dans l'enquête, la première impression fut celle d'une complexité brouillonne des rapports intérieur-extérieur. À l'issue d'une analyse plus poussée se révèle en fait un mécanisme central : la tendance continuelle (bien que freinée par de multiples obstacles) à l'intériorisation. Rappelons-nous la belle expression, en deux temps, de Francine : « Le ménage on est obligé de le faire. Enfin : on s'oblige à le faire. » Le sens de l'action consiste en effet à inscrire en soi, par étapes et toujours plus intimement, les normes d'obligation qui avaient d'abord été perçues comme des références extérieures. Le premier stade est celui d'un automatisme faiblement fondé, qui donne l'impression d'en faire des montagnes pour la moindre action. Francine, qui repasse assez peu mais sous la contrainte, est logiquement convaincue de repasser beaucoup. « Je repasse tout ! tout ! tout ! (sauf les torchons, les serviettes, les slips, tout ça. On ne va quand même pas repasser les chaussettes !). » Plus avant dans l'incorporation, les normes parviennent à être transformées en injonctions semblant provenir des profondeurs de soi. C'est encore Francine qui explique très bien. Elle se définit comme n'étant pas une « femme d'intérieur ». Elle se sent mieux dehors, surtout dans son jardin, où elle resterait des heures. Mais une petite voix la rappelle à l'ordre (à l'ordre de la maison). Première version : la pure contrainte extérieure. « C'est prioritaire, je ne peux pas me permettre de rester dehors trop longtemps. » Puis seconde version : la résonance en elle-même. « Et je le sens bien, je sens que j'ai quelque chose à faire à l'intérieur. » En s'incorporant plus profondément, l'injonction développe sa force structurante. Elle se dérobe en effet ainsi aux risques de remise en cause par le raisonnement et accentue l'efficacité des automatismes. Il n'est plus besoin de détours, ni par les contraintes extérieures et les regards qui les transmettent, ni par le raisonnement : le corps porte en lui-même ses propres déterminations, le cadre de références déclenchant le mouvement.

Ce regroupement de l'injonction autour du corps a plusieurs conséquences pour l'individu. Il tend à l'unifier, alors que celui qui est soumis pour le moindre geste à différentes instances souvent contradictoires entre elles (les automatismes incorporés, le soutien de la pensée, les normes extérieures d'obligation) est plutôt divisé. Par la vertu de cette unification, il libère une possibilité nouvelle dans l'ordre de l'économie des sensations : l'envie d'agir. Non plus seulement la légèreté du corps procurée par un automatisme bien huilé. Mais la motivation profonde, le goût pour l'action, voire parfois le plaisir. Éliane fait une distinction très nette entre « la poussière » et le rangement. La poussière, elle s'en « fiche un peu » : « Si je vois de la poussière, je ne suis pas tentée d'aller chercher un chiffon. Des fois je la vois et je la laisse. » La contrainte exercée par la norme d'obligation est incertaine, elle hésite. Par contre pour le rangement son corps réagit en bloc, porté par un élan, sans le moindre doute : « On peut pas dire que ce soit vraiment un plaisir, mais j'aime ça, c'est vrai que j'aime que ce soit fait. »

Autre exemple : Constance, qui représente un cas assez clair de fonctionnement sous la contrainte extérieure ; elle fait tout ce qu'il y a à faire, mais parce qu'elle s'y sent obligée, sans goût personnel. Une activité fait néanmoins exception, la cuisine : elle adore faire la cuisine (à vrai dire, surtout des « petits plats » à caractère exceptionnel). Pour une raison simple : elle est très gourmande. L'envie d'agir vient donc ici d'une envie tout court, au plus près du biologique. La cuisine est d'ailleurs fréquemment citée parmi les activités qui procurent du plaisir, pour la créativité qui la fait opposer à des tâches plus répétitives ; et parce qu'elle débouche sur un épisode à fort contenu relationnel, le repas. Irénée rêve d'une vie où elle aurait plus de temps, pour faire des bouquets et pour mijoter des petits plats. Elle se représente sous les traits d'une mère encore meilleure qu'elle n'est actuellement : non seulement elle réaliserait des chefs-d'œuvre qui feraient la joie des enfants, mais ce serait plus sain, meilleur pour leur santé, pour leur avenir, etc. Pourtant, malgré cette envie qui la tenaille, elle refuse d'économiser du temps sur d'autres tâches d'entretien de la maison, plus routinières. Car le sentiment n'est pas seul à compter : il s'inscrit dans un système d'ensemble aux priorités bien marquées, où l'obligation, même perçue comme extérieure, peut passer avant le plaisir.

Normes et habitudes

L'incorporation se présente comme un processus continu de travail sur soi pour s'unifier autour de normes intériorisées ; le schéma parfaitement incorporé devenant une habitude. Mais cette habitude en elle-même, stabilisée dans l'individu, n'en a pas pour autant fini sa vie sociale. Sa destinée est généralement d'être transmise à d'autres personnes, qui à leur tour l'intégreront à leur patrimoine de schémas intériorisés. Il est intéressant d'observer comment se déroulent ces passages. Par un étonnant renversement de situation, l'habitude peut ainsi jouer le rôle de norme extérieure pour une autre personne. En visite chez Yann, sa mère ne peut s'empêcher de remettre les choses à leur place et de faire le ménage comme elle l'a toujours fait. Yann la regarde et se dit qu'il n'est pas à la hauteur, qu'il lui faudrait changer sa façon de faire : l'habitude maternelle intériorisée a été transférée chez lui en norme de référence extérieure. Il y a dans ce cas transit par la pensée, détour obligé pour que commence le travail sur soi, que la norme extérieure soit utilisée comme instrument avant d'être incorporée et devenir à son tour habitude.

Mais ce détour réflexif, corrélatif à la transformation de l'habitude en norme, ne porte que sur les schémas les plus généraux, l'éthique de l'action (ou, plus rarement, sur tel geste précis qui pour une raison ou une autre a attiré l'attention). Tout le reste, l'infinité des procédures de détail, a été seulement observé, parfois distraitement, du coin de l'œil. La transmission peut toutefois être aussi importante que pour les schémas qui ont fait le grand détour par la pensée. Par l'intermédiaire du regard, le corps a en effet une capacité considérable d'enregistrement direct de schémas guidant l'action (Kaufmann, 1995). Le passage par la norme est alors imperceptible puisque ne transitant pas par la conscience : l'habitude chez l'un est transférée en habitude chez l'autre ; sans épisode de lourdeur des gestes, sans nécessité de travail sur soi.

Cette procédure directe est particulièrement répandue dans les apprentissages familiaux, l'enfant s'imprégnant d'une multitude d'images qu'il pourra plus tard réactualiser et réutiliser, souvent sans même s'en rendre compte. Ou bien incorporant tout jeune un geste ensuite bien difficile à remettre en cause. Yolande, 54 ans, se souvient avec effroi du coup de chiffon dans l'escalier : sa mère l'obligeait à le passer chaque jour avec sa sœur : « Il fallait passer le chiffon tous les jours dans l'escalier. Ah le chiffon dans l'escalier ! ah là là ! Eh bien ma sœur, elle le passe encore tous les jours le chiffon dans l'escalier ! » Mille fois elle a essayé de la raisonner, de lui montrer l'inutilité, voire le ridicule, d'un tel excès. Sa sœur écoute, mais rien n'y fait : chaque matin elle repasse le chiffon. Nombre des schémas incorporés ne sortent jamais de l'implicite, circulant discrètement de personne à personne autour des détails les plus fins de la technique ménagère.

Le détour réflexif par la norme extérieure produit une mise en situation du geste très différente. Notamment autour de la question de la normalité, que toute norme est par définition censée refléter. Le statut de l'habitude est quant à lui équivoque. Constitutive de l'identité personnelle, elle doit (d'une manière ou d'une autre) se présenter sous un aspect particulier. Cependant, chacun se bat pour prouver sa normalité, et n'hésite pas pour cela à utiliser le caractère universaliste des normes qu'il intériorise. D'où la gêne fréquente à propos de ses propres habitudes : on sait bien que tout le monde n'agit pas de la même manière, mais on fait pourtant comme si tout le monde agissait ainsi, on s'en persuade, on oublie ordinairement qu'il peut en être autrement. Souvent dans les entretiens un geste personnel a été pris comme illustration de la normalité. « De toute façon y a pas d'autre solution, hein ! tout le monde fait comme ça » (Patricia). Mais sitôt prononcée la phrase, sous le regard de l'enquêteur, les personnes interrogées se sont reprises et ont reconstruit leur légitimation de façon plus personnelle : « Enfin je ne sais pas si tout le monde fait comme moi, mais en tout cas c'est logique de faire comme ça » (Patricia). Les plus nombreuses se sont limitées à un « C'est comme ça » (Christelle) ou à un « C'est comme ça et c'est comme ça, c'est tout » (Lola), qui ont l'avantage de proclamer une évidence incorporée sans définir les limites de sa portée. En d'autres termes : à reconnaître implicitement que les habitudes peuvent être très personnelles, voire très particulières, se fonder sur des manières de faire qui, dans le détail, ne sont qu'à soi. Nous voyons ainsi combien le transfert de la norme sociale vers l'habitude incorporée n'est pas un simple voyage de l'extérieur vers l'intérieur, le schéma ne reste pas inchangé. Autant la norme a une propension à l'universalité, autant l'habitude s'inscrit dans des manières personnelles, dont l'articulation spécifique est au fondement de l'identité : chacun devient soi, différent d'un autre, à partir d'un stock d'habitudes intériorisées qui lui est propre.

X.

L'HABITUDE

Petite histoire du concept

L'habitude se fonde sur un geste simple, routinier, anodin ; le type même du geste qui semble sans importance. Entraînée par cette perception de bon sens, la notion apparaît également sans importance. Or depuis longtemps les penseurs de la machine humaine ont suspecté qu'au contraire elle pourrait être essentielle ; et mériter le statut de concept. François Héran (1987) a dressé un brillant panorama historique des usages savants de l'habitude, soulignant ses subtiles variations, notamment lorsqu'elle s'habille dans sa version latine : l'*habitus.* La galerie de portraits est impressionnante : Aristote, Platon, Husserl, Merleau-Ponty, Schütz, etc. À travers les variations, le fil théorique qui relie la « longue durée » de ce concept (Héran, 1987, p. 388) reste inchangé : c'est « l'activation du passif » (p. 392), la capacité de l'habitude à incorporer du savoir sous la forme d'un schéma pouvant être réactivé par la suite. Nous sommes loin du petit geste sans importance. Au XIXe siècle, l'intérêt pour le concept semble encore augmenter. Logiquement, la sociologie naissante (Durkheim et Weber en particulier) va donc s'en emparer (Camic, 1986). Puis, au début du XXe siècle, soudainement l'habitude perd sa gloire et, désormais méprisée, retombe dans l'anonymat théorique du petit geste sans importance. Que s'est-il donc passé ?

L'histoire de chaque concept mériterait d'être étudiée ; elle est parfois à la hauteur de l'intrigue de romans à suspense. Il en est ainsi de l'habitude. François Héran a raconté certaines des récupérations secrètes et les détournements émaillant la « chaîne apostolique de théoriciens » (p. 388) qui se la sont transmise en la personnalisant à leur goût. L'analyse de la brusque disparition de l'habitude comme concept, aux environs des années 1920, est par contre à peine ébauchée (Camic, 1986). Quelques indices permettent toutefois de supposer qu'elle fut la victime de son trop grand succès. Le succès attire les foules, c'est bien connu. Et parmi les nouveaux venus, la psychologie béhavioriste, parée de la scientificité dure des exercices de laboratoire, parvint à détourner l'habitude à son profit. À la réduire au simple mouvement réflexe, et à occulter ainsi toute une tradition philosophique. Détournement d'autant plus facile à opérer qu'il rejoint le sens commun : contre ce que tant d'efforts intellectuels étaient parvenus à montrer, l'habitude était redevenue, comme chacun semble pouvoir le constater dans la vie courante, le petit geste sans importance.

Ensuite, la chape de plomb fut si lourde que les tentatives pour faire à nouveau sortir le concept de ses ténèbres furent contraintes de se masquer. L'emploi du terme dans sa version française était devenu impossible pour quiconque avait une ambition théorique ; chacun dut trouver ses chemins de traverses. Soit en imaginant d'autres termes. André Leroi-Gourhan (1965), reprenant la définition classique de l'habitude tout en détaillant sa dynamique évolutive, inventa la belle expression de « chaînes opératoires machinales ». Harold Garfinkel (1967) utilisa un terme apparemment voisin, déterminé par le sens commun comme l'habitude : la routine ; mais pour lui insuffler un contenu réflexif et cognitif très éloigné de la tradition. Autre tactique : l'emploi de l'appellation latine, moins endommagée par le rapt béhavioriste que sa sœur française. Marcel Mauss (1950) put ainsi discrètement poursuivre la route ouverte par Durkheim. L'apport de Pierre Bourdieu (1972 ; 1980) fut moins discret : il sut avec éclat redonner au concept toute sa grandeur théorique, le replacer sous les feux de la rampe. À sa manière bien entendu, qui en se fixant sur le jeu des structures néglige les mouvements concrets du corps, le petit geste faussement anodin, l'habitude reconnue comme telle par le sens commun. Or la particularité et la richesse de l'habitude est d'être à la fois un grand concept et un petit geste. Un maillon théorique essentiel pour avancer dans la compréhension du lien entre individu et société. Mais aussi un élément vivant, observable dans le concret de la vie de tous les jours. C'est pourquoi le français me semble préférable au latin ; l'habitude à l'*habitus.* Parce qu'il désigne les deux à la fois, les relie, et permet de ne pas oublier que les clés de l'avancée du savoir se trouvent dans la réalité quotidienne, connue de tous.

L'habitude comme modèle

Le but n'est pas ici de développer une théorie formelle de l'habitude ; il est sans doute trop tôt. Mais de partir du terrain pour l'observer concrètement se mouvoir dans divers contextes. Ce qui semble actuellement la méthode la mieux adaptée pour faire avancer la connaissance, comme le remarque

Bernard Lahire (1996), qui dénonce l'impasse de la rhétorique conceptuelle dans les théories de l'action. À cette étape du travail, la définition de certains termes reste légèrement flottante : j'emploie « habitude » et « automatisme » presque indistinctement. Quand une nuance est faite, l'habitude renvoie à un schéma plus large, des groupes de gestes, des enchaînements ; alors que l'automatisme se réduirait plutôt au mouvement réflexe le plus élémentaire. Mais il convient de se souvenir que les mouvements réflexes dont je parle se fondent toujours sur un immense savoir incorporé. Qu'il soit question de grandes habitudes ayant pignon sur rue ou d'automatismes discrets, il ne s'agit jamais de petits gestes sans importance.

Reprenons ce qui a été dit au chapitre précédent : la tendance irrépressible de l'individu est de développer un travail sur lui-même pour incorporer davantage les schémas d'action. Le modèle visé est celui de l'automatisme parfait, balayant les doutes et supprimant la pesanteur du corps. Mais ce modèle reste généralement à l'état d'idéal, concrétisé seulement en partie. Il incite à la poursuite des efforts pour une incorporation plus profonde, sans que le but puisse être atteint totalement. Pourquoi ? D'abord, tout simplement, parce que la vie ordinaire est compliquée. Il n'y a jamais eu, et il n'y aura jamais, deux journées d'une même personne strictement identiques. À chaque instant il faut improviser sur tel ou tel détail, tâtonner, régler les enchaînements. C'est comme dans une valse : bien que les mouvements soient théoriquement fixés, les danseurs ne cessent de les ressentir et de les réinventer d'une manière nouvelle (Hess, 1989).

Ensuite parce que l'habitude doit rester (plus ou moins) ouverte à la pensée. Ce point est assez complexe et justifie quelques développements. André Leroi-Gourhan (1965) critique la conception simpliste tendant à opposer instinct et intelligence comme deux entités séparées. Il souligne au contraire la richesse des articulations. Du côté de l'animal, il dénonce la réduction au monde des instincts. Dans les espèces les plus évoluées, les prédispositions génétiques sont intégrées dans une « mémoire spécifique » (p. 13), une programmation acquise du comportement. Du côté de l'homme, il dénonce la réduction à l'intelligence rationnelle, et l'oubli des strates plus archaïques sur lesquelles cette dernière est fondée. Or l'habitude se situe justement dans l'entre-deux et, pour cette raison, a intrinsèquement un caractère dual. Son premier visage, l'automatisme réflexe, plonge nécessairement dans le passé animal de l'homme. Il ne s'y oppose pas, il ne se contente pas de s'y surajouter : il s'allie aux comportements anciens et les reformule pour une meilleure adaptation au contexte (Damasio, 1995). Prenons l'exemple du toilettage. Il est biologiquement déterminé, notamment par une hormone, l'ocytocine. Pourtant les gestes de propreté ont pris mille formes différentes dans l'histoire, développant des habitudes particulières (Vigarello, 1985). À chaque révolution des schémas du quotidien, table rase n'était pas faite du passé incorporé : il était réinterprété et recomposé. Se laver, manger, dormir, faire l'amour, élever ses enfants, se protéger, se battre : dans tous ces domaines et bien d'autres, nos habitudes restent étroitement reliées au plus bas de la pyramide (Leroi-Gourhan, 1965), à notre passé animal (Cyrulnik, 1993). Mais l'habitude a aussi un tout autre visage : elle mémorise un savoir humain (Connerton, 1989) et, par cette fonction cognitive, participe activement à l'évolution des comportements : elle enregistre le nouveau (de même qu'elle reformule l'ancien). Ce travail culturel complexe ne peut pas rester sans contrôle. D'ailleurs, l'automatisme trop machinal se fait dominateur et rend la vie insupportable, l'individu devenant son esclave (Rapport, 1991). Il doit résolument rester le maître, maître de ses habitudes. Celles-ci sont donc obligées de réussir ce miracle : fonctionner comme des rouages bien huilés tout en restant ouvertes aux ordres de qui les commande. Ou du moins susceptibles de s'ouvrir dès que la nécessité s'en fait ressentir. Généralement, le suivi intellectuel de l'habitude reste néanmoins lointain, brumeux, lui-même routinisé (Gehlen, 1990) ; pour lui permettre de se maintenir dans l'entre-deux, et ainsi de développer sa force structurante.

Une distance semblable est gardée à l'encontre des sensations. Dans sa théorie du contrôle des émotions, Norbert Elias accorde une place de choix à l'habitude (Déchaux, 1993), instrument de l'autocontrainte, qui permet, dans le processus de civilisation, de refouler les tendances pulsionnelles. Sans les éliminer : elles sont maîtrisées et guidées. Il serait techniquement possible de les résorber davantage, mais elles jouent un rôle de première importance, nous le verrons plus loin, et doivent donc être entretenues. Conséquence : dans le domaine des sensations (comme pour la pensée), l'habitude reste poreuse et ne se réduit pas à l'automatisme machinal qu'elle se donne pour modèle. Les formes de l'ouverture sont semblables à ce qui se passe avec la pensée : parfois de brusques irruptions d'émotions violentes à l'avant-scène ; généralement un vague arrière-fond de sensations brumeuses et lointaines, routinisées. Là encore pour maintenir l'habitude dans l'entre-deux.

Lorsque les personnes ont été interrogées sur leurs sensations, la réponse type s'est référée au modèle idéal : l'automatisme pur, l'injonction impérative, la soumission à l'obligation. Ainsi Yolande : « Ça ne me coûte pas mais je le fais parce qu'il faut le faire, c'est jamais un plaisir. C'est pas pénible non plus : il faut le faire, on le fait, et puis c'est tout. »

Ou Bernadette, encore plus crispée sur la définition théorique : « C'est pas pénible puisque c'est une obligation. » Mais nombreux ont été ceux qui ont cherché à suggérer, du bout des lèvres, la sensation diffuse sous-jacente. Comme Yann : « C'est pas vraiment désagréable, mais c'est quand même une tâche comme on dit. » La forme négative de la phrase est caractéristique. Affirmer positivement aurait conféré une existence trop officielle à la sensation. Francine a très envie d'exprimer la légère mais paradoxale sensation de plaisir qu'elle ressent en nettoyant les W.C. Elle ne le fera toutefois que minimalement, elle aussi par la négative : « Ces choses-là c'est pas si désagréable que ça en fait. »

La mise en place des habitudes

L'habitude nouvelle se met souvent en place dans une opposition aux sensations. Le processus commence par l'arrivée d'un modèle d'action dans les pensées : ça serait bien de faire la vaisselle régulièrement ou de ne plus accepter de vivre avec des toiles d'araignées. Mais le corps se fait lourd et rétif tant que la norme n'est pas intériorisée : la pénibilité est alors à son maximum. Seul l'approfondissement de l'habitude pourra la résorber. Le contexte le plus favorable pour observer cette évolution nous est fourni, à nouveau, par des jeunes en voie d'installation. La construction des habitudes de propreté et de rangement passe bizarrement par une augmentation fréquente de la pénibilité des gestes, indiquant une montée des exigences en décalage avec le corps. Hugues par exemple a déjà bien progressé depuis ses débuts ménagers, il a mis en place des enchaînements assez efficaces. Mais il ne parvient pas à les vivre comme de vrais automatismes : il pense continuellement à tout ce qu'il fait, se demande s'il a frotté assez fort, s'interroge sur son mode d'organisation, etc. Ces incessantes réflexions et hésitations le font baigner dans une pénibilité résiduelle ; dont il espère se sortir. Il semble bien parti.

Raphaël est moins avancé sur le chemin de la maîtrise ménagère : certains enchaînements pourtant très élémentaires ne sont pas réalisés : « J'arrive pas à faire la vaisselle juste après manger, je déteste ça. » Il a bien essayé quelquefois, mais il n'y arrive pas. L'action est trop pénible, elle présuppose une capacité d'organisation, d'anticipation et de représentation qu'il ne peut atteindre dans le domaine ménager. À défaut, il utilise l'urgence pour se forcer à agir. Sa tactique est la suivante. Il entasse sa vaisselle sale dans l'évier, qui, étant relativement grand (alors que le nombre de ses ustensiles est réduit), peut contenir tout ce qui lui est nécessaire. Au moment de se mettre à table, il réfléchit à ce dont il va avoir besoin, cherche et lave (au-dessus de l'empilement) ce qu'il lui faut. Il lui arrive même de répéter plusieurs fois cet exercice pour un même repas. Par exemple : laver une casserole pour faire chauffer une boîte de cassoulet ; puis une assiette, des couverts et un verre pour le manger ; enfin une petite cuiller pour son yaourt. Dans ce cas : trois vaisselles dont une (très brève) au milieu du repas. Raphaël n'agit pas ainsi délibérément. Il est conscient que son organisation n'est pas rationnelle, mais il ne voit pas comment mettre en place un autre système. Les vaisselles continuelles l'agacent ; les odeurs dans l'appartement et la vue du monticule nauséabond le dérangent ; la recherche des objets à nettoyer le fatigue. Il pense à cette mauvaise organisation, aux moyens de la réformer : « Apprendre à faire la vaisselle après manger, ça m'arrangerait bien, mais pour le moment c'est pas mon style. » Son style est de vivre l'instant comme il se présente, de mépriser tellement les questions ménagères qu'il ne peut justement leur accorder le temps et les efforts que nécessiterait la mise en place d'un meilleur système. Raphaël est cependant vaguement conscient du sens de la nécessaire évolution. Ses méthodes rudimentaires ne doivent d'ailleurs pas tromper : il a déjà franchi un certain nombre d'étapes. Ainsi désormais il vide de leurs déchets assiettes et casseroles avant de les mettre dans l'évier (alors qu'autrefois il entassait le tout sans façon). Il s'est rendu compte que cet effort initial procurait un gain important à plus long terme, et se convainc qu'il pourrait en être de même pour d'autres actions : « C'est vrai que s'organiser, sur le final, ça fait du bien. »

Les enchaînements

L'incorporation des habitudes n'opère pas de manière globale. Certains schémas élémentaires sont fortement intériorisés et automatisés, proches du modèle idéal. Ces maillons durs doivent toutefois être reliés entre eux pour construire des suites de gestes plus longues. Ici au contraire, la pensée et les sensations interviennent pour opérer des choix. Plus les chaînes sont développées (et plus le contexte est inhabituel), plus l'articulation des maillons nécessite une présence active de la personne, jusqu'au niveau de la « conscience lucide ». Qui, précise André Leroi-Gourhan (1965, p. 31), intervient sur un mode sinusoïdal : un temps de retrait correspondant au maillon, puis un temps de lucidité pour l'ajuster au suivant (ou pour choisir une autre orientation, de nouveaux enchaînements).

L'art (en l'occurrence ménager) consiste à tenter de routiniser également les enchaînements les plus habituels, pour diminuer la pression des sensations et de la pensée. À ne pas se contenter des maillons :

à incorporer aussi de façon profonde la façon de les relier entre eux. Les meilleurs en ce domaine parviennent à automatiser des enchaînements relativement longs. Maïté raconte sa danse du matin : « C'est automatique. Je me lève, et pendant que mon déjeuner chauffe je ramasse ma vaisselle que j'ai lavée le soir ; c'est automatique. Après je laisse tout sur la table et je vais faire les sanitaires. Puis je reviens à la cuisine, je débarrasse la table dès que tout le monde a déjeuné, je mets la cuisine propre. » L'intermède du nettoyage des sanitaires est particulièrement intéressant. Il a vraisemblablement été introduit, un jour, pour combler un vide ; depuis il est devenu un repère incontournable. Un observateur extérieur pourrait mettre en doute le bien-fondé de ce nettoyage des W.C. pendant la préparation du petit déjeuner, le mélange des genres. Maïté, elle, ne se pose pas la moindre question.

Nous commençons à connaître toutefois sa capacité à automatiser ses gestes ménagers : Maïté n'est représentative que d'une minorité. Généralement, la routinisation des chaînes longues est plus fragile et demande des soutiens pour prendre corps. Les plus fréquents sont la ritualisation des gestes, qui confère un sens fort à l'action, accentuant ainsi l'élan ; et le rythme, le pas de danse avec les choses, qui entraîne et enchaîne les micro-gestes. Le schéma incorporé intègre alors le mouvement dans les modèles d'action ; la prise s'opère par un « conditionnement rythmique » (Leroi-Gourhan, 1965, p. 104). Arlette ne brille pas par son haut niveau d'organisation ménagère (qui a d'ailleurs tendance à se dégrader). Elle parvient pourtant à résister ça et là en se fixant sur quelques enchaînements. Elle a par exemple mis au point une suite très particulière pour ses repas. Ils sont divisés en trois (entrée, plat principal, dessert) et elle fait une mini-vaisselle entre chaque. La méthode semble voisine de ce que fait

Raphaël, l'homme à l'évier plein, qui comme elle vit seul ; en fait le contexte est très différent. Non seulement parce que Arlette lave après et non avant, que son évier reste libre. Mais surtout parce que cet enchaînement est vécu très positivement et constitue un espace d'excellence ménagère. Elle prend d'ailleurs tout son temps pour laver ses quelques ustensiles, donnant corps et rythme à l'épisode du repas qui sinon lui paraît vide. Ce qui l'étonne le plus est la satisfaction qu'elle éprouve, davantage même quand elle fait la vaisselle que lorsqu'elle mange. La raison de cette satisfaction est pourtant claire : dans un océan de relative désorganisation et de pénibilité, elle est parvenue (en vérité sans trop s'en rendre compte) à construire un îlot d'équilibre, une suite harmonieuse. Autre réussite la remplissant de fierté, dont elle parle en généralisant comme si toute sa vie était organisée ainsi : le moment où elle arrive chez elle, juste avant le repas, où elle sent enfin un rythme emporter son corps : « Je perds jamais de temps, tout s'enchaîne : top-top-top... J'arrive, je mets le répondeur, et en écoutant les messages, top-top-top, je sors les affaires pour préparer la cuisine. »

Cette suite de gestes n'est pourtant rien comparée à ce que sont capables de réaliser les meilleures activistes de l'univers ménager. Sur ce point, Rénata est un véritable phénomène, suscitant l'admiration ou l'épouvante selon les points de vue. Prenons l'exemple de ses soirées de semaine, toujours réglées sur le même modèle. Elle arrive chez elle vers 22 heures, après avoir fermé le salon de coiffure et y avoir fait le ménage. Elle commence alors à « lancer une machine » pour le linge du salon. Pendant qu'elle tourne, elle prépare le repas de son mari (« Et il n'a jamais de surgelés, hein ! ») qui va ensuite manger seul devant la télé. Elle-même se fait un sandwich et le mange debout en ramassant le linge qui a séché depuis la veille. À ce moment la machine est juste terminée ; elle étend. Puis elle débarrasse la table et fait la vaisselle (du repas du mari). Elle nettoie rapidement la cuisine et enchaîne le reste des pièces. « Un petit coup de ménage partout, la salle de bains tous les soirs, le coup de balai dans la grande pièce un soir sur deux. » Arrive alors le grand moment du repassage. « Parce que moi je repasse tous les soirs, tous les soirs, tous les soirs ! » Et elle a sans doute intérêt à faire ainsi étant donné le volume considérable. « Faut dire que je suis hyper-maniaque, tout le linge, absolument tout, même les draps, est changé et repassé tous les jours. » Arrive enfin l'heure de s'endormir, instantanément, pour pouvoir attaquer tôt le matin sur le même train d'enfer. « Je me couche vers une heure et demie-deux heures du matin : la tête tombe aussitôt. »

Variations et changements d'habitudes

Les habitudes sont personnelles, inscrites si profond qu'il est difficile de les changer. Elles sont pourtant animées de mouvements, qu'il importe de souligner. Le plus fréquent est leur changement de place dans les enchaînements. L'habitude s'insère dans des suites connues mais qui ont toujours une forme particulière. Les variations elles-mêmes peuvent d'ailleurs avoir leur régularité. Pour le repassage des chemises, Yann a son système d'hiver et son système d'été. L'hiver il ne repasse que le col, le plastron et le bout des manches (c'est-à-dire ce qui dépasse de sa veste et se voit). L'été, où il ne porte pas de veste, il les repasse entièrement. Arlette a le même principe : repasser ce qui se voit. Principe appliqué de façon stricte pour les chemisiers. Beaucoup moins pour les tee-shirts. Variations régulières dans le premier cas ; large part laissée à l'improvisation dans le second.

Arlette pense, par bouffées, quand elle repasse ses tee-shirts ; elle est tentée d'évaluer l'utilité de certains gestes et de les remettre en cause. De telles habitudes hésitantes, affleurant vaguement à la conscience, ont été souvent observées dans l'enquête. Fragilité annonçant un éventuel changement à venir ? Ce n'est pas évident. La confrontation personnelle, le tête-à-corps avec son propre geste, révèle en effet la force structurante de ce dernier : il est rare qu'une personne parvienne à en changer, même quand elle se dit qu'il faudrait le faire. Constance par exemple a depuis longtemps un problème avec ses torchons et elle mène contre eux une guerre difficile. Elle déteste le repassage, le limite aux éléments vraiment indiscutables (les vêtements de dessus). Mais, elle ne sait trop pourquoi, elle fait une exception pour les torchons. Comme Lola, cette bizarrerie lui vient d'un passé inconnu, geste relativement incongru dans son système d'ensemble. Elle a donc logiquement essayé de réformer cette habitude dissonante. En vain : contre les avis de sa tête, sa main inexorablement continue à repasser les torchons ! Ne pouvant attaquer de front, Constance a imaginé des manœuvres de contournement plus sournoises. Voici quel fut son plan. Elle s'arrangea, sans trop se l'avouer, pour « oublier » régulièrement son linge sur le séchoir (qui est proche de la cuisine : elle doit passer devant pour aller à l'armoire où sont rangées les piles de torchons repassés). Parallèlement, elle parvint à mettre au point une nouvelle habitude : décider brusquement, dans l'urgence, qu'un torchon était sale (alors qu'avant la décision était plus posée et inscrite dans des rythmes réguliers). Le résultat est efficace : sous la pression de l'urgence, elle n'a pas le temps d'aller jusqu'à l'armoire et s'autorise cette dérogation : prendre un torchon non repassé sur le séchoir. Pour le moment cette tactique gagnante lui a permis d'économiser environ la moitié du repassage des torchons. Il convient toutefois de préciser qu'elle n'a visé qu'une habitude limitée.

Bien que l'issue du combat ait été victorieuse, l'exemple vaut surtout pour ses leçons négatives. Il a fallu un contexte très favorable, une ruse machiavélique et un acharnement durable, pour que Constance parvienne à vaincre une habitude ponctuelle. *A contrario,* il ressort donc que la lutte personnelle contre ses propres habitudes est globalement difficile à mener. Cela explique que la majorité des changements aient lieu à l'occasion de confrontations avec des manières différentes, révélant soudain une autre vérité. Voyons une nouvelle histoire de repassage des torchons. Célestine explique comment elle a décidé d'arrêter : « Au début je le faisais. Et puis c'est une amie qui est venue un jour. Elle me dit : "Tu repasses ça toi ?" Je lui dis : — ben dame bien sûr ! "Ah ben pas moi, ça va bien comme ça !" Alors je me suis dit : elle a peut-être raison. Et depuis je ne le fais pas, et je trouve que ça va pas plus mal, ça se plie bien. » La scène est parlante. Suite à la remarque de son amie, Célestine ne s'est pas lancée dans une réflexion approfondie : elle est passée, en ne se posant guère de questions, d'une habitude à une autre. Le poids d'une influence extérieure est décisif pour provoquer le basculement. Patricia se souvient : « Avant je repassais tout : slips, chaussettes, tout, tout. » Un doute pourtant la travaillait, venant de son mari : « Il me disait : t'es ridicule, les chaussettes, tu peux les plier. » Mais le flottement dans les pensées ne parvint pas à déstabiliser l'habitude. Ce qui advint sous le coup d'une remarque plus brutale, venant d'une personne faisant davantage autorité en la matière : « C'est ma belle-mère qui m'a dit un jour : Mais t'es folle ! »

Le changement n'a pas lieu toutefois uniquement sous l'influence de pressions : il ne se produit que dans la mesure où l'habitude était déjà secrètement entrée en disgrâce. L'intervention extérieure joue plutôt un rôle de révélateur des incohérences incorporées, et d'instrument aidant à les réformer. Dans le cas de Patricia, le repassage intégral était une manière héritée : « C'était un truc de famille, parce que j'ai toujours vu ma mère faire ça. » Mais qui se situait en décalage évident avec ce qu'aurait dû être sa conception du repassage. C'est d'ailleurs pourquoi une contre-attaque en sens contraire (venant de sa mère) reste sans effets malgré sa violence : « Quand elle vient maintenant, elle est malade que je ne repasse pas les chaussettes ! » La pression extérieure ne peut rien face à la force des habitudes quand elles sont bien installées. Elles ne changent que lorsque des raisons cohérentes avec les schémas incorporés justifient ce changement. L'agacement du conjoint pour les petites manières différentes des siennes constitue rarement par exemple une raison suffisante. David est pourtant très énervé par quelques gestes de sa femme qu'il lui semblerait simple de changer : « Le fait d'ouvrir un pot de confiture et de ne pas remettre le couvercle, de ne pas débarrasser la table du petit déjeuner quand elle s'en va, c'est agaçant à la fin, c'est vraiment agaçant ! » Il a donc commencé une guérilla systématique, qui n'a porté que peu de fruits : l'évolution reste en surface. « C'est vrai qu'elle fait un peu attention, mais elle le fait pour moi, je le sens bien, d'ailleurs des fois elle oublie. Je voudrais petit à petit que ça vienne d'elle-même. »

Le système personnel d'habitudes

La réforme des habitudes intervient par des guérillas minuscules, geste après geste, sous la pression des événements, dans une absence remarquable de stratégie globale. Certes, l'individu travaille à son unité, en bricolant ses schémas incorporés pour tenter de les rendre plus cohérents entre eux : Patricia a fait un pas en ce sens en arrêtant le repassage intégral. Mais auparavant son habitude était parfaitement dissonante dans l'ensemble de ses pratiques ménagères. Malgré la volonté d'unité, les pressions sont telles et tellement divergentes que de nombreuses habitudes parviennent à faire leur place bien qu'elles soient hétérodoxes. Sans compter toutes celles qui furent incorporées autrefois et qui restent, alors que l'on est devenu différent. Et sans oublier non plus que l'unité identitaire est souvent fragile, changeante et composite : les gestes acceptables ne s'évaluent pas à partir d'une grille unique. Résultat : chaque histoire de vie recèle ses trésors de gestes incongrus pour la personne qu'ils habitent : Arlette et sa vaisselle, Constance et ses torchons.

Ils font oublier leur différence quand ils sont minoritaires, dominés par un groupe central de gestes harmoniques. Ce groupe central toutefois ne doit pas être considéré comme un bloc : il est toujours très particulier dans sa construction. C'est le résultat de l'histoire de la personne. Qui, à la suite des événements qu'elle a vécus, a intégré l'un après l'autre des gestes qui avaient eux-mêmes leur histoire. L'intégration a autant que possible été contrôlée. Sous l'angle de sa conformité avec les normes sociales (Ce comportement est-il normal ? Ne sera-t-il pas perçu comme bizarre ?). Et sous l'angle de l'unité de la personne (N'est-il pas en contradiction avec mes autres idées et gestes ?). Mais ces deux filtres laissent une très grande marge de liberté dans les choix de gestes à incorporer, et dans les assemblages entre les enchaînements. Prenons l'exemple d'Irénée. Les mots sont faibles pour traduire son amour des fleurs. Si le temps lui était donné, elle passerait sa vie à décorer son logement en composant des bouquets : « Les fleurs, ça demande du temps. » Or c'est bien la même Irénée qui brusquement s'emporte contre l'idée d'avoir à s'occuper d'un jardin : « C'est une perte de temps, je ne comprends pas, tailler des rosiers, couper des petits trucs à droite à gauche, c'est idiot, ah non ! » À l'intérieur, les fleurs sont relation amoureuse, bonheur des gestes, temps trop court. À l'extérieur : refus, critique violente, temps perdu. Comportement anormal ? Personnalité divisée ? Pas du tout : pour Irénée, cette opposition est parfaitement logique et résulte de son histoire résidentielle, qui l'a habituée à vivre à l'intérieur. Dehors, les fleurs ne sont plus les fleurs, un monde qui n'est pas le sien. Elle est elle, Irénée, pourvue d'une identité spécifique, justement parce que cet assemblage aurait été différent dans une autre biographie.

Les rituels préparatoires

Les habitudes résistent, s'incrustent ; elles ont un poids qui les rend difficiles à réformer. Même quand elles entrent en disgrâce, qu'elles ont perdu leur évidence, qu'elles sont répétées à contrecœur : le corps continue les pas de la danse apprise, s'évertuant, toujours, à se rapprocher de l'automatisme qu'il se donne pour modèle. Ne pouvant atteindre ce dernier, l'individu est contraint d'utiliser des artifices pour relancer l'action, retrouver l'efficacité des habitudes. Il s'encourage lui-même, se remobilise consciemment, et utilise divers soutiens et astuces. Il développe ainsi des rituels préparatoires aux actions les plus délicates.

Le rituel diffère de la simple habitude en ce qu'il ajoute une dimension cognitive : le geste participe d'une croyance, il est vécu comme porteur d'une signification. La croyance souvent n'est guère formalisée, elle est faible et diffuse, mais la personne « sent » qu'il y a plus qu'un automatisme machinal. Écoutons à nouveau Irénée parler de ses fleurs : « Quand je fais un bouquet, c'est toute ma vie que j'ai l'impression de rendre plus belle. C'est comme ça que je le sens, je le sens bien ; je me sens bien quand je fais un bouquet. » Hélas, il n'est pas possible de passer sa vie à faire des bouquets, et certains gestes ménagers sont perçus comme pénibles. C'est le cas assez souvent pour le repassage. L'astuce est donc la suivante : introduire l'action délicate par un rituel d'installation qui, lui, est vécu positivement. Nombreuses sont ainsi les femmes (y compris parmi les plus ferventes du repassage) qui déploient leur arsenal de gris-gris et autres danses initiatiques avant de commencer véritablement l'action, pour tenter de parvenir à faire corps avec elle. Pour Irénée, c'est le cérémonial des trois chaises. Un peu plus tard, son repassage va s'effectuer dans des conditions assez déplorables, mais pour le moment elle croit encore qu'elle peut conjurer le mauvais sort grâce aux trois chaises. Elle les installe lentement, avec amour ; une pour les chemises, la seconde pour les pantalons, la troisième pour tout le reste. Elle ne parvient pas à s'expliquer ce miracle : elle le fait avec facilité et légèreté, imprégnée de bonheur. Car à chaque fois elle y croit (au moins un peu) : elle a l'impression qu'enfin son corps est devenu docile et que le repassage va bien se passer. Et puis soudainement, au premier coup de fer, le miracle s'évanouit et son corps redevient lourd ; comme toujours l'épisode des trois chaises n'aura été qu'une parenthèse. Pour Francine, le procédé est presque le même, à l'aide d'une seule chaise, mais avec encore plus de raffinement dans la préparation de ce qu'elle appelle son « beau tas ». L'adjectif n'est pas abusif, car il y a une recherche esthétique évidente dans sa démarche : le temps passé à la confection amoureuse du beau tas dépasse de loin la simple fonctionnalité. Francine prend plaisir à ces gestes, plaisir immédiat et concret pour le tas, mais aussi plaisir pour cette grâce qu'elle est parvenue à inscrire dans son corps, l'accord merveilleux avec le geste ménager. « Ah pourtant je le fais bien mon beau tas ! je plie, je range par catégorie. Mais j'ai beau faire bien comme ça, y a rien à faire, non, ça ne passe pas. » Comme pour Irénée, la danse initiatique aura donc été sans effet. Même échec pour Bernadette, malgré la tactique différente : plutôt que la chaise et le tas, elle travaille son corps : « Je me mets à l'aise, je me décontracte, je me déshabille, je me mets en chemise de nuit, les pieds nus ; je suis bien. » Très vite hélas, malgré cette préparation, elle va se sentir moins bien.

Les soutiens de l'action

Le besoin de ritualisation ne disparaît pas après le premier coup de fer : des points d'ancrage positifs dans l'environnement soutiennent l'élan et renforcent les habitudes. L'espace choisi n'est pas indifférent. Le repassage a lieu généralement dans la salle de séjour, face à la télévision. La pièce doit être grande, agréable, claire. Maïté se souvient d'un essai qu'elle avait fait dans une petite pièce spécialement aménagée pour le repassage : « C'était affreux, l'horreur ! » Elle se sentait étouffer, et la pénibilité s'était considérablement accrue. Au contraire, « il faut que la pièce soit grande et agréable, avec un bon petit film » (Constance). La définition de la pièce comme la proximité de la télévision désignent donc le plus souvent la salle de séjour. Qui par ailleurs permet d'éviter l'isolement, par la présence de personnes dans cette pièce, par l'existence d'une fenêtre. « Je déteste être enfermée ici, je repasse toujours là-bas, devant la grande porte-fenêtre : on voit tout ce qui arrive et tout ça, maman c'est pareil » (Raymonde). La double activité (de travail avec les mains et de loisir avec les yeux et les oreilles) crée l'illusion de résoudre les difficultés inhérentes à chacune d'elles : le repassage devient moins pénible car on se détend en regardant la télévision ; le loisir se déroule sans mauvaise conscience car l'on est occupé à travailler. L'important est de « se sentir l'esprit libre sans culpabiliser car les mains sont occupées » (lettre n° 10). Aucune évaluation n'est faite de la rentabilité du travail avec ou sans télévision (les observations montrent que le rythme ralentit quand l'attention télévisuelle augmente), évaluation par ailleurs difficile car la proportion de chacune des deux activités est variable : la télévision est regardée par séquences. Chacune a ses rituels bien à elle : la radio est parfois préférée à la télévision. « Je mets mon petit transistor et là il me semble que la tâche est moins rude » (lettre n° 7) ; « Je ne fais passer la pilule qu'en écoutant de la musique pendant que je m'active » (lettre n° 17). Dans les lettres, l'évocation du soutien musical est parfois l'occasion de développements lyriques, qui donnent une information sur l'imaginaire de cette atmosphère ritualisée. « Alors moi quand je reste à la maison, que je prends mon linge sec dans le jardin pour le repasser dans une pièce bien claire, bien chaude, en écoutant de la belle musique, avec un café bien fumant sur le coin du buffet, permettez-moi de vous dire, monsieur Kaufmann, que mon repassage est une détente, je pourrais presque dire un loisir » (lettre n° 3).

Après l'échec de ses incantations préparatoires, Francine n'a plus que la télévision comme recours : « Je me mets devant la télé, ça me console un peu. » Maïté module l'usage de la télévision selon le volume de l'effort à produire. Pour un petit repassage (de moins de dix minutes) elle n'en ressent pas la nécessité. Mais dès que la durée prévue est plus importante, « alors c'est la grande installation, devant la télé ». Patricia est moins fixée : soit la télévision, soit la discussion avec son mari si le programme n'est pas intéressant, le mari étant ici aisément substituable à la télévision dans la fonction de soutien. « Que ce soit l'un ou l'autre, l'important c'est de ne pas voir le temps passer ; faut pas penser qu'à ça. » Une telle souplesse dans la recherche des soutiens est toutefois assez rare, car ces derniers ont généralement des caractéristiques précises. Constance par exemple ne détesterait pas que son mari soit à ses côtés, mais il faudrait qu'il ait une activité utile du point de vue domestique. S'il est installé à lire ou à regarder la télévision, sa présence au contraire l'agace et a un effet négatif. De même, la télévision n'est pas regardée n'importe comment. L'exemple d'Arlette l'illustre parfaitement. Il y a quelques années, son repassage, qu'elle effectuait avec plus de facilité, était alors utilisé comme prétexte pour regarder sans culpabilité un bon film. Aujourd'hui, le rapport entre les deux activités s'est inversé : la télévision est devenue un soutien fort à une action qui a perdu son ressort. La façon de regarder aussi a changé : elle suivait beaucoup mieux les films autrefois. Hélas, alors qu'elle voudrait désormais se vider la tête du repassage grâce à la télévision, la difficulté des gestes l'oblige au contraire à y penser davantage. Pour ne pas développer un agacement supplémentaire, provenant du plaisir cinématographique gâché, elle choisit donc volontairement des programmes médiocres : « Des trucs bien nuls, parce qu'on ne peut pas regarder un truc de bien. »

Hugues au contraire ne se contente pas d'un vague soutien d'arrière-plan : il suit de près le rythme de la musique. Il met le volume sonore au maximum, son corps en ayant besoin pour libérer ses mouvements ; sans la musique, il n'arrive plus à faire le ménage. Lola est encore plus survoltée : non seulement elle met la musique très fort, mais elle chante et elle danse en même temps : « Du coup avec la musique c'est presque agréable, je chante en play-back dans ma cuisine, je danse autour de mon fer à repasser. » Elle se sent si bien quand elle danse qu'elle se prend à penser qu'elle pourrait le faire ailleurs, mais elle ne voit pas comment réaliser ce rêve : « Je pourrais peut-être danser sans fer à repasser, mais c'est comme ça, c'est comme ça ! » Pour le moment, c'est avec son fer qu'elle danse. La liste des plaisirs ne s'arrête pas là. Lola, qui déclare pourtant ne pas être obsédée par l'entretien du linge et ne repasser « quasiment rien » excepté ses cent mouchoirs, est en fait une amoureuse du linge en puissance. Les odeurs jouent chez elle un très grand rôle (autant dans l'ordre du plaisir que du dégoût) et le repassage lui remémore des souvenirs d'enfance. Enfin il y a la chaleur du fer, qui ajoute encore un facteur d'agrément : « La vapeur, j'adore, il fait chaud, c'est bien. » Madame C. (lettre n° 2) fait corps également avec la musique, mais sur un *tempo* plus calme. Le repassage est le seul moment où elle parvienne à se détendre. « Il faut un rythme lent et régulier pour obtenir un joli effet » : elle associe ce rythme des gestes du repassage à des musiques lentes qui sont justement ses préférées. Elle nous rappelle à cette occasion cette autre clé du plaisir du repassage : son caractère personnel. C'est pour elle un des moments les plus agréables, « le seul où je mette la musique qui me plaît ». Un moment totalement à soi, officiellement de travail et de dévouement aux autres, secrètement de plaisir.

XI.

LES SENSATIONS : LA DOULEUR ET LA PEINE

L'habitude profonde (quand le corps seul mène la danse) est un modèle idéal rarement atteint. Généralement la personne a besoin d'adjuvants divers pour soutenir l'élan. Qui se révèlent d'ailleurs souvent incapables de construire une injonction parfaite : malgré les soutiens, l'automatisme ne parvient pas à entraîner totalement. À mesure que la distance entre le modèle et la réalité s'agrandit, le corps devient indocile, et une sensation de pénibilité se dégage. Elle constitue un indicateur efficace, permettant d'évaluer avec une relative précision la qualité de l'injonction : plus la pénibilité est forte, moins l'incorporation est profonde.

De tels propos heurtent le sens commun, qui est de type objectiviste : il y a des tâches pénibles pour des raisons techniques, des personnes courageuses et d'autres qui le sont moins. L'enquête au contraire montre que les tâches les plus pénibles ne sont pas celles que l'on croit, que ce qui est pénible pour l'un n'est pas pénible pour l'autre ; que la pénibilité est le résultat d'une construction sociale. Les sensations physiques parfois intenses (mal de dos, épuisement, etc.) seraient-elles pure invention ? Non, bien entendu. Mais elles sont à replacer dans l'ensemble qui les produit et les explique.

Fatigue et douleurs

Pour Constance, il est inutile de chercher plus loin : si le repassage est pénible, c'est pour des raisons physiques : « Ça me fatigue, j'ai mal au dos après être deux heures debout. » Christelle développe une analyse plus complexe. Certes, elle ressent de la fatigue. Mais elle remarque qu'elle est mélangée à un agacement, un trouble dans les idées : le fait qu'elle pense à sa fatigue, qu'elle s'interroge sur le bien-fondé de la continuation du repassage, augmente en retour le poids de la fatigue. Son corps devient plus lourd à la fois parce qu'il s'épuise et parce que Christelle perd sa motivation. Si les gestes ont un sens clair pour celui qui les met en œuvre, si l'esprit des gestes fait corps avec leur mise en mouvement, si le repassage apparaît comme important et évident, il y a toutes chances pour qu'il se déroule avec aisance, voire avec plaisir, que la fatigue soit repoussée très loin. Si au contraire la question du pourquoi (pourquoi le repassage de ceci ? pourquoi moi ? pourquoi maintenant ?) crée une distance entre les idées et les gestes, si le repassage est considéré comme une corvée dont il convient de se débarrasser rapidement, il y a toutes chances pour qu'il devienne pénible et que les douleurs occupent très vite un rôle de premier plan. La fatigue et la douleur ne doivent pas être isolées du contexte social qui les module. Prenons l'exemple de deux tâches très liées : le repassage et le rangement du linge qui s'ensuit. Certaines femmes aiment le premier et détestent le second (ou l'inverse). Certaines femmes sont fatiguées par le premier et pas par le second (ou l'inverse). Le rapport entre les deux types de sensations n'est pas aléatoire : c'est parce qu'une tâche n'est pas appréciée que la fatigue est ressentie. Francine aime le rangement du linge mais déteste le repassage : elle ressent fatigue et douleurs dès qu'elle a le fer à la main. Elle n'est d'ailleurs pas dupe et analyse avec clairvoyance la disposition mentale dans laquelle elle se place elle-même : « Je me trouve des maux, que j'ai mal au bras, je sais que je me trouve des excuses parce que j'aime pas. » Pour Maïté au contraire, c'est le rangement qui est le plus désagréable : « Ça me fatigue autant mentalement que physiquement. » Bien qu'elle soit ressentie physiquement, la fatigue n'est pas purement physiologique : le contexte de l'activité et sa représentation jouent un rôle essentiel.

Les contacts ingrats

Autre argument du sens commun : certaines tâches sont pénibles tout simplement parce qu'elles sont par nature répugnantes, qu'elles impliquent d'entrer en contact avec des saletés diverses, des matières gluantes, des mauvaises odeurs. Étudions ce point de plus près. Lola est très sensible au toucher des substances, ainsi qu'aux odeurs ; les bonnes (c'est une des raisons qui lui font aimer le repassage), comme les mauvaises. Or la vaisselle réunit tout ce qu'elle déteste : les mauvaises odeurs et le contact des mains avec la saleté. « L'eau dégueulasse, les éponges, l'eau à changer en cours de vaisselle, l'odeur du produit, l'eau crad', les mains dans l'eau sale et grasse. » Elle déteste donc parce que « c'est sale », trouve la vaisselle pénible parce que « c'est sale ». Pourtant elle n'éprouve pas le même dégoût pour le linge souillé. Certes, elle préfère le repassage, mais elle admet le linge sale ;

elle lui pardonne, elle sent à peine ses odeurs. Car le linge occupe la plus haute place dans son système de valeurs ménagères.

Pour Yann c'est l'inverse : le linge est ce qu'il connaît le moins : ses défauts n'en sont que plus visibles. La seule tâche qui ne soit pas désagréable, c'est justement la vaisselle. Grâce à elle, il a découvert que quelques activités bien routinisées lui permettaient de se « vider la tête », de chasser les problèmes du moment. Il a en outre ressenti l'étonnant parallèle entre cet apaisement intime et la remise en ordre ménagère. C'est ce qu'il appelle la « double purification » : sa tête se vide de ses impuretés en même temps que ses mains nettoient, ses idées se remettent en place en même temps qu'il range les choses de la maison. Rien n'égale la vaisselle pour la double purification. Surtout à cause de la crasse dans l'évier et du contact des mains avec tout ce qui est le plus collant et le plus gluant. Car il sait qu'il finira par vaincre, que la vaisselle se terminera par un *happy end* : la pureté retrouvée. La perception manuelle de la réalité de l'ennemi à vaincre ne fait donc qu'augmenter son plaisir. Pour être complet, il convient d'ajouter ceci : Yann est affligé d'une véritable manie obsessionnelle concernant le lavage de ses mains. Comme il travaille dans le cuir, elles restent tachées et il en a honte : la vaisselle (autre avantage) lui donne l'impression de se débarrasser de ce problème. « En lavant la vaisselle, on les lave en même temps, ça va ensemble, c'est bien. » Lola serait une étrangère absolue dans le monde de Yann ; comme Yann ne comprendrait rien au monde de Lola. Ce qui crée la répulsion chez l'un n'est pas ce qui crée la répulsion chez l'autre : chaque histoire de vie met en scène les objets et les matières d'une façon particulière.

L'illusion de l'objectivité est reposante : elle évite d'avoir à se poser des questions troublantes. C'est pourquoi les personnes interrogées ont souvent eu tendance à généraliser, sur un ton affirmatif, quand elles ont décrit les motifs de la pénibilité, oubliant que d'autres pouvaient penser très différemment : Lola a du mal à imaginer le monde de Yann, Yann celui de Lola. Pour Lola, la vaisselle est objectivement ingrate, pour Yann, c'est ce qui touche au linge.

Le ton s'est fait plus hésitant pour parler d'une catégorie de gestes un peu particuliers : très agaçants, très pénibles, alors qu'ils sont officiellement classés par la société comme ne devant pas l'être. Lorsque l'on a compris les mécanismes de production de la pénibilité, il devient évident que tout geste, quel qu'il soit, peut être atteint par le fléau. De même que le nettoyage des W.C. peut s'effectuer sans le moindre dégoût, les activités définies comme agréables peuvent devenir infernales. Tout dépend de l'harmonie construite entre le corps et l'esprit. Mais pour l'homme ordinaire, il y a dans ce mécanisme étrange auquel il n'a pas accès un motif supplémentaire d'agacement.

Prenons le cas d'activités surajoutées volontairement. On se dit par exemple qu'il serait agréable d'avoir une belle pelouse (sans mesurer exactement ce que représentera le travail de la tonte régulière) ; ou que les enfants aimeraient bien avoir un animal domestique (en négligeant de se représenter les travaux précis que cela impliquera). Le choix apparaît libre, pour le plaisir. En réalité, il est fréquent qu'il découle d'un événement qui s'est imposé, et ne laisse qu'une faible marge de décision (l'achat d'une maison introduit malgré soi dans l'univers du gazon ; le poisson rouge ramené de la fête foraine fait obligatoirement découvrir les joies de l'entretien de l'aquarium, etc.). L'activité installée, il devient très difficile de la remettre en cause. Pourtant, son caractère officiellement gratuit et surajouté interdit qu'elle soit rangée dans l'ordinaire des tâches ménagères obligatoires, qui parviennent plus ou moins bien à être routinisées, puisqu'il « faut le faire ». Elle est condamnée à être constamment renforcée par la mobilisation des raisons, qui au moins en théorie, ont présidé à son choix. Elles sont donc convoquées à la conscience dès que la pénibilité émerge, et (par un mécanisme que nous avons appris à connaître) la distance corps-esprit se creuse alors, le regard sur soi créant l'étrangeté et l'extériorité du geste si les raisons n'apparaissent pas valables. C'est ainsi que, incompréhensible étrangeté, les activités les plus choisies et de loisir peuvent devenir les mieux placées au hit-parade de la pénibilité. Pour l'un le gazon, pour l'autre le nettoyage du barbecue ou de la piscine en plastique. Les hasards de notre échantillon nous ont amenés à recueillir un véritable chœur de lamentations agacées à propos des chats. Depuis Hugues, encore aux premiers pas de son organisation ménagère, et qui, débordé, se demande pourquoi il a ajouté ce travail à la liste : « L'horreur c'est changer la caisse du chat. » Jusqu'à Irénée, la fée du logis, qui prend pourtant plaisir au moindre geste ménager, mais brusquement se raidit et (elle qui use habituellement d'un langage châtié) ne parvient plus à se contrôler dès qu'il est question des chats : « C'est plus fort que moi ils m'énervent, c'est incroyable le travail pour leur faire à manger, ils sont chiants c'est pas possible ! »

Le paroxysme est atteint avec l'enfant. Il a été plus que choisi : il est aimé, adoré ; il est sacré, il est le petit dieu des foyers. Comment un dieu vénéré pourrait-il devenir insupportable ? Comment pourrait-il être à l'origine d'activités parmi les plus dures à vivre, les plus pénibles ? Cette pensée sacrilège est inavouable et elle est ordinairement enfouie dans le secret des familles, qui refoulent autant que faire se peut les sensations contraires aux catégories légitimes. Mais parfois la peine est trop forte ; la vérité explose. Souvenons-nous de l'histoire de Marie-Alix. Elle avait mis au point un vrai scénario de bonheur : s'organiser pour revenir plus tôt du travail, et ainsi pouvoir jouer avec ses deux jeunes enfants, leur préparer de petits plats et dîner ensemble en parlant et en riant. Cette parfaite image d'Épinal de la vie familiale réussie était par principe opposée à toute idée de pénibilité, elle n'était même pas définie comme une « tâche » : c'était autre chose, du temps choisi, opposé justement à l'univers des contraintes ménagères. Hélas, la réalité fut bien différente : à peine arrivée à la maison, les tentatives de jeux étaient anéanties par des querelles insolubles (« Ce n'était que caprices sur caprices »), l'atmosphère devenait de plus en plus électrique et criarde jusqu'au moment du repas : « Là c'était carrément infernal. » Paradoxe insoutenable : ce que la société code de la façon la plus positive était devenu une « tâche » des plus pénibles. Plus pénible que d'autres activités ayant pourtant « objectivement » vocation à le devenir. Il est d'ailleurs significatif que Marie-Alix ait préféré remplacer les enfants par le repassage : elle a embauché une « nounou » qui s'occupe d'eux après l'école, jusqu'à 19 heures 30, repas compris. Voulant ne pas se sentir totalement exclue des activités domestiques, elle a préféré se réserver le repassage.

Le principe de la double unité

La pénibilité est le résultat d'une mécanique très flexible : ce qui est pénible pour l'un ne l'est pas pour l'autre. Étant donné ces variations, est-il possible d'isoler des constantes, expliquant comment se construit la pénibilité ? Bernard Zarca (1990) a avancé un élément de réponse en analysant la distance au codage sexuel des activités : une tâche perçue comme féminine (exemple : l'entretien du linge) devient pénible quand elle est effectuée par un homme, et une tâche perçue comme masculine (exemple : l'entretien de la voiture) devient pénible quand elle est effectuée par une femme. Il serait possible d'affiner l'analyse tâche par tâche (voir ci-dessous le repassage et les vitres), d'expliquer comment pour chaque type de gestes la pénibilité émerge selon des modalités particulières.

Mon propos est ici différent : non pas l'analyse par activités mais en prenant pour centre la personne. La pénibilité varie en effet soit selon le contexte de l'activité, soit selon les particularités de l'histoire personnelle. Sous cet angle je dégage un principe qui me semble essentiel : le nécessaire respect de la double-unité. La pénibilité est conjurée grâce à la profondeur des automatismes. Or celle-ci n'est possible qu'à la condition qu'il y ait double unité : unité du Soi et unité du Soi avec le geste. Toutes sortes de dissonances sont susceptibles d'intervenir, qui ouvrent une faille à partir de laquelle s'introduit la pénibilité.

Cas le plus fréquent : lorsqu'il y a hésitation entre plusieurs références pour l'action. Notamment par un effet pervers de l'injonction. Car l'élan provoqué par cette dernière est souvent ambigu. Il pousse à faire, mais à faire quoi exactement ? Quand l'automatisme est bien huilé, la réponse est claire : il pousse à faire ce qui doit être fait. Hélas, il est rare qu'il soit parfait. L'injonction pousse à faire plus, à faire mieux : se dégage alors un double niveau de référence. Un niveau bas, celui des temps ordinaires, où le corps fait le minimum exigé. Et un niveau haut, modèle idéal habituellement latent, réactivé par un événement (comme une visite) ou une soudaine fringale de rangement. Certains ménages, de par leur histoire, s'inscrivent structurellement dans un double niveau. Par exemple des jeunes couples qui augmentent leurs exigences : l'avancée opère suivant un mouvement en spirale entre les deux définitions. Retournons voir Lola (et sa vaisselle, qui décidément lui pose bien des problèmes). Il y a quelques mois, son univers ménager était très différent d'aujourd'hui, peu investi, marqué par le laisser-aller : la façon dont elle lave la vaisselle est un héritage qui témoigne de cette époque. Car elle a commencé par ce qui lui faisait le plus envie : le linge. Mais depuis peu, la vaisselle, dernier carré de désordre, lui pose mille questions ; des insatisfactions, des envies apparaissent : pourquoi n'essuierait-elle pas les verres plutôt que les laisser sécher ? Entre l'augmentation de travail qu'implique cette idée et la nouvelle gêne ressentie à la vue des traces de séchage, elle hésite. Et cette hésitation, en troublant les références, accentue encore la pénibilité. Il y a cependant une solution : passer au niveau supérieur, inventer un nouveau pas de danse qui balayera les questions. C'est d'ailleurs sans doute ce qui va advenir ; l'apparition graduelle de nouvelles exigences s'inscrivant pour Lola dans un processus d'installation ménagère.

Pas de solution par contre pour Éliane ou Arlette. Éliane « n'aime pas que les choses soient sales » et rêve d'une maison idéale où le ménage serait fait parfaitement (comme elle le faisait autrefois). Pourtant son corps ne réagit pas (ne réagit plus) spontanément à la poussière. Elle tolère cette paresse, et la justifie par une référence plus basse : « Mais ça va bien comme ça. » Il lui est impossible néanmoins de se convaincre totalement que ça va vraiment bien comme ça : le rêve la hante, et, cercle vicieux, alourdit encore les mouvements de son corps. Quant à Arlette, en deux phrases parfaitement contradictoires, elle résume ses contradictions : « C'est ambigu, parce que j'aimerais bien que ce soit propre sans que j'aie à le faire. En fait on en fait souvent trop. » Sa vie est divisée en deux : les temps ordinaires, où elle se contente du minimum (« Je fais le ménage en gros »), et d'autres moments, où « il faut que tout soit fait impeccable ». Ce niveau haut apparaît soit quand elle travaille chez les autres (« Alors là je suis ultraperfectionniste ! »), soit quand elle doit partir de chez elle pour quelques jours. Pas de problème en ce qui concerne son travail : elle est heureuse que son automatisme soit ici bien structuré. Mais pour les fois où elle part, elle est dubitative : « C'est un peu débile alors que je vais même pas être là. » Le niveau élevé n'occupe donc pas obligatoirement la position de modèle idéal, d'objectif nécessairement à atteindre si le corps pouvait obéir : il peut n'être qu'une référence parmi d'autres, adaptée à certaines situations. Une référence malgré tout dominante, et par conséquent perturbatrice, empêchant le niveau bas de s'établir avec assurance. Le niveau bas (quand Arlette fait son ménage « en gros ») est toujours une norme par défaut, tiraillée entre des exigences contraires. D'ailleurs, chez Arlette, la variété des références s'inscrit dans les espaces et saute aux yeux du visiteur. « En gros chez moi en général c'est quand même à peu près correct, même tu vois ici c'est plutôt bien. Mais là-bas le coin n'est pas balayé. »

Nous sommes restés jusqu'ici sur un schéma relativement simple : celui où le niveau de référence varie, avec des hauts et des bas, mais sur une échelle fixe. Or rien n'oblige que cette dernière soit unique. Souvent des jeux de rôles, des scénarios de vie alternatifs, s'offrent à la personne. En se projetant dans ces vies différentes, de nouveaux repères de l'action apparaissent : la multiplicité des cadres brise les ressorts de l'injonction. Prenons un exemple simple pour commencer. Le dédoublement fragilisant l'action opère parfois de façon ponctuelle, dans un contexte précis. Ainsi, Maïté sent que son repassage devient plus pénible quand il fait beau, en été. En hiver, elle ne se pose pas de questions, vit dans l'instant, unifiée autour de ses gestes, soutenue par quelques rituels : « L'hiver, qu'il fait mauvais, tu peux en profiter pour regarder un film à la télé ou écouter de la musique, c'est moins pénible. » En été par contre, elle se voit ailleurs (à la plage), dans un rôle différent (le loisir), et son esprit se détache de l'action présente, affaiblissant les automatismes : « Quand tu es là, que tu vois qu'il fait beau, que tu pourrais aller à la plage, et que tu en as pour trois heures, alors tu as envie de tout envoyer balader par la fenêtre. »

Le dédoublement peut s'établir de façon plus structurelle, quand il y a hésitation durable entre deux conceptions du Soi. Nous avons vu que Lola se posait des questions nouvelles sur sa vaisselle : elle commence à se voir en parfaite fée du logis. Mais elle n'est pas sûre d'elle, elle s'interroge sur cette évolution : est-ce dans ce sens qu'il faut continuer à aller, est-ce bien cela la vraie vie ? « Des fois on se demande si on n'est pas un peu cinglé de passer son temps à nettoyer. » Alors la vaisselle redevient ce qu'elle était, pénible, gluante, ne méritant pas que Lola danse pour elle. « Je me dis, mais qu'est-ce que je suis en train de foutre là ? Je serais mieux ailleurs. » Il ne faut pas se voir ailleurs pour faire corps avec l'action ménagère, il ne faut pas hésiter sur les rôles à tenir. Or les femmes sont aujourd'hui placées dans une hésitation chronique (Kaufmann, 1992). Deux rôles assez inconciliables s'offrent à elles : la réalisation de soi indépendante, à l'image des trajectoires masculines, qui présuppose un investissement fort dans le domaine professionnel ; ou l'immersion dans l'univers familial et résidentiel, l'irrépressible envie de devenir la fée de ce petit territoire.

Généralement, aucun des deux rôles n'est abandonné totalement. Il faut donc concilier, arbitrer, naviguer entre les limites incertaines de l'implication ménagère. L'entre-deux Soi se joue alors sur chaque geste : faire ou ne pas faire, faire vite ou faire bien ? Plus le doute est fort, plus la pénibilité fait surface ; plus l'écart est grand entre les deux scénarios d'arrière-plan, plus le doute réapparaît souvent. Retournons voir Arlette, et sa triste histoire ménagère, marquée justement par une hésitation profonde. Depuis son divorce, elle refuse le rôle de fée du logis : un piège pour la femme, qui se retrouve démunie le jour où son mari la quitte (comme elle, qui était au foyer et a eu bien du mal à trouver un emploi, non qualifié). « Inconsciemment c'est parce que je veux rompre avec cette image de la femme, je ne suis pas une femme d'intérieur, je suis une femme d'extérieur. » Comment faire ? Ses nouvelles idées ont brisé les évidences qui fondaient ses gestes et ceux-ci sont devenus lourds, son corps refuse les ordres. Elle a même senti que peu à peu toute son organisation pouvait se déstructurer. Elle a donc été conduite à mettre au point des barrages, à renforcer quelques automatismes. Mais où s'arrêter dans cette restauration des bases ménagères ? Comment faire assez sans faire trop ? Comment être une « femme d'extérieur » sans que l'intérieur devienne invivable ? Elle sent tellement fuir ses repères qu'elle en vient à s'interroger sur sa normalité : « Par moment ça me fait peur. » Heureusement la visite de ses parents la rassure : « Ça me surprend à chaque fois : ils ont l'air détendus, de tout trouver normal, alors ça va. » Arlette en est là aujourd'hui : à se battre, sur la défensive, pour éviter le chaos ménager et existentiel, pour mettre bout à bout dans un ensemble cohérent le puzzle des gestes élémentaires et fondateurs.

Les tactiques équivoques de la fée du logis

Quand la femme souhaite limiter son inscription dans le rôle de fée du logis, l'injonction bascule vers le mental et perd en qualité d'incorporation : les gestes exigent un effort, la pénibilité apparaît. Le piquant dans cette situation est que la pénibilité ne peut alors être combattue que par un renforcement (contrôlé) du rôle ! Sur fond de critique de l'immersion ménagère, qui tend à la détacher de ses gestes, la femme doit donc au contraire renforcer cette dernière au moment où elle est plongée dans l'action. Une méthode courante consiste à rechercher la reconnaissance et le soutien des proches : la fée doit les sentir près d'elle pour les émerveiller. Elle a besoin de ce regard pour être fée quelques instants, et agir avec légèreté. Christelle ne parvient pas à faire son ménage dans la semaine, alors qu'elle a pourtant du temps. Miraculeusement cela ne lui pose « plus aucun problème le week-end ». Dans la semaine son travail reste invisible : « Mon mari ne se rend pas compte de tout ce qu'on fait, personne ne voit le boulot que t'as pu faire. » Le « on » indéfini est très significatif : « on », ce n'est pas seulement elle, Christelle, ce sont toutes les femmes, piégées par les équivoques du rôle de fée du logis. Hésitante face à certaines tâches (le repassage, les vitres), il lui suffirait d'un soutien de son mari, de quelques mots, d'un regard, pour que ses enchaînements de gestes, techniquement acquis, se développent avec plus d'aisance. Hélas, il ne produit pas cet effort minime. Elle doit donc elle-même lui montrer du doigt son action : « Tu vois, ça, la pile de linge, eh bien j'ai encore passé deux heures à faire ça. » Car elle a remarqué que bien que n'étant pas entendue, le seul fait de parler reconstituait, au moins un peu, sa capacité de travail : « Il faut que j'en parle, même s'il m'écoute pas, je me sens soulagée, ça va mieux après. »

Le choix tactique de Christelle, assez répandu, doit pour être efficace séparer le contexte du moment (quand la fée se met en scène positivement) de son arrière-plan éthique (où l'enfermement ménager est critiqué). Une autre façon de résoudre la contradiction, plus subtile, consiste à jouer sur les équivoques : à aimer être fée tout en critiquant les autres fées, à plonger dans l'univers ménager tout en refusant l'enfermement. Cette délicate gestion contradictoire débouche sur des systèmes très codifiés qui ont souvent été observés dans l'enquête : l'injonction est subordonnée à quelques gestes rituels symbolisant l'ouverture ou le mouvement. Les automatismes peuvent dès lors se développer car les gestes rituels conjurent l'idée d'un enfermement statique dans le rôle honni. J'ai déjà signalé que les petites pièces sans ouvertures (souvent bien adaptées sur le plan de la rationalité technique) étaient massivement rejetées par les repasseuses. Au contraire, elles officient dans la plus grande pièce, qui se doit d'être claire, si possible près d'une fenêtre. Dans la plus belle pièce aussi, qui symbolise la vie de famille et l'ouverture sur les réceptions, et non pas dans un lieu spécialisé, marqué par une fonction stigmatisante. La phobie de l'enfermement est redoublée quand les activités sont perçues comme trop statiques. La ménagère se sent alors d'autant plus piégée que son corps est condamné à l'immobilité, « clouée là », « plantée là », « coincée là », pour reprendre des expressions souvent entendues : tout le monde n'a pas l'art de savoir danser comme Lola.

Irénée pour cette raison préfère les vitres au repassage : « Au moins tu es active par rapport aux carreaux, tu peux décharger ta mauvaise humeur. » Dans le repassage au contraire, elle sent un poids lui tomber sur les épaules et l'écraser : « Alors là c'est l'horreur, quand je vois le tas, c'est carrément des angoisses, c'est que je suis plantée là, je ne bouge pas. Ce qui me déplaît dans le repassage c'est le côté statique. » Arrêtons-nous quelques instants sur cet exemple. Car il montre à nouveau combien l'objectivité des gestes est une donnée dépendante, combien la perception les met en forme. Irénée n'est pas typiquement de ce genre de femmes ayant des doutes sur leur rôle de ménagère : au contraire elle fait corps de façon incroyable avec sa maison, capable d'y rester seule en silence de longues périodes pour goûter le plaisir des gestes simples du ménage. Elle a une vision esthétique de ses mouvements, de ses enchaînements virevoltants dans la manipulation des choses. C'est d'ailleurs ainsi qu'elle se voit dans le nettoyage des vitres, danse moins artistique que celles qu'elle réalise avec des objets plus méticuleux, mais danse au rythme soutenu, presque endiablé. Elle bouge beaucoup certes, mais l'important est surtout qu'elle se sent bouger, qu'elle se voit bouger, dominer la matière. Au contraire, elle se sent écrasée par le poids du repassage, immobilisée. Alors qu'elle ne l'est pas vraiment : elle bouge mais elle ne se sent pas bouger. Le phénomène est identique avec l'enfermement : ce n'est pas tant la réalité physique de ce dernier qui est importante que la sensation d'enfermement dans un contexte particulier. La phobie de l'immobilité a de grandes chances d'intervenir à propos de tâches peu mobiles et la phobie de l'enfermement dans des espaces relativement clos. C'est toutefois la mise en scène de telle ou telle activité qui est déterminante. Pour Irénée, il y a à l'évidence une fixation sur le repassage. Elle n'est sans doute pas aussi unifiée autour de son rôle de ménagère qu'elle en donne l'impression. Le léger doute a trouvé son point d'ancrage, à partir d'une faille dans le système de gestes :

il s'est installé dans le repassage et est parvenu à y construire un îlot de pénibilité.

La répétitivité joue un rôle semblable à l'immobilité où à l'enfermement : quand une femme a le sentiment d'être piégée dans un rôle de fée du logis, l'inlassable répétition des mêmes gestes peut être perçue comme la preuve du piège. « C'est pénible parce que c'est monotone de refaire tout le temps » (Francine). « Ce qui est pénible dans la vaisselle, c'est que c'est agaçant de refaire toujours le même geste » (Lola). Mais une telle perception négative n'est pas systématique. Car nous sommes au cœur de l'équivoque : la répétitivité, c'est aussi ce qui renforce les automatismes, ce qui facilite les gestes. Regarder d'un œil noir la répétitivité, c'est se priver d'un instrument qui rend la vie plus légère, c'est ressentir encore plus négativement la répétitivité. La gestion équivoque des perceptions autour du rôle de fée du logis doit donc ici se faire encore plus prudente et subtile : seules certaines répétitions sont mises ouvertement au pilori.

Les habitudes dissonantes

Chaque habitude incorporée a son histoire, venant parfois de loin. L'individu l'ignore. Il ne donne pas non plus son avis au moment de l'incorporation. La logique de transmission des gestes est parfois surprenante. Ils arrivent « comme ça » et s'installent. Une telle passivité est beaucoup plus rare pour une prise de rôle, car la pensée intervient alors pour contrôler l'unité du Soi : puis-je me permettre d'occuper un tel rôle et à quelles conditions ? Pour les habitudes, les transactions sont beaucoup plus clandestines et bien des libertés peuvent être prises avec la définition de l'identité. C'est ainsi qu'Irénée a construit une fixation particulière sur le repassage. À l'issue d'une histoire sur laquelle il aurait été possible de mener l'enquête, elle, la véritable fée du logis, l'artiste du domestique, s'est mise dans la situation étonnante d'avoir horreur du repassage et de ressentir de la pénibilité comme une vulgaire Arlette.

Le cas inverse est également observable : une activité facile, voire agréable, dans un océan de pénibilité et de laisser-aller. Rappelons-nous par exemple Yann, qui adore la vaisselle, où il peut si bien nettoyer ses mains tachées par le travail du cuir. Pour Irénée, le principe de la double unité est vérifié : si elle savait repasser comme elle nettoie les vitres ou fait le ménage (groupée autour de ses gestes et de ses idées), il n'y aurait pas de pénibilité. La situation représentée par Yann est plus troublante : comment le geste peut-il ne pas être pénible alors qu'il est manifestement dissonant ? Cet exemple nous oblige à préciser le principe de la double unité. Il montre en effet que lorsque l'incorporation d'un automatisme est très profonde, en raison d'une histoire particulière à ce geste, l'unité avec un fragment du Soi est suffisante pour que n'apparaisse pas la pénibilité. Comme si la qualité de l'unité identitaire pouvait être compensée par la force ponctuelle d'un automatisme. Il semble même que la définition soit encore plus précise, le degré d'incorporation d'un automatisme pouvant être mis en rapport direct avec sa distance à la dominante identitaire : plus une habitude est installée comme un véritable réflexe, plus elle peut se permettre d'être dissonante. Il n'est pas rare cependant qu'un lien soit établi avec une autre facette du Soi. C'est ce qui se passe pour Yann, pas très fier de son laisser-aller. Il commence à se dire qu'il serait bien de faire un effort : à certains moments la vaisselle devient un modèle, premier jalon peut-être d'une future révolution ménagère.

Parfois le travail d'unification provient du niveau cognitif, de la réduction des dissonances et conflits de rôles ; parfois c'est le corps qui mène la danse, à partir d'une habitude solidement intériorisée. Mais toujours un même idéal est visé : l'unité du Soi autour du geste.

L'évaluation latente

L'habitude s'installe « comme ça », sans crier gare, et tend à conduire l'individu à sa guise. Mais, nous l'avons vu, elle reste poreuse, s'abandonnant parfois aux sensations ou, ce qui nous intéresse ici, à la pensée : dans certains contextes, la boîte noire est ouverte et interrogée. L'habitude perd alors sa force structurante, le rythme emporte moins le corps, et la pénibilité refait surface. C'est le cas quand un double niveau d'exigences ou des scénarios de vie alternatifs poussent à questionner les gestes. C'est le cas également, d'une façon plus technique, quand l'efficacité de l'action est mise en doute. Le geste qui débouche sur un résultat sans commune mesure avec l'énergie dépensée résiste à l'incorporation silencieuse. L'ingénieur du quotidien qui sommeille en nous lève alors le doigt et commence à poser ses questions.

L'exemple le plus souvent donné dans l'enquête, véritable chœur des lamentations ménagères, est sans conteste le nettoyage des vitres. *Primo* : il faut frotter, frotter, sans jamais être sûr du résultat. Célestine est exaspérée : « On croit que c'est bien fait d'un côté, on regarde de l'autre côté : on voit qu'il reste une petite trace ; il faut recommencer sans arrêt d'un côté à l'autre. Alors je trouve que c'est un travail pesant pour ce qu'il donne de résultat. » *Secundo* : il suffit d'une mauvaise pluie pour anéantir ce qui vient d'être fait. C'est encore

Célestine qui parle : « Et puis une heure après si la pluie tombe, ça retombe à zéro. » Raymonde semble lui répondre en écho : « Je me dis : je fais les vitres, y a qu'à venir une averse, ça y est, tout est à recommencer. » D'où la question : pourquoi produire un tel effort si la pluie peut si vite le rendre vain ? Raymonde poursuit : « Je me dis : est-ce que j'aurais pas mieux fait de prendre un livre, de me décontracter. Et si mes vitres sont sales, ma foi, je les ferai un autre jour. » Le poids d'un travail dont l'efficacité est douteuse produit un dédoublement, un regard sur soi. L'individu pensant demande alors à l'autre : pourquoi faire maintenant une tâche si peu évidente ? Et l'autre, l'individu-corps, que tout invite à la paresse, ne peut qu'inciter le premier, celui qui décide, à reporter l'action à plus tard.

Autre motif fréquent des évaluations critiques : le repassage. Il faut tourner et retourner, plier le linge, préparer les tas, déplier la table ; lisser et relisser, replier en lissant... Célestine s'interroge sur la rationalité de tous ces gestes : « On est là à gesticuler, faut changer de place le fer, on prend un autre truc, faut recommencer... je trouve que... on bouge sans arrêt, on perd trop de temps par rapport à ce qu'on fait. » Et puis, comme pour les vitres, le mouvement contraire est désolant de rapidité : chaque jour qui passe défait le lissage des vêtements portés. « Je me dis qu'on va passer beaucoup de temps pour une chose qu'on va mettre peut-être une journée. Finalement je trouve que c'est beaucoup de temps perdu » (Raymonde).

Complainte du temps perdu : « C'est le temps, le temps, le temps, c'est ça qu'est pénible, c'est fou ! c'est interminable » (Yann) ; « C'est de me dire que je perds mon temps, on s'énerve après ça » (Bernadette). Quelle est au juste l'origine de cette fuite du temps ? Insidieusement, la critique technique s'enchaîne au dédoublement de soi et se gonfle du moindre conflit de rôles. Lorsque le sens de l'action est clair, il n'y a pas représentation d'un temps perdu. Car la pensée, fondue dans le corps en mouvement, ne peut construire une distance d'analyse. Au contraire dès qu'une telle distance s'est formée, l'individu pensant observe son corps comme un autre Soi. Il y a dédoublement : le geste devient étranger, froid objet d'étude. L'utilité et l'efficacité de l'action sont alors interrogées ; la rationalité de l'automatisme évaluée ; et une comptabilité du « temps perdu » est systématiquement ouverte. Le « temps perdu » est à la fois celui qui est dû à l'inefficacité technique et le temps qui aurait été mieux employé dans un autre rôle : je perds mon temps en nettoyant les vitres alors qu'un orage va peut-être tout anéantir ; et je perds mon temps en nettoyant les vitres parce que je serais mieux à la plage. Dans cette dualité des facteurs produisant le temps perdu se vérifie le principe de la double unité, ici dans sa version négative. L'individu lutte pour son unité, et pour s'unifier autour de chaque geste. Mais il subit des pressions qui ouvrent les habitudes à l'esprit critique. Il est donc condamné à ne pas relâcher son effort unificateur. Car le cercle vicieux de la prise de distance a une fâcheuse tendance à s'élargir : la pénibilité pousse au regard sur soi, qui pousse à évaluer le temps perdu, évaluation qui à son tour aggrave la sensation de pénibilité, etc.

Le nettoyage des vitres

Le repassage est pénible pour Irénée qui se sent immobile, « plantée là » ; le même repassage est également pénible pour Célestine mais pour la raison inverse, parce qu'elle se sent « gesticuler » (cependant qu'en réalité Irénée bouge nettement plus que Célestine !). La tondeuse à gazon, activité surajoutée, sera pour les uns particulièrement pénible ; alors que pour les autres elle sera l'instrument d'une détente. Il convient donc d'être prudent et de garder à l'esprit ce fait essentiel : le monde domestique est toujours le résultat d'une construction personnelle. À cette condition, des généralisations peuvent être développées, et il peut être relevé que certaines tâches sont, en moyenne, perçues comme plus pénibles que d'autres (Zarca, 1990). Les deux activités arrivant en tête de ce triste palmarès méritent un bref développement : le nettoyage des vitres et le repassage.

Le nettoyage des vitres est l'activité qui recueille un maximum de suffrages hostiles. Cette mauvaise place s'explique aisément quand on l'analyse en détail : elle concentre un maximum de facteurs incitant au regard sur soi. Nous avons vu la question de son efficacité douteuse. De nombreux autres éléments à charge peuvent être ajoutés. Il s'agit par exemple d'une activité peu marquée par sa féminité alors qu'elle est effectuée par les femmes (Zarca, 1990), et qui physiquement demande un effort important. Pour Célestine, 82 ans, c'est même à la limite de ses forces. « Alors là, ce que j'ai horreur, c'est les carreaux. On se donne beaucoup de mal, je ne suis pas grande, il faut que je monte sur un escabeau pour faire le haut. » La fatigue n'a pas pour origine unique des causes purement physiques. Mais quand tout pousse au regard critique, la douleur des gestes se manifeste de tout son poids et devient un facteur essentiel de pénibilité.

Autre élément poussant au regard sur soi, donc porteur de pénibilité : la nécessité de prendre une décision pour passer à l'acte. Le nettoyage des vitres est peu fréquent ; il demande donc que le moment de l'action soit décidé. Un rythme régulier évite d'avoir à se poser des questions. Par exemple : la vaisselle après chaque repas. Au contraire, l'absence de rythme oblige à penser pour décider du moment. Ce qui implique toutes sortes de réflexions annexes interrogeant l'activité : pourquoi ne pas reporter à demain ? Pourquoi ne pas accepter qu'il puisse y avoir un peu de poussière sur les vitres ? N'y a-t-il pas des actions plus importantes dans la vie ? N'est-ce pas du temps perdu ? Pour les vitres, la décision est rendue encore plus difficile par une circonstance aggravante : il y a souvent une double définition des exigences. Il est difficile de nettoyer une vitre à moitié : le modèle idéal de la plupart des femmes est donc une vitre bien claire, bien nette. Mais nous avons vu à travers l'exemple de la pauvre Célestine (allant d'un côté puis de l'autre pour tenter d'effacer les traces) que le travail est long pour obtenir ce résultat. Alors que la pluie, une heure après... Cette phrase si souvent entendue, la pluie anéantissant le travail, doit être bien comprise. Elle désigne une angoisse réelle (quoique l'hypothèse de cette pluie salissante à très court terme soit exagérée). Mais elle est en même temps une manière d'exprimer, par une parabole forçant le trait, une déconvenue plus diffuse : même sans grosse pluie les vitres ne vont pas tarder à se salir. Patricia en arrive à mélanger fantasme et réalité : « Et puis j'ai jamais de chance : il pleut toujours un quart d'heure après que j'ai fini. » Sans prendre conscience de la contradiction, elle enchaîne aussitôt de façon plus réaliste : « Ça va durer quoi ? deux jours les carreaux propres. Alors comme travail ça rapporte pas grand-chose. » Le rêve serait que les vitres restent parfaitement propres longtemps, puis qu'elles se salissent d'un coup. Au contraire, elles commencent rapidement à se salir un peu, et le processus évolue graduellement. Ce qui a deux conséquences. *Primo* : la décision est techniquement difficile à prendre. *Secundo* : la norme idéale du propre absolu est inapplicable — il y a double définition. Une définition maximum, au moment où les vitres sont nettoyées. Et une définition plus tolérante dans les temps ordinaires, axée autour du degré de salissure et d'opacité acceptable. C'est d'ailleurs pourquoi Célestine refuse de regarder de trop près dans les jours qui suivent le travail : « Quand c'est fait, c'est fait, hein ! » Car trop de questions ne peuvent permettre à l'automatisme de s'installer. Agacée par son manque d'organisation, Raymonde déclare : « Il faudrait pouvoir prendre du recul. » Elle entend par là : pouvoir réfléchir davantage à cette question et clarifier les règles de l'action. Hélas, ce n'est pas ainsi, par la réflexion, que se structure habituellement la vérité ménagère. Au contraire, le recul tend à accentuer le regard sur soi. Or le problème pour les vitres est que celui-ci est déjà trop important.

Le repassage

Le repassage arrive en deuxième place, pour des raisons assez proches. Par rapport aux vitres, il a l'avantage, pour les femmes, de comporter une plus grande charge de féminité. Et de s'inscrire dans un rythme un peu plus régulier. Le volume du tas en attente peut jouer par exemple le rôle d'indicateur ; Maïté l'a réglé de façon précise pour correspondre à un maximum d'une heure, temps au-delà duquel le repassage devient très pénible : « On peut dire que c'est une sorte d'organisation. » La décision n'est pas moins aléatoire, le report souvent facile. « Le repassage, dit Carole, ça peut toujours attendre. » C'est bien aussi ce que se dit Célestine, qui à peine sortie de son face-à-face douloureux avec ses vitres n'est pas pressée d'engager ce nouveau combat : « Comme j'aime pas ça, quand je vois le tas sur une chaise, je vais dire facilement : — Ah je le ferai demain ! Et le lendemain : — Ah je le ferai demain ! »

Les vitres ont un atout : le report n'augmente pas l'action, l'épaisseur de la poussière ne donnant guère plus de travail (atout relatif, car cela facilite d'autant le report). Pour le repassage par contre, le travail augmente en relation directe avec l'importance du report, ainsi que l'intensité de la pénibilité. Car non seulement un tas volumineux demande physiquement plus d'efforts mais il est aussi la preuve concrète d'une mauvaise organisation, ce qui ne soutient pas le moral. « J'attends toujours le dernier moment pour le faire, dit Francine, du coup je garde trop, et je me retrouve avec deux heures de repassage. C'est vrai que c'est bien trop, c'est dur. »

Le repassage n'a pas de double définition structurelle comme les vitres. Car les vêtements sont arrivés là après lavage, parce qu'ils étaient sales, et non parce qu'ils étaient simplement froissés : la décision ne dépend pas de l'observation du froissement. Chaque vêtement ou pièce de linge subit un type de repassage (ou de non-repassage) répétitif et calibré. La routinisation corporelle cache mal cependant de très nombreux flottements de définitions. La raison de ces flottements est que la norme sociale est très peu unifiée : chacun repasse à sa manière ce qui lui paraît important de repasser. Nous avons vu plus haut comment se produisaient de brusques changements de références : le contact avec des normes différentes pousse à s'interroger. Derrière l'apparence bien huilée des automatismes, les doutes sont en effet fréquents sur telle ou telle pièce de linge (les draps, les torchons, les chaussettes, etc.). Or ces hésitations ponctuelles mais lancinantes ajoutent chacune leur petite touche et affaiblissent l'injonction. Comme pour les vitres, mais selon des modalités différentes, le repassage devient vite pénible quand les raisons qui poussent à l'action n'apparaissent plus évidentes.

XII.

LES SENSATIONS : LE PLAISIR

L'habitude est ouverte sur les sensations : la pénibilité émerge à mesure que les automatismes deviennent moins profonds et fermés. Le principe est différent pour les sensations positives : l'ouverture a au contraire ici pour effet de renforcer l'injonction. Ces quelques notations nous introduisent dans l'univers complexe et mal connu de l'économie des sensations, qui occupe une place essentielle entre les automatismes et la rationalité. Mais restons pour le moment sur des données simples : comme pour la pénibilité, nous débuterons l'analyse par une description des contextes dans lesquels émerge la sensation.

La récompense

Le premier contexte étudié est directement lié à la pénibilité, par ce mécanisme de compensation élémentaire : plus une activité a demandé d'effort, plus elle procure de la satisfaction une fois terminée. « Voilà, ça y est, terminé, alors t'es contente » (Francine). « C'est après, la satisfaction que tout est propre et rangé : t'es contente » (Bernadette). Bien qu'il s'agisse d'un effet mécanique, la sensation n'en est pas moins réellement ressentie, parfois avec intensité. Irénée n'emploie pas par hasard le mot plaisir : « Mon seul plaisir c'est quand c'est fini. » Car il y a vraiment plaisir au moment où « c'est fini ». Et des façons diverses de l'éprouver. Pour Carole par exemple, qui connaît bien peu de joies dans ses tâches ménagères, il y a double plaisir. À l'instant où le repassage est terminé : « Je souffle, ça fait du bien, j'ai un bon tas, je suis tranquille, on n'en parle plus, c'est net. » Et légèrement avant, par anticipation, en se représentant et en sentant monter l'approche de la scène libératoire. Plaisir à la fois plus léger et plus plein de promesses, comme toutes les prémices. « En arrivant au bout, c'est idiot, c'est bizarre, on se sent pas pareil à l'intérieur, on ralentit pour savourer le dernier coup de fer. » Il faut dire que Carole est malheureuse d'être si désordonnée, qu'elle regrette que les impulsions parfois ressenties ne puissent trouver à se concrétiser. Notamment pour le repassage : dans une autre vie elle sait qu'elle aurait pu l'aimer. À défaut de ce scénario grandiose, elle grignote ce qu'il est possible de grignoter et tente d'élargir le plaisir autour de la satisfaction finale. Avant, en y pensant le plus tôt possible. Et après : c'est ainsi que le rangement du linge est devenu intégralement une tâche agréable. Elle a l'impression de compter un trésor en déposant les piles dans l'armoire, suite logique de la satisfaction terminale : « Quand je vois tout ça je me dis : c'est bien. » Mais à sa façon de toucher les vêtements, de se calmer (elle qui est habituellement si agitée), d'adoucir ses gestes, d'entrer en communion, on comprend que le plaisir repose sur quelque chose de plus profond : un véritable amour de linge. Lola a apparemment le même plaisir pour les piles. Surtout les piles de mouchoirs, impressionnantes ; ses cent mouchoirs. Leur contemplation lui procure un vrai bonheur, qui commence avec les premiers gestes de formation de la pile et connaît son apothéose lors de son rangement : « Alors là c'est extra, l'immense pile de mouchoirs, tous les mouchoirs rangés, à la même taille, et de les mettre dans mon armoire, à ce moment-là... » Lola ne danse plus, la phase d'excitation est terminée ; comme Carole, elle est religieusement entrée en communion. Et le plaisir sacré ne s'arrête pas à la fermeture de l'armoire : « À chaque fois que j'ouvre l'armoire, mes piles sont là. » Leur seule vue rappelle l'effort, la capacité d'organisation, la fierté, la victoire. Chaque fois c'est un petit bonheur.

Le plaisir final peut commencer plus ou moins tôt et se prolonger plus ou moins longtemps après ; il peut être bref et intense ou faible et rampant ; certaines femmes le ressentent fortement alors qu'il est à peine perceptible pour d'autres. La raison de cette différence tient dans le mode de structuration du cadre de l'action. Si les automatismes sont profonds et fermés, les sensations, (qu'elles soient positives ou négatives) seront faibles ; la satisfaction terminale ne fait pas exception. Si au contraire l'action est accompagnée de sensations négatives, elle sera régie par une dialectique des contraires assez régulière : plus les sensations négatives auront été fortes dans les premières phases, plus la fin de l'action a des chances de produire de la satisfaction. En d'autres termes, la forme du plaisir n'est pas due au hasard ou à des dispositions strictement personnelles : la satisfaction finale est en relation directe avec le mode de structuration des cadres de l'action. Triste conclusion peut-être : le plaisir non plus ne s'épanouit pas en dehors des déterminations sociales.

Quelques exemples illustreront ce résultat. Maïté est bien organisée et n'a guère le temps de se poser des questions tant son rythme est tendu : elle se laisse entraîner par les automatismes qu'elle a mis en place. Qu'éprouve-t-elle quand elle a terminé un gros travail ? De la satisfaction certes, mais pas exagérément marquée, diffuse : « Ça va pas durer longtemps, peut-être cinq minutes, je me dis comme ça : ça y est, c'est propre, c'est terminé. » Elle tient d'ailleurs à en préciser les limites : « C'est jamais vraiment du plaisir, c'est simplement qu'on aime bien une maison propre. » Comme si elle répondait à Maïté, et se rassurant comme elle peut, Patricia, qui ne dispose pas d'automatismes si bien huilés, remarque qu'une trop bonne organisation empêche de connaître les plaisirs : « Faire son ménage tous les jours, ça ne donne pas des satisfactions pareil. » Elle oublie la face sombre, le prix à payer en sensations négatives. Et cela dès que le regard s'accroche aux indicateurs du désordre. Un changement infinitésimal dans les images perçues (quelques poussières tombées sur un meuble) suffit pour déclencher un début d'agacement là où le regard permettait d'engranger de la satisfaction. Le goût particulier (et le coût) de l'économie des sensations est le lot des mondes où règne la passion : passer en un instant du pire au meilleur, mais aussi du meilleur au pire. Arlette connaît bien ces changements inopinés et violents. Elle qui vit le flottement des définitions, les agacements continuels et le corps rebelle à l'action, n'en éprouve qu'avec plus de flamme la satisfaction finale : « Il y a deux plaisirs : le rangement déjà c'est bien, on est content, mais ce qui m'excite le plus c'est après, la satisfaction quand j'ai vraiment fini, c'est très agréable. » Entre le contentement tranquille de Maïté et l'excitation d'Arlette l'écart est considérable. Restons dans ce monde des passions avec Lola. Elle fait sa vaisselle de la journée chaque matin, après le petit déjeuner. Dès midi, les premiers regards lancés vers l'évier (qui commence à se remplir) provoquent des débuts d'agacement.

Le soir la tension monte d'un cran ; le lendemain matin au réveil elle est au maximum (elle suit très régulièrement l'augmentation du tas dans l'évier). Après le petit déjeuner, un « coup de nerf » la plonge enfin dans l'action, et la délivre. Alors, c'est véritablement l'explosion intérieure. « Je me dis : Ça y est ! ça y est ! oh putain c'est propre ! » Une heure ou deux après cet exploit et ce moment de grand bonheur, elle ne peut s'empêcher de lancer des regards vers l'évier : il est toujours propre, brillant, il n'y a rien dedans ; elle récolte encore des bribes de bonheur. « Je regarde comme ça, l'évier est magnifique, magnifique ! » Jusqu'à midi, où le cycle (de 24 heures) passe à nouveau dans sa phase moins agréable ; et tout recommence.

La fierté

Peut-être Lola connaîtra-t-elle dans l'avenir des sentiments moins violents : il est courant en effet que les sensations en début de cycle ménager laissent place par la suite à des rythmes plus réguliers et des habitudes plus profondes. Moins violents ne signifie pas cependant qu'ils soient négligeables. De même que la tendresse se distingue de la passion mais n'en est pas moins une autre façon de vivre l'amour, les émotions ménagères plus tranquilles méritent d'être soulignées. En particulier celles qui émanent de la fierté. Fierté d'être parvenu à dominer le corps pour une action, ou de prouver que l'on est capable de maîtriser une organisation domestique complexe. Plaisir diffus qui s'intègre dans un ensemble plus large, le « sentiment du devoir accompli » (Heller, 1979, p. 172) lié au rôle de la ménagère et à l'exécution des responsabilités familiales. « Ah ! non nous n'étions pas riches ! mais quelles odeurs ! quel amour du travail bien fait et quelle fierté de le perpétuer ! » (lettre nº 4). Le repassage bien fait s'intègre dans l'action de tout le groupe familial pour maintenir sa position et afficher le droit à la respectabilité qu'il a ainsi conquis. Action qui passe par la reconstitution de l'ordre domestique continuellement guetté par le chaos. Travail sur la matière qui parallèlement constitue le groupe familial lui-même, présent dans l'imaginaire pendant que les mains s'affairent. C'est ce qui explique que la contemplation de l'ordre réalisé dans le linge (symbolisé parfaitement par la pile alignée) produise une si profonde impression de satisfaction : car c'est l'ensemble de l'organisation domestique et la structuration du groupe familial qui se concentrent en cet instant dans ce linge lissé, plié, rangé. La satisfaction finale est une récompense de l'effort, voire une compensation après un agacement préparatoire et une pénibilité de l'action. Le contentement qui émane de la fierté, par contre, ne se structure pas en réaction : il est l'aboutissement logique de toute une organisation collective.

La nostalgie

D'autres formes de plaisir viennent, comme la fierté, des gestes qui trouvent un équilibre et une place pleine de signification dans les enchaînements. Il s'agit parfois de plaisirs associés, des soutiens qui ont pour but de rendre l'action agréable (la télévision ou la musique associées au repassage). Ou du bonheur que donne la mise en relation du geste avec le dévouement familial, l'amour pour les personnes. La cuisine est souvent citée ici. « La cuisine, surtout quand les enfants viennent, on la fait avec plaisir, on la fait pour la famille » (Raymonde). « La cuisine c'est agréable, c'est déjà l'envie de faire plaisir, c'est pour les autres que je fais la cuisine » (Christelle).

Le repassage de certains vêtements (surtout ceux des enfants) peut procurer de telles sensations. Avec un étonnant mélange du passé, du présent et du futur. Le présent et le futur : à partir du petit vêtement qui est en train d'être repassé, l'enfant est représenté dans une scène à venir. Mais surtout le passé : les gestes font resurgir des images lointaines, des bribes d'enfance, des fragments nostalgiques d'une mémoire familiale, d'où perle une émotion profonde, un plaisir douceâtre, vaguement triste mais voluptueux.

Madame B. garde les scènes (pourtant anciennes) très présentes à l'esprit, dans les moindres détails : « Il y avait de petites boutiques de lisseuses qui faisaient mon ravissement. On y voyait, pendus sur des cintres, des robes de mariées, de communiantes, de baptême, des petits bonnets aux fins tuyautés qui se repassaient avec un genre de fer à friser. On pouvait admirer la finesse des tissus, la délicatesse des broderies, l'aspect aérien de ces parures. C'était l'époque aussi de l'amidonnage. C'était une opération délicate : trop d'amidon rendait le linge comme du carton, pas assez et il était trop mou. Et puis il y avait les voilages qui étaient en coton et qui eux aussi pour se tenir étaient amidonnés. Frais posés sur les fenêtres, c'était très joli ! Mais gare au brouillard ou à l'humidité si fréquente en Gironde : les rideaux pendaient alors lamentablement. Enfin ils avaient été traités dans les règles de l'art : l'honneur était sauf. » La scène d'enfance prend souvent la forme d'un tableau sorti de son contexte mais complet, d'autant plus saillant que la différence avec les gestes d'aujourd'hui lui donne un piment d'exotisme. Cet éloignement ne doit cependant pas tromper : des valeurs toujours opérantes sont transmises par le fragment de mémoire familiale (Muxel, 1995). En particulier l'amour du linge, de ses matières et de ses objets, la discipline des gestes.

Madame T. se souvient de l'employée de maison espagnole, qui chauffait ses fers sur une potagère (grille où l'on déposait des braises) dégageant une chaleur intense dans la pièce : « Munie de chiffons de flanelle judicieusement pliés pour ne pas se brûler en prenant les fers, cette femme en choisissait un, l'approchait de sa joue pour apprécier la température, et pour faire son diagnostic, elle projetait un petit jet de salive sur la semelle du fer et, en fonction du bouillonnement obtenu, elle repassait ou remettait ses fers au feu. Auparavant elle essuyait son fer sur un carré de tissu épais, afin de nettoyer la semelle du fer et essayait en même temps sa force de glisse. Si elle estimait que le fer glissait mal, elle avait à portée de la main un petit morceau de bougie qu'elle passait rapidement sur la semelle chaude et essuyait très vite : c'était superbe, brillant, propre, et elle officiait alors. »

La tante de madame B. utilisait également le crachement. La précision et la grâce des gestes, ainsi que les odeurs, restent très présentes dans sa mémoire. Son récit la plonge dans « beaucoup de plaisir et de nostalgie ». Il ne se réfère pourtant pas uniquement au passé : cette mémoire forte explique en grande partie qu'elle se range aujourd'hui, comme sa tante hier, dans le camp de « celles qui adorent le repassage » : « Je me souviens dans mon enfance (j'ai soixante ans) reconnaître le repassage dans une maison à l'odeur. La vieille tante qui m'a élevée mettait sur sa cuisinière à charbon deux fers en fonte. Le dessus de la cuisinière était astiqué tous les jours à la toile émeri et il n'était pas question d'y trouver des traces de projection de graisse qui serait venue salir le fer. Elle mettait sur sa table une grosse couverture et par-dessus un vieux drap plié en quatre. À portée de main un bol avec de l'eau. Du bout des doigts trempés dans l'eau, elle aspergeait son linge afin de l'humidifier. Ce geste était très gracieux. Elle posait son fer sur un support en fonte émaillée qui avait la forme du socle du fer. C'était un objet très joli, la fonte faisait des arabesques et l'émail était d'un joli bleu. Et puis aussi il y avait un journal plié en quatre qui faisait en quelque sorte office de thermostat. [À cet instant du récit, elle se place dans l'action à travers l'emploi du pronom indéfini.] Pour savoir si le fer était assez chaud, on crachait sur la semelle. Si la salive adhérait au métal, ce n'était pas suffisant comme chaleur (c'était le "test du minimum"). Pour savoir si le fer n'était pas trop chaud, on le faisait passer sur le papier journal. Si celui-ci roussissait, il fallait attendre, sinon gare au linge qui risquait d'être brûlé. Et c'est cette odeur de papier roussi qui emplissait la maison. »

Le Soi et les choses

Les manipulations peuvent déclencher le petit cinéma merveilleux, douce nostalgie rêveuse : la tête se remplit de belles images. D'autres gestes procurent un plaisir différent, au contraire en la vidant. « J'aime bien faire le jardinage, parce que ça me vide complètement la tête » (Bernadette). Les mouvements du corps, l'unité profonde du Soi autour du geste, l'abandon de soi dans le geste, noient l'esprit agité, poseur de questions : la charge mentale diminue, jusqu'à la sérénité reposante. Chacun a sa façon d'utiliser certaines tâches ménagères dans ce but thérapeutique. Pour Raymonde, c'est grâce à la tondeuse à gazon : « Les pelouses, ah ça ! je prends un réel plaisir à tondre les pelouses, je me sens bien. »

Le plaisir de l'unification concrète autour du geste, de l'oubli du Soi pensant dans le corps en action, procède de cette communion intime, de la victoire contre les forces de la dissociation. De la communion entre les profondeurs intimes et les objets environnants : corps, esprit et choses, tout ne fait qu'un autour du geste, pivot de l'unité réalisée. Il est donc quelque peu artificiel de vouloir distinguer les différentes composantes de l'unité. Cet exercice de laboratoire est cependant utile pour détailler les variantes du plaisir, parfois plus centré sur les pensées, parfois sur le corps, parfois sur les choses. Célestine est d'abord une amoureuse des objets, peuple immobile qui l'entoure, chargé d'une histoire familière : « Le rangement ça fait remettre en main des objets qu'on aime, les palper. Un livre par exemple, on se souvient quand on l'a eu, on revoit des tas de choses, ça fait plaisir. » Leur vue, un regard même rapide, peut déjà procurer des émotions, mais les toucher déclenche des sensations plus fortes. Les objets ne sont pas en dehors du monde sensible : ils ont une vie émotionnelle très riche. Leur seule limite est de ne pouvoir commander : ils reçoivent quand l'individu donne, et redonnent ensuite quand l'individu reçoit. Célestine a longtemps donné, et du haut de ses 82 printemps, entourée de son trésor patiemment accumulé, il lui suffit aujourd'hui de toucher les objets pour recevoir beaucoup. Marie (épouse de David) se débat au contraire dans un univers ménager peuplé de puissances hostiles — Répulsion et Pénibilité — qui transforment les objets en autant d'ennemis qui la guettent. Elle est pourtant parvenue à s'accrocher à deux ou trois choses qui ont une tout autre saveur. Surtout les petits vêtements de Lisette. « On sent qu'elle est différente quand elle s'occupe de ça. Elle gère sans problèmes alors qu'ailleurs elle est bordélique. Et puis ça lui fait plaisir, elle a du goût pour ça. On le sent bien, elle aime, elle les touche, elle les caresse, tout ça » (David). L'amour des choses pousse à se dépasser dans le travail ménager, comme l'amour des personnes pousse à se dépasser dans le travail familial ; le don de soi est encore plus évident et concentré quand les choses elles-mêmes symbolisent les personnes aimées, le geste est au centre d'un ensemble parfaitement cohérent et fort.

Les objets cristallisent l'unité personnelle en symbolisant l'amour pour les personnes ; ils peuvent aussi cristalliser cette unité d'une façon plus égocentrique, en symbolisant l'amour pour soi : par exemple dans le repassage de ses propres vêtements. Mais dans la gamme des plaisirs que les choses donnent au Soi, l'unité n'est pas seule à compter : il y a également sa qualité intérieure, l'ordre, l'harmonie qui s'établit entre les repères incorporés et la place assignée aux objets dans la cosmogonie domestique. Célestine est très sensible à cette musique des choses, à la volupté du geste exact : « Le plaisir c'est aussi de bien les remettre à leur place, de voir qu'on les a bien mis comme on en avait l'intention. » Irénée analyse dans le détail l'emboîtement des ordres : « C'est surtout le côté mettre de l'ordre : c'est mettre de l'ordre dans sa vie, c'est mettre de l'ordre dans sa tête, en mettant de l'ordre chez soi. » Les différents systèmes d'ordre sont étroitement reliés, du plus vulgaire, le ménage ordinaire, jusqu'à l'équilibre de l'esprit. On comprend mieux que le dérangement des choses puisse provoquer de telles passions, qu'une poussière ait le pouvoir d'ébranler le bel édifice intellectuel de la pensée. Car tout se tient. Et quand tout se tient, il n'est aucun élément qui puisse être radicalement supérieur aux autres, se passer des autres ; la raison la plus haute doit savoir se faire humble devant la moindre poussière.

Rénata le sait bien qu'il est rare qu'une poussière parvienne à lui poser des questions : elle l'a remise à sa place avant qu'aucun trouble n'ait le temps de remonter à l'esprit. Son problème est justement qu'elle en fait trop, que son rythme est effréné, au point de mettre en difficulté la vie conjugale.

Elle aimerait pouvoir se calmer : « J'aimerais pouvoir ralentir, être moins sur les nerfs, même m'arrêter, prendre un livre, j'adorerais. » Le Soi idéal est donc en léger décalage avec l'organisation présente. Une activité fait cependant exception, et crée miraculeusement l'unité rêvée : le repassage. Les gestes sont plus lents, elle se détend, et éprouve enfin un véritable plaisir : « Je sens que je me calme, ça me fait du bien, c'est très agréable. » Pourquoi cette vertu thérapeutique du repassage ? Elle avance des raisons techniques : « C'est parce que c'est minutieux, on est obligé de faire attention. » Or d'autres femmes repassent comme Rénata fait le ménage, de façon presque brutale : la minutie est un argument commode, pour ne pas creuser davantage. Une raison plus profonde est qu'elle agit ainsi depuis son enfance, qu'elle n'a jamais changé, lointain héritage alors que les autres gestes ont été réinventés. « C'est ma mère qui m'a appris, c'est la seule chose qu'elle m'a appris à faire, elle m'a appris à faire très attention, c'est minutieux le repassage. » Le plaisir est fort, complexe, dû à l'unité réalisée autour du geste, à la détente du corps, à la communion avec le passé familial incorporé : « J'adore repasser, c'est idiot hein ! C'est parce que c'est minutieux. Ce qui est minutieux j'adore le faire, j'adore ! »

Avec Hugues, nous allons observer encore une autre variante de plaisir lié à la réassurance identitaire. Il a réussi à souder son unité autour d'une activité ménagère, îlot exceptionnel dans un océan de laisser-aller. Plus précisément, il s'agit d'un rituel d'installation : tous les soirs il prépare la table du petit déjeuner pour le lendemain, et programme la cafetière électrique. À travers ces gestes il se projette dans la scène du matin, goûtant déjà le plaisir qui sera le sien. C'est ainsi que peu à peu ce cérémonial du soir est devenu en lui-même très agréable, débordant la seule anticipation du plaisir. Hugues a beaucoup de mal à expliquer pourquoi : « C'est bizarre, ça s'est fait comme ça, c'est vraiment devenu un bon moment, je me force pas du tout, j'en ai envie, ça me fait plaisir. » Il y a à l'évidence dans ce plaisir la fierté d'être parvenu à vivre une activité ménagère aussi positivement, possible ébauche d'un mode d'organisation plus poussé. Grâce au plaisir, le geste inaugure peut-être un essai de construction et d'unification d'un nouveau Soi, une façon différente de vivre la maison. Le plaisir n'est pas seulement un aboutissement, le signe d'un équilibre trouvé ; il est parfois aussi à l'origine d'un changement des habitudes.

La sensualité

Il ne serait pas sérieux de conclure ce panorama des plaisirs sans évoquer les plus charnels, les plus sensuels. Les lettres deviennent ici de véritables poèmes, tout en restant informatives. Le repassage amoureux fait vibrer le corps : le regard, l'odorat, le toucher, et même l'ouïe, sont convoqués pour recueillir les émotions : « J'aime l'odeur du linge chaud, le contact du tissu lisse, le bruit même de la vapeur sortant du fer » (lettre n 15). L'odeur du linge repassé, intimement mélangée à des souvenirs mythifiés de l'enfance, est omniprésente. « Dans une maison où flotte le parfum du linge qu'on est en train de repasser, je sens la vie, comme pour l'odeur du café » (lettre n° 16). L'odeur est tellement associée aux gestes, et le plaisir à la satisfaction du travail bien fait, qu'elle peut sembler sourdre à la mesure de la qualité du travail : madame M. a l'impression que le linge devient « de plus en plus odorant à mesure qu'il perd ses faux-plis ». Lola est une amoureuse accomplie des gestes du repassage.

Très réceptive à tous les plaisirs sensuels : le toucher, la chaleur, même la vapeur. Et surtout les odeurs. Elle (qui a pourtant un problème technique d'odorat) vit dans un monde où les odeurs ont une grande importance, surtout les bonnes odeurs du linge. Il semble qu'elle en ressente plus que la moyenne des personnes, avec plus d'intensité. Plus de complexité aussi : quand elle parle de la vaisselle, elle est prête à tout pardonner au linge, même ses mauvaises odeurs. Mais quand elle est dans sa lessive, le plaisir futur de la bonne odeur nécessite au contraire qu'elle s'imprègne de négatif : « Le linge crad', c'est vraiment crad', c'est moche, ça pue, c'est affreux ! » Puis vient l'acte rédempteur : « Ça tourne, y a plein d'eau, ça sort : c'est propre, ça sent bon ; c'est super. J'aime bien le linge frais lavé qui sent l'assouplissant. » Suivi d'un cérémonial très particulier : l'étendage sur les radiateurs, toujours pour l'odeur, pour obtenir un maximum d'odeurs : « Ça sent bon, j'adore. Je mets à sécher sur les radiateurs : ça sent bon de partout dans l'appartement. » Enfin arrive le moment du plaisir suprême, le repassage, où elle chante et danse, en communion avec elle-même et son linge, ses piles, la bonne odeur. Fête des odeurs qui ne s'arrête pas là : le plaisir continue longtemps après. « Et à chaque fois que je prends un mouchoir, ça sent bon le linge repassé. Et quand je me mouche dedans, franchement je le sens. »

Très liée à l'odeur : la chaleur. Certaines lettres parlent d'une symbolique purificatrice (et de la fonction hygiénique) du repassage détruisant les microbes. Mais ce n'est pas cette chaleur qui est évoquée dans le plaisir. Ici elle est directe, personnelle, corporelle, concentrée dans le plaisir du toucher, le « contact agréable avec le linge chaud puis tiède » (lettre n° 10). La main qui se pose (si souvent) n'a que peu d'utilité fonctionnelle. « Je crois que tout d'abord, il y a cette chaleur qui émane du linge, chaleur que l'on essaie de s'accaparer en posant après le passage du fer la main à plat sur le tissu défroissé » (lettre n° 18). Pour madame G., elle est « génératrice de calme, de sérénité, d'apaisement ». Peut-être parce qu'elle « rappelle instinctivement celle du foyer où l'on est en sécurité, où il fait bon vivre » (lettre n° 10). Le plaisir du toucher, caresse du linge tiède et lisse (de nombreuses lettres déplorent l'abandon du terme ancien de « lissage » remplacé par l'inexpressif « repassage » quand ce n'est pas par le « pressage » : « On ne lisse plus avec amour, on presse avec diligence », (lettre n° 14), s'intègre dans un imaginaire des corps aimés caressés. « J'ai l'impression de déshabiller la famille » (lettre n° 11). Le vêtement est si proche de la peau, la caresse du linge si amoureuse, que le corps ne saurait être loin dans les pensées. « Il y a aussi ce moment privilégié où l'on peut toucher, caresser les vêtements portés par ceux que l'on aime comme si c'était réellement eux que l'on effleurait. Déplisser une chemise par exemple se fait presque comme une caresse sensuelle. On commence par le col, qui épouse si parfaitement le cou, les poignets, les manches puis le corps qui posé à plat laisse imaginer un buste bien large, sécurisant... Boutonner cette même chemise rappelle ce geste maternel, protecteur, que l'on avait oublié car très vite les enfants vous interdisent de les habiller. Repasser la layette d'un bébé que l'on prépare avant la naissance c'est visualiser ce petit être qui sera bientôt là. Et quand il est bien présent, repasser ces fins habits permet le prolongement de toutes les caresses » (lettre n° 18).

Généralement la sensation de plaisir est globale, ne distinguant pas le plus immédiat, le « plaisir charnel du linge propre » (lettre n° 4), de ce qui émane de la fierté du travail accompli, ou du lien familial, ou encore des souvenirs d'enfance. L'extrait qui suit peut donner l'impression d'une grande confusion, ces différents éléments étant mélangés au sein des mêmes phrases. Il est pourtant très significatif, car c'est justement ce mélange qui constitue le plus inexprimable et le plus profond du plaisir. « Plaisir charnel du linge propre, impeccablement rangé, parfumé, trié, odeurs d'enfance sans cesse renouvelées, gestes maternels répétés comme un souvenir d'hier, qui devient aujourd'hui et qui sera plus tard. Ah ! cette odeur, ce travail, ce beau, qu'ils saliront et que je recréerai indéfiniment » (lettre n° 4).

L'art ménager

La sensualité des odeurs ou du toucher résulte d'un accord profond avec le geste. Il en va de même pour l'art ménager. La construction des automatismes, l'évidence des injonctions, brisent les résistances du corps et permettent d'agir avec efficacité. À partir de cette base, certaines femmes sont capables d'atteindre un niveau supérieur, dégageant des sensations esthétiques : c'est l'art ménager.

Parler d'esthétique à propos du ménage peut surprendre. D'ailleurs, Irénée ne se sent pas très à l'aise au début pour avouer ses plaisirs secrets : « Si je dis que faire la poussière pour moi c'est une tâche noble, tout le monde va se marrer, pourtant pour moi c'est ça. » Elle est ravie de voir que nous la comprenons ; mise en confiance, elle se laisse alors à expliquer son art. Au départ est le plaisir, l'envie de faire, et de faire bien : « Le ménage c'est un sacrifice, mais c'est aussi un plaisir, ça c'est très clair. » Plaisir émanant de la fierté, plaisir sensuel des gestes. Mais aussi plaisir véritablement esthétique, travail sur la beauté. Quand la famille est partie, qu'elle est enfin seule face au ménage qui l'attend, ces premiers instants lui procurent d'emblée des sensations fortes, préludes à des jouissances attendues. Irénée prend son temps, elle déguste son plaisir. Elle s'assied ou marche tranquillement de pièce en pièce, balaie du regard le logement dans les moindres détails. Elle est alors très concentrée, à l'écoute de ce que vont lui dire les objets, car elle sait les entendre. Par le regard, qui est accroché : « C'est des choses qui me choquent. » Elle précise les impressions ressenties : « Ça ne va pas, ça rompt un équilibre. » Il ne s'agit pas ici de l'équilibre des choses qui ont une place et qui doivent y être remises. L'équilibre dont parle Irénée est esthétique : elle compose un tableau. Il est rare qu'elle fasse son travail comme la veille, qu'elle remette les choses à la même place, ses gestes ne sont jamais vraiment les mêmes. Elle s'imprègne des harmonies qu'elle sent pouvoir créer, malaxe mentalement ce qu'elle voit, se laisse porter par le jeu des formes et des couleurs qu'elle imagine. Il ne s'agit pas du simple changement d'un bibelot ou d'un meuble (bien qu'elle les déplace souvent) ; il ne s'agit pas seulement de décoration ou de compositions florales (qu'elle adore pourtant) : ce sont tous les gestes du ménage, y compris les plus humbles, qui sont vécus ainsi. Même la poussière : le plus modeste coup de chiffon fait renaître l'objet dans un autre tableau ; chaque jour est une création. Irénée est une artiste, une véritable artiste. Et elle parle avec des mots d'artiste : « Pour faire le ménage, il faut aimer ce qui est beau ; je suis très sensible à l'idée du beau. » Elle vient de terminer le rangement d'un placard : elle ne cesse d'aller contempler le spectacle : « Je le trouve infiniment beau ! » Le regard est essentiel pour Irénée. C'est grâce à lui qu'elle fait parler les choses, puis admire son œuvre. Mais le plaisir esthétique n'est pas seulement contemplatif, il est aussi dans l'action, au-delà de la sensualité du toucher : quand elle sent qu'elle travaille la matière dans le sens de la réalisation rêvée. Il est également en elle-même, dans son corps en mouvement, dans la grâce des gestes qui créent la beauté. Car elle travaille aussi l'esthétique de ses gestes, elle danse les gestes du ménage pour s'inscrire avec harmonie dans le tableau vivant en cours de création. Tout participe en effet du même ensemble. Les choses, qu'elles soient grandioses ou misérables, fleurs ou poussières, et l'artiste au travail, qui fait partie du chef-d'œuvre (avant de s'en retirer pour l'admirer). Irénée ne fait qu'un avec sa maison, elle ne fait qu'un avec la beauté qui sort de ses mains.

Irénée fait également des ménages en dehors de chez elle, n'hésitant pas à mettre la main à la pâte dans la micro-entreprise de nettoyage qu'elle dirige. Elle ne peut dans ce cadre approcher les sommets de l'art ménager qu'elle atteint chez elle. Elle continue malgré tout à agir en artiste, tant est forte sa capacité à sublimer les objets domestiques. Il lui arrive même de connaître des plaisirs notables, bien que différents de ceux qu'elle éprouve chez elle. Tout dépend des choses, de la façon dont elles lui parlent, de la façon dont les gens à qui elles sont leur ont parlé. Si elle sent l'existence d'un peu d'amour de leur part, si les objets ont été caressés, si leur place a été travaillée avec une esthétique qu'elle ressent, Irénée est prête à entrer en communion : « C'est un art, il faut savoir. Quand je fais du ménage chez des gens qui ont du goût, qui savent arranger leur maison, j'ai du plaisir. Alors que dans un endroit mochard, où les gens ont entassé n'importe comment, là c'est pas... » Là Irénée retrouve des automatismes minimum.

En théorie le plaisir ne se commande pas : il vient du plus profond de soi et n'est pas donné à tous ; il constitue une sorte d'état de grâce au-dessus de l'organisation de base. En vérité il se commande un peu, il s'utilise, se contrôle. Il s'utilise pour renforcer les injonctions défaillantes ; de la même manière que les autres soutiens à l'action. La sensualité du geste ou l'art ménager sont souvent produits par bribes au cœur de l'action la plus ordinaire, parfois même de la plus difficile, de la plus pénible. Arlette, qui se bat pied à pied pour que ses automatismes ne continuent pas à se défaire, vit certains instants avec la passion et le doigté d'une fée du logis. Lola, qui pendant 24 heures a senti monter l'agacement contre l'horrible corvée de vaisselle, n'est pas sans éprouver de fugitifs plaisirs mêlés à la pénibilité gluante : « L'eau bien chaude, ça c'est pas si désagréable, la bonne odeur du produit. » Le plaisir n'est pas réservé aux grands artistes, il est aussi un outil au quotidien, employé notamment quand l'automatisme s'affaiblit. Car toutes les sensations positives sont alors bonnes à prendre pour combattre les influences mauvaises, constituer un équilibre et permettre ainsi au geste de continuer.

Le plaisir également se contrôle. Il doit absolument être contrôlé, pour ne pas se développer exagérément. Cela est plus difficile à comprendre : pourquoi limiter le plaisir alors qu'il est un instrument de renforcement de l'action ? Parce que, à trop fortes doses, il devient contre-productif et déstabilisateur : l'économie des sensations est décidément un jeu très subtil. Le risque que fait courir le plaisir est de parasiter les automatismes et d'entraver leur bon fonctionnement. En développant une conscience du geste, toute positive qu'elle soit, il peut en effet perturber les enchaînements. Surtout s'il se prolonge, s'approfondit, s'il devient sensualité langoureuse ou art pour l'art hors de toute contrainte ; l'esthétique du geste et le goût exacerbé pour la contemplation peuvent faire sombrer dans l'inefficacité. David en est encore au début de son histoire ménagère, mal organisé bien qu'il ait en tête des idées d'ordre qui lui viennent de son enfance : « Je revois souvent des images comme ça, surtout celle de mon petit bureau, que je rangeais et rangeais sans fin. » Il garde de cette époque des réflexes intimes : prendre une chose et la ranger est un geste spontané qui lui procure du plaisir. « C'est une maniaquerie qui remonte à loin : j'aime bien ranger. Je prends le plaisir d'abord, le plaisir c'est de remettre les choses à leur place. Je perds du temps, c'est à cause de cela. » La perte de temps ne se manifeste pas seulement par une lenteur dans les gestes. L'esthétique mélangée au plaisir de la rêverie peut en effet le conduire à manipuler sans suite logique, à perdre les enchaînements de l'action, à faire n'importe quoi. Constatant qu'il n'a pas avancé, arrive alors un moment où les sensations se retournent : il est agacé par son manque d'efficacité et arrête aussitôt son rangement. David est bien décidé aujourd'hui à contrôler ces débordements : pour éviter de devenir négatif, le plaisir doit savoir rester discret et ne pas déborder. La nécessité de le contrôler explique la façon de s'exprimer à son propos, marquée par des sourdines systématiquement ajoutées au terme : « Un plaisir, c'est peut-être quand même un grand mot : c'est pas vraiment un plaisir, c'est pas désagréable quoi » (Francine). Il ne faut pas trop avouer le plaisir, comme il ne faut pas trop s'y laisser aller, ne pas se laisser prendre par lui : il doit rester contenu, sans passions excessives, raisonnable et raisonné.

Le contrôle doit même tenter d'être plus précis, l'idéal étant de définir la dose exacte du plaisir nécessaire pour élaborer de bons rythmes : un peu permet de positiver l'action autour du geste et de renforcer l'élan alors que trop risque de la ralentir. Chacun compose son dosage entre plaisir et efficacité de façon personnelle. Pour Yolande, plus attirée par l'efficacité, « les travaux ménagers, il faut que ce soit vite fait, mais sans trop prendre son temps, à rêvasser ou à se faire plaisir, le plus vite possible ». La pauvre Carole a choisi l'hypothèse inverse pour le repassage. Elle déteste les tâches ménagères. La seule à faire exception est le repassage, où elle éprouve même un véritable plaisir en phase terminale. Elle nous en a parlé longuement, décrivant dans le détail les étapes des sensations, démontrant combien les gestes étaient présents à son esprit. Pourtant ils sont rares, très rares. Elle est tellement surprise par l'existence de ce plaisir paradoxal qu'elle est tentée de classer le repassage à part, de le repousser à plus tard, de faire passer avant ce qui est le plus difficile, le plus pénible : « Je le garde pour la bonne bouche. » N'arrivant pas à faire les autres tâches, elle le garde si bien que cette activité, officiellement la plus agréable, est encore moins bien assurée que les autres. L'enquête a eu lieu au printemps : Carole n'avait pas encore repassé un gros tas de linge datant de l'été précédent. Elle allait, nous a-t-elle dit, le faire prochainement, avec près d'un an de retard ! Dans l'univers des sensations ménagères, toute logique est incertaine, le positif portant son contraire et inversement. Même le plaisir peut s'avérer néfaste.

XIII.

L'ÉCONOMIE DES SENSATIONS

À un pôle (dans les obscures profondeurs incorporées) agissent discrètement les automatismes, stockage de savoir relativement fermé. Au pôle opposé (sur les sommets lumineux de la pensée rationnelle) parade la conscience critique, dominatrice dès qu'elle parvient à s'imposer. Entre les deux se développe un vaste espace, sans doute quantitativement le plus important, où les actions et les pensées sont guidées par les sensations. Nous avons vu la pénibilité alourdir les gestes et conduire ainsi l'esprit à s'interroger. Nous avons vu les plaisirs (à condition qu'ils soient contrôlés) soutenir l'activité. Le monde des sensations n'est pas un monde à part, il n'est pas un monde d'importance mineure. Au contraire, il occupe une place centrale dans le dispositif de pensée et d'action. Il n'est pas non plus un monde régi par l'aléatoire : la sensation est un élément souple, mais qui s'intègre dans un mécanisme d'ensemble aussi précis qu'un mouvement d'horloge. La gamme des sensations est infinie, chacune jouant son rôle dans des enchaînements complexes où les plus désagréables se révèlent avoir une fonction positive. C'est ce que nous allons maintenant découvrir à propos d'une sensation essentielle dans le déclenchement de l'action : l'agacement.

L'agacement préparatoire

L'exécution des tâches suit un cycle des sensations. Quand une activité est mal vécue au moment où elle est faite, la mémoire enregistre cette association et la femme sait que l'attend un épisode difficile. Elle le sait bien sûr à l'instant où elle passe à l'action, mais aussi bien avant, par bribes de pensées. Ces bouffées de sensations négatives préparent l'action.

Lola qui danse avec son fer et s'énerve avec sa vaisselle pense rarement à ces deux tâches avant de s'y mettre : la première ne pose pas de problème particulier et la seconde est inscrite dans un rythme régulier. Il n'en va pas de même pour le nettoyage du sol : « Ah ! le sol ! le sol ! Ah c'est pas sans y penser ! C'est : ah merde ! faut que je le fasse ! faut que je le fasse ! Ah ça me prend la tête ! » Plusieurs fois par jour elle y pense, parfois très brièvement (un éclair dans la tête) ou dans une conscience floue, en pensant à autre chose, simple petite remarque en passant. Mais cette légèreté de la pensée ne l'empêche pas d'être obsédante et pénible. Si pénible qu'elle ne sait pas ce qui est le plus désagréable : faire les sols ou y penser si souvent. Les deux pénibilités ne sont pas de même nature. Dans l'action elle est corporelle : fatigue, douleur, lourdeur des mouvements. Dans la préparation de l'action elle est mentale : agacement, idées noires. Pourtant, quand elle en parle dans l'entretien les deux sont mélangées. Car elles ne font qu'un dans le processus d'ensemble.

Tout commence avec la vue de l'objet du drame :

le carrelage sale pour Lola, le tas de linge qui s'accumule pour Agnès ou Irénée. « Quand je vois le tas, c'est carrément des angoisses » (Irénée). Il suffit d'une fraction de seconde pour que l'image captée déclenche de fortes sensations. D'où de fréquentes tactiques de dissimulation des objets problématiques. C'est ainsi que le panier à linge se fait voyageur. Agnès ne cesse de le déplacer d'une pièce à l'autre : « Quand il m'énerve dans un coin je le soustrais à ma vue. » Mais le choc provoqué par sa découverte dans des endroits inattendus déclenche une émotion encore plus forte. Agacement à cause du travail qui reste à faire, de la pénibilité à venir. Mais agacement aussi contre elle-même, son manque de volonté et d'organisation, son incapacité à dominer la matière ménagère.

L'aversion contradictoire

Être agacé par soi-même présuppose qu'il y ait distance de soi à soi, double définition des repères de l'action. Le cas d'Arlette l'illustre : celle qui râle est l'Arlette pensante, qui se réfère à une norme idéale (le repassage tous les jours) ; celle qui agit (ou plutôt n'agit pas) est l'Arlette en chair et en os, qui (sans le dire trop fort) trouve qu'il est possible de reporter à plus tard. L'Arlette qui pense est donc agacée par le fait que l'Arlette en chair et en os refuse de lui obéir. Mais quand l'Arlette en chair et en os essaie de s'exécuter, elle s'affronte à l'autre pénibilité, physique, au poids des gestes. Les deux Soi sont donc confrontés chacun à une pénibilité particulière. Ces deux sensations négatives, produites par la double définition de l'action, sont par ailleurs directement reliées de façon contradictoire. Arlette déteste la saleté (norme idéale, proclamée par le Soi pensant), mais elle déteste aussi agir contre cette saleté (norme de l'instant, imposée par la réaction du corps). La norme de l'instant lui permet donc de laisser la saleté à sa place, ce qui va agacer à son tour le Soi pensant, et ainsi de suite. L'enquête a permis de recueillir de nombreuses phrases exprimant cette aversion contradictoire. Par exemple Francine : « C'est vrai que le repassage j'aime pas ça, mais c'est vrai qu'une jupe froissée j'aime pas ça non plus. » Avec généralement un passage à l'acte qui permet de se libérer du double agacement : « Ça m'est pénible de le faire, mais comme je ne supporte pas, alors je fais » (Rénata).

Quand il y a unité du Soi, stabilité des références, l'action est fondée sur la simple répétition : les automatismes peuvent développer leur force structurante. Quand il y a double définition reposant sur une aversion contradictoire, elle est fondée sur un déséquilibre permanent : les sensations jouent alors un rôle moteur. À l'intérieur d'un mécanisme complexe et précis répondant notamment à deux principes.

Primo : le rapport entre les deux aversions contraires détermine les formes de l'action. Quand l'aversion due à la norme idéale est dominante, l'action, bien que pénible, parvient à se dérouler. Plus l'écart est grand entre les deux sensations, plus les freins à l'action diminuent. C'est le cas de Rénata : elle n'aime pas trop faire. Mais détestant encore plus la saleté, son corps n'a pas la moindre hésitation. Quand la pénibilité physique est la plus importante, l'action au contraire est entravée. Ici à l'inverse, plus l'écart est grand, plus l'action devient problématique, voire impossible. C'est le drame de Carole : elle a beau se dire qu'il lui faudrait faire un effort, son corps refuse de lui obéir.

Secundo : la place prise par le mécanisme d'aversion contradictoire dans la régulation de l'action dépend de la distance entre les deux normes de référence. Si cette distance est peu importante, l'agacement préparatoire ne joue qu'un rôle marginal dans la détermination de l'action ; s'il est important, il devient central, les sensations se faisant envahissantes. Voilà pourquoi Lola s'énerve tellement après son carrelage. Alors qu'elle reste décontractée dans bien des domaines, elle ne peut s'empêcher de le laver à grandes eaux avec une maniaquerie pointilleuse (il lui faut plusieurs heures pour son petit logement) : tel est son modèle d'action. Même agacement pour Christelle, qui repasse tout bien qu'elle déteste le repassage : « Je sais bien que c'est idiot, je vais jusqu'à repasser mes chiffons. » L'incohérence dans les modèles d'action et les définitions hésitantes dualisent les références. Ce brouillage des repères implique des régulations fondées sur l'économie des sensations. S'il veut faire disparaître les agacements, le Soi est condamné à s'unifier. De la même manière dans le couple, l'écart entre les normes des deux partenaires provoque heurts et ressentiments (Kaufmann, 1992) : le groupe conjugal, comme le Soi, est condamné à s'unifier pour pacifier la vie quotidienne.

La montée de l'agacement

Dans le cycle de la pénibilité, l'agacement préparatoire à l'action suit un crescendo. Irrégulier, car les émotions apparaissent par bribes. Mais les séquences tendent à se rapprocher et à s'intensifier. Et débouchent sur une brusque exacerbation à l'approche de la décision, cette dernière étant souvent prise au paroxysme de l'émotion négative. Le mécanisme est le suivant. Les premiers agacements restent à un niveau abstrait de pensée : bien que désagréable, l'image ne déclenche aucune décision. Sa répétition pousse toutefois à tenter d'ébaucher un passage à l'acte. « Au bout de deux ou trois fois que j'ai changé mon panier de place, je sais que je peux pas continuer comme ça longtemps. Je sais bien que ça va pas tarder, qu'il faudra que j'attaque » (Agnès). Il s'agit souvent d'un simulacre qui ne trompe personne, ayant pour but de rétablir un équilibre intérieur : en secret il est clair que le corps n'est pas prêt à se mettre en mouvement. Cet épisode provoque néanmoins une mise en marche décisive du mécanisme. Car l'approche de l'action, toute simulée qu'elle soit, fait ressentir par anticipation la seconde pénibilité. « Au moment de s'y mettre, hein, c'est plus pareil, le courage s'envole, on avait oublié que c'était si dur, c'est comme une douche froide » (Arlette). La mémoire enregistre de façon plus concrète la difficulté de l'action. Conséquence logique : la future séquence d'agacement (à la vue de la tâche non encore réalisée) sera plus intense, car fondée sur une représentation plus aiguë de la corvée à venir. Partant d'un agacement plus fort, le mouvement poussant à l'action se renforcera donc à son tour, permettant de se rapprocher davantage de la décision. Et ainsi de suite, la montée de chaque pénibilité nourrissant l'autre, jusqu'à l'acte libérateur.

Les femmes prises dans ce mécanisme d'aversion contradictoire mettent généralement en place un système de contrôle pour éviter les excès de sensations négatives. Comme Constance : « Je repousse facilement, mais j'essaie pas trop, parce qu'après c'est encore plus pénible. » Heureusement, l'économie des sensations est rarement seule à intervenir : elle se combine à la rationalité et aux automatismes, qui diminuent la pression émotive. Prenons le cas du tas de linge en attente d'être repassé. Sa vue peut provoquer un agacement situé dans le mouvement crescendo de l'aversion contradictoire. Mais le tas augmentant en volume peut aussi servir d'indicateur et déclencher directement un passage à l'acte, après un bref et unique préambule émotif. Irénée associe les deux principes. Tant que le tas reste modeste, elle se laisse bercer par la triste valse des sensations pénibles : « J'y pense toujours à l'avance, et je retarde toujours le moment où je vais le faire. Je regarde la pile augmenter : Allez demain ! allez demain ! ah c'est atroce ! » Elle pourrait continuer longtemps ainsi, sans prendre de décision, si le tas n'augmentait pas de volume. Mais justement il augmente. Au-delà d'une certaine limite, tout change brusquement dans son modèle d'action : « Il y a un moment, je sais bien que c'est plus possible. » Elle est alors au pied du mur, contrainte à la décision. Qui parfois s'opère avec une facilité qui l'étonne : le niveau atteint par le tas a réactivé un automatisme.

Une telle méthode est moins facile à utiliser quand une activité est irrégulière, non portée par des habitudes. La décision est alors davantage subordonnée à l'économie des sensations. Depuis des mois, Bernadette trouve que ses placards sont « vraiment crad' ». Un indicateur s'est donc mis au rouge, mais qui ne signale qu'un niveau minimum, ne rendant pas obligatoire l'entrée en action. « Là il y a un truc que je recule depuis deux mois, c'est nettoyer les placards. Alors ça ! rien que de penser qu'il faut que je vide tout et que je m'y mette ! » Le reste est affaire d'agacement, de combat intérieur sous forme d'aversion contradictoire. Les indicateurs permettant de diminuer la pression de l'agacement préparatoire sont plus ou moins puissants. S'ils sont faibles (comme dans le cas présent), l'approche de la décision provoque inexorablement une montée des sensations pénibles. S'ils jouent un rôle plus important, les sensations se contentent d'enrober les automatismes, de préciser les ajustements.

Dans certains cas, le jeu des sensations semble ne déboucher sur rien : la double pénibilité est chronique, sans passage à l'acte. Le mécanisme est pourtant le même. La raison de cet échec étant que la pénibilité physique domine trop largement l'agacement, interdisant sa montée en puissance. Cet échec peut toutefois n'être que provisoire, simple étape dans un processus à long terme. L'invention d'un nouveau geste ménager commence d'ailleurs généralement de cette manière, par une séquence de sensations négatives. Au début est l'agacement naissant, pure sensation négative dont rien n'indique qu'elle aura une suite. Puis les premières tentatives d'action, si elles progressent, ont pour effet de gonfler l'agacement, et d'inciter au geste libérateur. Le processus peut ensuite se poursuivre avec l'installation d'habitudes, ayant pour effet de diminuer la pression émotive. L'économie des sensations n'aura alors joué un rôle dominant que dans la phase préparatoire à cette installation des habitudes.

Les tactiques de plaisir

Le monde des sensations est d'une richesse inouïe, dont il ne pouvait être rendu compte intégralement en ces quelques pages. Évitant de rentrer dans des détails trop complexes du mécanisme de l'aversion contradictoire, je me suis en outre limité à deux sensations négatives : l'agacement et la représentation de la pénibilité physique. Mais bien d'autres sensations peuvent y être associées, dans de multiples tactiques, ingénieuses et subtiles. Il n'est pas rare en particulier que diverses variétés de plaisir soient utilisées en complément, pour forcer la décision quand l'agacement ne suffit pas. C'est notamment ce qui advient avec les rituels d'installation, qui s'éclairent ici sous un nouveau jour.

Le moment précis de la décision (les tout premiers gestes, et encore plus les gestes annonçant les premiers gestes) est le plus délicat : soit il y a passage à l'acte libérateur, soit il y a échec et renvoi sur un agacement encore plus fort. C'est la montée de la sensation négative, à mesure de l'approche de l'action, qui provoque ce (nécessaire) renforcement de l'agacement. Le problème consiste donc à vaincre le plus tôt possible les résistances pour éviter d'interminables allers et retours pénibilité-agacement. Les rituels d'installation se situent justement à cet instant crucial. Par leurs aspects attrayants, ils neutralisent les forces négatives et permettent de s'introduire discrètement dans l'action. Une fois celle-ci commencée, la suite s'enchaîne beaucoup plus facilement.

Pour Raymonde, il suffit qu'elle parvienne à déplier sa table de repassage pour être sauvée : « Le plus dur, c'est de se décider, de se dire qu'il faut le faire. Quand la table est dépliée, j'y suis, ça y est. » L'impression est la même pour Yolande à propos du rangement : « Ça me coûte de m'y mettre, mais quand j'y suis, ça y est, on y va ! » Constance utilise une formule très juste (à propos du repassage) : elle a gagné quand elle est « dedans ». « Le plus pénible c'est de penser à le faire, une fois que tu es dedans, t'as pris la décision, y a plus qu'à suivre. » Christelle a mis au point une ruse élaborée, nécessitant qu'elle se mente un peu. Pour diminuer le poids désagréable des sensations préparatoires, elle annonce qu'elle ne repassera qu'une partie du tas. Et une fois parvenue à « lancer la machine » comme dit Raymonde, elle se joue à elle-même le rôle de celle qui soudainement ajoute à l'improviste un petit supplément : « Ce qui est pénible c'est de s'y mettre, mais une fois que j'y suis, je fais quelques bricoles en plus, des fois pas mal en fait, ça passe comme ça. » N'attendons pas qu'elle détaille davantage (elle en a sans doute déjà dit trop) : tout cela doit rester secret pour fonctionner.

Souvent les premiers gestes, qui avaient développé tant d'appréhension, se révèlent beaucoup moins pénibles que prévu. Nouveau mystère. Il est même assez fréquent qu'ils dégagent du plaisir alors qu'ils semblaient si douloureux que la décision ne parvenait pas à être prise. « Chaque fois je suis consternée de voir le tas de linge propre ne cesser d'augmenter, je peste et je cherche tous les moyens pour retarder cette corvée. Et pourtant, sans réellement me l'avouer, une sensation de plaisir, de bien-être m'envahit doucement mais suffisamment pour que j'en vienne à me demander pourquoi le repassage me procure autant de sensations » (lettre n° 18). Le mystère s'explique en fait aisément : l'aversion contradictoire avait artificiellement gonflé la représentation de la pénibilité ; et les sensations négatives ont leur compensation et leur récompense dans le plaisir de l'acte victorieux. Quand on sort du monde silencieux des automatismes, ou du monde froid de l'intellect, pour entrer dans celui des sensations, rien ne doit surprendre. Parce que ces dernières sont insaisissables et fluctuantes. Là où est la passion, le positif et le négatif les plus extrêmes peuvent s'entremêler.

Le « coup de nerf »

L'action par « coups de nerfs » est relativement proche de ce qui vient d'être décrit. La différence essentielle porte sur la préparation, qui n'utilise pas l'agacement. Comme pour l'aversion contradictoire, tout commence par le regard : des images vues (tas de linge, poussière sur un meuble) signalent que des limites ont été dépassées. Mais elles ne mettent pas le corps immédiatement en émoi, l'agacement ne suit pas un crescendo : en apparence, rien ne se passe jusqu'au moment décisif du « coup de nerf ». En réalité, les images ont été enregistrées, et ont mis le corps en situation de pré-alerte, mais dans la plus grande discrétion. Puis brusquement l'agacement explose et provoque le « coup de nerf ». « Ça me prend d'un coup » est l'expression qui revient le plus souvent pour désigner cet épisode.

Le fonctionnement du mécanisme de l'aversion contradictoire est plus facile à comprendre. Car il utilise des bribes de pensée consciente : bien que la base soit constituée par le jeu des deux sensations (agacement et pénibilité), la prise de décision opère, au moment décisif, à l'intérieur de petites fenêtres de réflexion rationnelle. Le « coup de nerf » utilise un autre type d'intelligence, moins consciente, qu'on pourrait appeler intelligence du corps. Paradoxalement, c'est pour cela que l'agacement doit être refoulé : car les sensations (que l'on a trop tendance à opposer à la raison) poussent à réfléchir. Ici il faut réussir à penser sans penser, enregistrer les indicateurs sans chercher à évaluer les modalités de l'action. Le corps sait faire cela quand il parvient à neutraliser la partie la plus consciente du cerveau (Kaufmann, 1995). Puis le moment venu, cette intelligence non consciente doit décider par elle-même, en évitant autant que possible d'avoir recours à la pensée : c'est le « coup de nerf ». À nouveau se vérifie ici l'étonnante justesse de nombreuses expressions populaires. Car ce sont bien les « nerfs » qui décident, un réseau cognitif sous-jacent au cerveau conscient.

L'expression est doublement juste. La caractéristique de l'action déclenchée par un « coup de nerf » est en effet de se dérouler du début à la fin sous le signe de la nervosité. L'action qui s'inscrit dans un automatisme se laisse porter par un rythme, celle qui fait suite à un agacement préparatoire peut trouver une certaine sérénité suite à la disparition de la pression émotive. Mais la nervosité du coup de nerf ne peut s'arrêter. La tête ne se vide pas pendant le travail : elle entretient la mobilisation du corps, jusqu'à la disparition du motif du stress. Arlette ne parvient à faire le ménage que de cette manière : en déclarant la guerre, en se déclarant la guerre. « Le ménage, moi c'est pas du genre : faire avec le sourire. Je fais ça énervée, je m'énerve à le faire, j'ai l'impression qu'à chaque fois j'ai une montée de stress. » L'intensité et la durée de l'action sont en relation directe avec la qualité du coup de nerf initial : « Si j'arrive à rentrer dans un rythme d'urgence, c'est là que je vais faire le plus de choses, que j'arriverai à ne pas m'arrêter. Par contre si c'est trop cool, je vais rien faire ; ça dépend du rythme que j'ai réussi à prendre » (Arlette).

La méthode repose sur un état corporel particulier et sur la capacité à le créer. Le déclencheur est le coup de nerf, se transformant ensuite en stress relançant l'action. Mais cette nervosité est inopérante si elle ne s'appuie pas sur une autre disposition du corps : la forme physique et l'allant, qui résultent certes du coup de nerf, mais ne peuvent y être réduits. L'économie des sensations internes doit en effet aller jusqu'à la perception de la forme physique pour que se développe le potentiel d'action. Ce qui est très bien traduit par une nouvelle expression : « avoir la pêche ». C'est encore Arlette qui parle : « Il y a quelques petits trucs rituels mais sans ça il faut vraiment que j'aie la pêche, pour faire mon ménage il faut que j'aie la pêche. Le grand ménage, c'est par crises, quand il fait beau et que j'ai la pêche. Si je me sens fatiguée, j'arrive pas à prendre le coup de nerf. » Le corps ne se contente pas de répondre à des stimulations externes. Au contraire, il y a un important travail sur soi, invisible car implicite, machinerie clandestine réunissant les conditions de l'explosion d'énergie positive. « Quand un gros courage me vient, je frappe un grand coup ! » (lettre n° 17). Le gros courage n'arrive cependant pas par hasard : il résulte d'une longue et discrète préparation.

L'envie

Il existe un mode résolument positif de percevoir la sensation qui pousse soudainement à l'action : l'« envie » de faire. Le corps est irrésistiblement emporté comme dans le coup de nerf. Cependant, la force intérieure qui crée l'élan n'est pas l'agacement ou la nervosité (sensations plutôt négatives) mais l'envie, proche du plaisir. La base de l'action n'est pas la répulsion (pour le désordre) mais l'attirance (pour l'ordre).

En théorie. Car l'envie n'est pas aussi répandue dans la réalité que ne le laisse penser le discours : derrière le mot, omniprésent dans les entretiens, il y a souvent bien peu d'attirance et beaucoup d'agacement. Non pas tant que l'on cherche à mentir à l'enquêteur, mais parce qu'il faut se mentir un peu à soi-même. En faisant glisser les sensations vers le positif, on construit en effet les conditions d'une action vécue de façon moins désagréable. Et plus efficace, car plus facile à déclencher, sans qu'il y ait besoin d'augmenter exagérément le stress. En employant la terminologie de l'envie, même quand celle-ci est en vérité bien pâle, on opère discrètement un petit pas dans le *no man's land* allant du coup de nerf à l'envie. « Je ne me dis pas : je vais le faire à tel ou tel moment : je le fais quand j'ai envie », dit Christelle, qui n'a pourtant pas vraiment « envie ». Comme Patricia : « Le ménage, c'est pas automatique, je le fais quand j'ai envie, quand ça me prend. » Elle met sur un même plan « quand j'ai envie » et « quand ça me prend », alors que ces deux modalités s'inscrivent en fait dans des mécanismes très différents. Mais le mot est une façon habile d'installer une mise en scène de l'action pouvant ouvrir à une évolution favorable. Tactique d'autant plus réaliste que ce type d'évolution est fréquent : du coup de nerf à la véritable envie, la frontière est insensible et fluctuante. L'envie commence la plupart du temps à se construire en réaction, à partir de formes négatives. Constance par exemple n'aime pas trop le repassage, et est tentée de le repousser au lendemain : « Le repassage, si on n'a pas envie de le faire, ça c'est facile de le repousser au lendemain. » Le terme d'« envie » pourrait apparaître ici à première vue comme un simple tour de langage, une manière d'habiller en positif un vulgaire coup de nerf. Mais c'est avec sincérité que Constance juge la réaction de son corps en termes d'envie. Même si le déclencheur a été un coup de nerf, elle ne peut se mettre à l'action si elle ne ressent pas une disposition positive : le coup de nerf a effectivement été relié à une envie. Francine exprime bien cette alchimie intérieure des sensations : « Oui ça varie, il y a des humeurs. » À force de coups de nerf, on finit par découvrir l'envie. Hélas, cette dernière est incertaine, et elle disparaît parfois, obligeant à nouveau à s'énerver.

L'alchimie des sensations

L'alchimie des sensations est rarement seule à intervenir dans la prise de décision : elle est associée à d'autres facteurs (les sensations sont elles-mêmes dépendantes de l'observation discrète des indicateurs). Francine avait d'ailleurs ajouté une phrase à son aphorisme sur les humeurs : « Oui ça varie, il y a des humeurs. Ça dépend aussi du temps qu'il fait, tout ça. » Pourtant dans certains cas elle est tout à fait centrale : la pulsion vient de l'intériorité profonde de l'individu. Il peut même arriver que l'action ménagère soit utilisée pour traiter un problème psychique, reconstruire un équilibre des « humeurs ». Yann par exemple pratique indistinctement dans ce but le jogging ou le ménage : « Si ça va pas très bien à l'intérieur, je vais faire du ménage, faut dégager les impuretés, et je me dis : ça sera toujours ça de pris. Ou bien je vais aller courir, c'est la même chose. » En fait ce n'est pas exactement la même chose : il a quand même une préférence pour le jogging. Mais s'il choisit le ménage, « ça sera toujours ça de pris » : il en profitera pour effectuer ce qui dans d'autres conditions aurait été une corvée. Tactique habile dont il n'est pas peu fier. L'usage de l'économie des sensations suit ici un principe dialectique que nous avons plusieurs fois relevé : s'appuyer sur une sensation négative (un trouble intérieur) pour lancer une action (et faire disparaître le trouble). Patricia pourrait aussi utiliser ce principe. La semaine en effet, elle est très agacée par son incapacité à agir, ce qui lui rend pénible le peu de travaux ménagers qu'elle accomplit alors qu'elle a du temps libre. Il serait possible d'imaginer qu'elle fasse monter cet agacement pour déclencher le passage à l'acte, ou qu'elle se mette en condition pour ressentir un soudain coup de nerf. Mais point de coup de nerf, bien peu de passages à l'acte, une lourdeur et une paresse du corps lancinantes. Car l'économie des sensations ne se conduit pas aisément. Le week-end, tout change. Son mari arrive de déplacement, elle se sent entourée, soutenue dans son rôle de ménagère : miraculeusement, l'« envie » monte en elle. Une véritable envie, cohérente avec l'action qui suit. Action qui lui « fait du bien », la calme, la rassure, chasse les idées noires. Alors que dans la semaine l'action était impossible, que le désordre des choses provoquait le désordre des idées, le week-end, l'action devenue possible lui permet de remettre ses idées en place. Le ménage rétablit un équilibre intérieur. Ce qui explique qu'elle l'effectue contre toute rationalité apparente : au moment où elle a le moins de temps et où son mari souhaiterait qu'elle soit disponible. Le monde des sensations a ses raisons que la raison ignore.

Quatrième partie

QUE RESTE-T-IL DU SUJET RATIONNEL ?

La danse ménagère emporte les individus dans ses rythmes. Pris dans le mouvement, ils tentent d'organiser leur existence à leur idée, malaxant le quotidien pour intervenir sur le cours des choses. Nous n'avons guère eu l'occasion de les observer dans des rôles de grands stratèges. Nous les avons plutôt vus se reposer sur leurs habitudes, aveugler au besoin leur conscience critique pour reconstituer ces dernières, se laisser aller au jeu des sensations, s'adonner sans retenue aux agacements et aux plaisirs. Faut-il en conclure que l'individu rationnel ne serait qu'un leurre, une illusion (nécessaire) de la modernité ?

XIV.

LA RATIONALITÉ DIFFUSE

La réponse n'est pas simple. Si un tel individu est censé évaluer son mode de fonctionnement à chaque instant et le soumettre à la question dans les moindres détails, alors oui, la rationalité est une illusion dans la vie quotidienne. Mais si la vision se fait plus réaliste, si l'individu, tout imbu qu'il soit de sa grandeur, accepte de s'avouer qu'il n'intervient que rarement ainsi, si l'on parvient enfin à dire que la rationalité n'est pas ce que l'on dit d'elle, alors la réponse peut être différente. Car bien que peu présentable, désarticulée, multiforme, sournoise, bien que quantitativement peu importante et ballottée par les habitudes et les sensations, la pensée de type rationnel joue à certaines occasions un rôle décisif. L'étrange est qu'il faille considérer sa condition misérable pour dégager son fonctionnement concret et révéler ainsi sa puissance (toute autre attitude ne revient qu'à créer l'illusion et brasser du vent théorique).

C'est le chemin que nous allons suivre. Étant donné que les représentations dominantes sont éblouies par l'illusion, une déconstruction préalable est inévitable, une mise au jour de la misère apparente des formes de la rationalité. Il ne faudrait pas en déduire des jugements hâtifs, conclure trop rapidement que la rationalité n'est en fait que bien peu de chose. Il s'agit simplement dans un premier temps de déceler ses rouages concrets.

Les questions que nous allons évoquer sont complexes et âprement débattues en sciences sociales. Cette dernière partie a donc un contenu plus théorique ; je m'en excuse auprès des lecteurs qui se sentiraient moins à l'aise dans ce paysage conceptuel.

Les sciences sociales et la rationalité

Mes trois catégories de l'action (habitudes, sensations, rationalité) ont un air de famille avec les types wébériens. Max Weber (1971, p. 22) distingue en effet l'action « traditionnelle » (« habitude invétérée », « réaction opaque à des excitations habituelles »), l'action « affective » (déterminée « par des affects et des sentiments ») et l'action rationnelle (elle-même divisée en deux types). La familiarité est cependant limitée : Weber s'intéresse surtout à la rationalité ; les deux premiers types ont pour lui une fonction de faire-valoir. Au contraire, pour Jean-Claude Passeron (1995, p. 62), la prise en compte des éléments non logiques de l'action constitue « le noyau spécifique de toute sociologie ». Avec lui je pense que la sociologie trouve effectivement son domaine de prédilection dans l'épaisseur de l'implicite.

Les investigations empiriques tendent d'ailleurs de plus en plus à le fouiller, sentant qu'il regorge de découvertes possibles. Mais lorsque le chercheur enfile les vêtements du théoricien, il est mystérieusement frappé par l'illusion et oublie les profondeurs du non-conscient et du faiblement conscient. Alors qu'il faudrait développer « une économie pratique de la conscience et de la réflexivité, variable selon les situations » (Corcuff, 1996, p. 33). Ceux qui ont tenté de dénoncer la représentation de la rationalité omnipotente, soit ont versé dans un déterminisme radical, soit, comme Herbert Simon en économie, n'ont pu avancer que lentement et péniblement, dans un univers hostile. En contournant les articulations fines du concret, le débat théorique se perd dans les sables de l'irréalité. « À comparer l'incroyable masse de travaux inspirés par l'hypothèse de rationalité avec la faiblesse des résultats obtenus et escomptables, il est difficile de ne pas conclure que quelque chose ne va pas dans le royaume des sciences humaines et sociales » (Caillé, 1995, pp. 196-197).

L'explication du mystère est donnée par Jon Elster (1995, p. 140) : les théories du choix rationnel « correspondent à l'image que se font d'eux-mêmes les agents sociaux », la représentation savante se fonde sur la représentation du sens commun. Il s'agit d'une des idées les plus essentielles à la construction de soi, des plus sacrées dans la vie ordinaire : celle qui nous définit comme des êtres pensants, capables de gérer leur existence, maîtrisant le monde qui les entoure. Renoncer à l'hypothèse de la rationalité, ne serait-ce pas un peu renoncer à se considérer comme de vrais hommes ? Tout pousse donc à refuser de voir ces abîmes supposés infra-humains.

Or l'hypothèse est fausse d'un point de vue concret, ce livre le prouve : les acteurs n'agissent pas ainsi. Pourtant, rétorquera-t-on, des sciences fondées sur elle, telle l'économie mathématique, ont produit des modèles qui se sont révélés efficaces. Nouveau mystère ! Pour le percer, il faut s'armer d'un esprit dialectique. L'individu qui, concrètement, peut être observé comme développant peu de comportements raisonnés au cas par cas, s'inscrit en effet dans des mouvances globales tendant (plus ou moins explicitement) à la rationalité (grâce notamment au savoir mémorisé dans les habitudes) : la rationalité qui est presque introuvable dans le concret existe dans le modèle d'action. « Si exceptionnel que soit le recours à la lucidité, il est décisif » (Leroi-Gourhan, 1965, p. 29). Il suffit d'un grain de raison pour orienter l'action dans un sens repérable dans des moyennes statistiques, même si la nébuleuse des pensées vraiment pensées a, dans le vif du sujet, une allure peu présentable, que les calculs et autres idées froides semblent noyés dans un océan d'automatismes et de sensations. Ici, plutôt que les modèles d'action, c'est cette nébuleuse misérable en elle-même qui nous intéresse.

Les épisodes de l'histoire

Si l'acteur est un individu rationnel, il doit logiquement maîtriser ses choix et développer des stratégies : les stratégies d'action constituent un bon point de départ pour étudier le fonctionnement concret de la rationalité. Il est banal de parler de stratégies dans la vie ordinaire : chacun regarde chacun comme s'il était un Napoléon du quotidien. La réalité est plus proche du Fabrice de Stendhal : nous traversons les guerres ménagères sans vue d'ensemble et sans vrais plans de bataille.

Il conviendrait plutôt de parler d'histoires à épisodes, que nous vivons en tournant les pages de l'existence, que nous lisons plus que nous les écrivons : nous sommes portés par des événements qui s'imposent et se succèdent. Événements sur lesquels nous cherchons à intervenir, mais au cas par cas, après coup. La mise en place de l'organisation domestique dans le cycle de vie suit parfaitement ce monde circonstanciel. Bien qu'ayant deux ou trois idées, David n'a pas imaginé un véritable plan d'avenir : « Ça a été intuitif, on n'a pas vraiment réfléchi. » L'adaptation aux circonstances est sur toutes les lèvres. « Ça s'est modifié en fonction des circonstances, on a adapté, à chaque fois on a adapté » (Yolande). La réflexion se développe surtout à propos de régulations partielles, sur des questions qui n'ont pas été choisies : seule reste libre la réponse à donner. Le problème est le problème du jour. « Chaque chose en son temps, faut pas chercher à anticiper trop les problèmes. » Marie-Alix est pourtant très organisée, beaucoup plus que la moyenne : analysant les situations, pesant le pour et le contre, imaginant des scénarios. Mais elle reconnaît que cette volonté d'intervention ne parvient pas à atteindre un niveau véritablement stratégique. Parce que le quotidien pèse trop lourd, que les idées ne prennent leur envol que libérées de ce poids, dans la rêverie. Il y a ainsi des moments où elle « rêve d'une super maison avec des fleurs partout et de la déco ». Les images sont précises : elle entrevoit concrètement ce qu'elle pourrait faire : « Il y a des fois on le dit : on pourrait peut-être faire comme ça. » Mais les paroles et les rêves se noient dans le flot qui emporte, ou se brisent contre les montagnes du concret : « Et puis bof... même pour changer les meubles, on n'a pas le temps de se creuser la tête, alors... » Marie-Alix se bat pourtant de toutes ses forces, elle voudrait vraiment pouvoir dessiner davantage l'avenir du possible. Hélas, l'ennemi est partout : la bousculade, la fatigue, la pesanteur des choses. Et son mari, qui aspire encore plus qu'elle à la simplicité de l'instant, qui souhaiterait se lover dans l'univers domestique comme dans un ventre maternel, sans avoir le moindre effort à produire, sans avoir à penser. « C'est moi qui mets ça sur le tapis en lui disant : attention c'est pas la même vie qu'on aura. C'est donc moi qui lui soumets des scénarios. » Réagir à des scénarios déjà élaborés est encore trop lui demander : il refuse cette charge intellectuelle. Que sa femme s'engage dans ce combat si elle y tient, il aspire quant à lui à la paix ménagère : « Il ne voit pas l'intérêt d'en discuter, il me dit : tu fais ce que tu veux. Ou bien c'est qu'il a pas envie de s'embêter avec ça, ou bien c'est que... heu... je sais pas... je crois qu'il a pas trop envie de s'embêter avec ça. »

Des événements arrivent qui troublent les habitudes : il suffit de savoir réagir, d'imaginer de nouveaux équilibres. C'est ainsi que la vie avance, par étapes. Telle est également la perception dominante : les personnes interrogées reconnaissent les limites de leurs stratégies dès que les entretiens s'enfoncent dans le concret (Coupée, 1994). La vie est comme une histoire qui nous berce et nous raconte. La page tournée, le décor change, l'intrigue progresse : nous traversons des épisodes scandés par le cycle de vie. Cette vision évolutive se renforce après la naissance des enfants. « Avec les enfants, tu franchis très vite un pas dans l'organisation. Parce que sinon, tu es très vite débordé, dépassé » (Hugues). Il n'y a pas d'autre solution : il faut avancer, et l'on se retrouve à chaque pas dans une séquence de vie nouvelle. En traversant des contextes de socialisation qui se succèdent, l'enfant induit des changements dans l'organisation domestique, des types de décision nouveaux, une manière d'être de la famille inconnue jusqu'alors. « Au fur et à mesure qu'il y a eu les enfants et qu'ils ont grandi, on a été obligé de faire en fonction d'eux aussi » (Patricia). Comme dans un feuilleton dont la trame serait écrite (tout en laissant assez libres les acteurs). Puis viennent d'autres épisodes : l'insertion professionnelle des enfants, le nid vide, le passage à la retraite, la découverte du « troisième âge ». Enfin un lent déclin de l'autonomie, évolution négative encore vécue sous forme d'étapes, avec à chaque fois un monde nouveau, des institutions, des manières d'être spécifiques.

Les stratégies faibles

Il faut se méfier de l'eau qui dort : les phénomènes d'apparence fragile dissimulent parfois une force secrète. Ainsi Marc Granovetter (1973) a montré que les liens sociaux dits « faibles » sont en fait très efficaces. Il en va de même des stratégies. L'analyse de leur fonctionnement concret révèle une consternante pauvreté, bien éloignée de l'image de nous-mêmes que nous tentons de nous donner : comme pour les liens sociaux, cette indigence apparente n'interdit pas une puissance diffuse. Tout ne pouvant être étudié à la fois, je parlerai cependant davantage ici de la pauvreté (des formes) que de la richesse (cachée).

L'individu est emporté comme fétu de paille par le flot des événements quotidiens. Il s'accroche à ses habitudes pour suivre le cours de sa vie, il ne peut aller contre le courant. Il se laisse guider par ses sensations quand des ajustements et des choix sont inévitables, prenant parfois le temps de réfléchir à quelques mouvements plus audacieux. Souvent il rêve ; à d'autres trajets, d'autres fleuves, une vie différente. Il arrive que des bouts de rêve s'infiltrent dans les manœuvres ordinaires, ou que des bifurcations poussent à rêver intensément et concrètement pour imaginer des suites au voyage. Alors les stratégies parviennent à dominer les événements.

Cette (piètre) parabole fluviale donne une idée de la façon dont les stratégies se forment. Je dégage trois modalités principales.

La première est en partie une tricherie, une astuce pour se dire stratège. Elle consiste à réécrire après coup l'histoire, en inventant des projets et des décisions là où il y avait surtout la force du courant. Elle n'est toutefois pas sans effets. Car en explicitant l'histoire, elle clarifie les repères et donne des guides pour l'avenir : en se parant des atours du stratège on le devient un peu.

La deuxième émerge dans les manœuvres quotidiennes. Les gestes sont traversés par « un état de conscience crépusculaire » et s'organisent « dans une pénombre psychique dont le sujet ne sort qu'en cas d'imprévu dans le déroulement des séquences » (Leroi-Gourhan, 1965, p. 20 et p. 29). Il est capable d'opérer des combinaisons plus offensives. Mais la planification de l'existence se construit surtout de façon « opportuniste », en exploitant « des occasions qui se présentent au cours de l'action », notamment sous forme de « micro-plans » (Conein, Jacopin, 1993, pp. 69-70). Dont une forme caractéristique est représentée par les pense-bêtes, listes de commissions et autres notes sur le calendrier (Lahire, 1996). La réflexion de type stratégique opère alors par brèves séquences, en rupture avec le fonctionnement ordinaire (Desjeux *et alii,* 1996). Ici peuvent s'ouvrir de véritables fenêtres de calcul, qui sont pour beaucoup dans la propagation de l'illusion : autour d'un achat ou d'un projet quelconque, l'homme ordinaire va devenir le contraire de ce qu'il est habituellement ; critique, sceptique, analytique. Il amasse de la documentation, compare, évalue, étudie les qualités et les prix avec une compétence digne d'un scientifique. Ces fenêtres de calcul sont toutefois étroitement fixées à des produits et projets précis ; plus la délimitation est stricte, plus l'attitude calculatrice et consumériste peut se développer.

La troisième enfin prend la forme d'une pensée parallèle. Le point de départ est le rêve éveillé : les imageries qui passent par la tête. Ce petit cinéma secret est plus important qu'il n'y paraît. L'image ne se réduit pas à un monde de signes (au contraire du projet) ; elle est plus souple et plus dense, espace ouvert qui enveloppe tout en invitant à y flâner (Tisseron, 1996). À travers les scènes gratuites, fantasmées pour se faire plaisir, défilent une infinité d'hypothèses de vie alternative. Les plus folles sont oubliées ou demeurent dans les brumes oniriques. Celles qui s'avèrent susceptibles de croiser le chemin de la vie réelle peuvent au contraire, plus ou moins laborieusement, s'engager dans la voie qui mène du rêve au projet. Souvent elles s'arrêtent longuement dans l'entre-deux, mi-rêves mi-projets, comme si elles attendaient leur heure pour devenir un véritable plan d'action. Quand ce saut qualitatif a lieu, la genèse floue est vite oubliée, les rêves sont rejetés dans l'ombre : le projet, durci dans ses formes et séparé du contexte, est mis sous les projecteurs. C'est ainsi qu'il devient abusivement la pure œuvre intellectuelle d'*Homo cogitans,* et que ce dernier parvient à se présenter comme maîtrisant rationnellement l'ensemble de son existence. Alors que la rationalisation n'a porté que sur les modalités finales et qu'elle a opéré grâce à la séparation avec l'ordinaire des comportements. Les actions à portée moyenne ayant un objet délimité et spécifique sont celles qui se prêtent le mieux à cette machination : achat d'une maison ou d'une automobile, voyage lointain, choix d'une école pour les enfants. Les trop petites ne méritent pas les efforts nécessaires pour créer l'illusion et sont reléguées dans les manœuvres quotidiennes ; les trop grandes exigeraient trop d'efforts et entrent plutôt dans la catégorie des reconstructions *a posteriori*.

La pensée parallèle, mi-rêves mi-projets, est beaucoup plus riche et composite que les quelques rationalisations grandioses qui pavanent à l'avant-scène. Tout s'y mélange dans un joyeux désordre : les purs fantasmes, les scénarios fous ou crédibles,

les projets durs ; les divagations et les calculs ; les grands thèmes existentiels et les détails minuscules. Il n'est pas rare toutefois que les scènes entrevues dans la plus grande confusion reviennent de façon récurrente, articulées à d'autres imageries, s'offrant à une nouvelle évaluation, tentant derechef une confrontation avec le concret. C'est généralement sous cette forme que les noyaux rationnels de la pensée critique sont réactivés. Ils apparaissent en double de l'action en cours, la commentent de façon acerbe ou dubitative, s'en agacent. Plus l'agacement augmente, plus la pensée parallèle hausse le ton et monte à la surface de la conscience. Il ne lui suffit pas malheureusement d'y arriver pour s'imposer : elle doit parvenir à déstabiliser les habitudes. Tant que ce résultat n'est pas atteint, la vision critique s'ouvre périodiquement sans que rien ne change : elle n'a pas d'effets.

Voici, à titre d'illustration, l'histoire de Marc et de sa table à langer. Le meuble fut installé dans la salle de bains : il y faisait chaud, bébé y était lavé, cela semblait commode. Il ne se souvient plus des circonstances de la décision : sans doute dans l'urgence, sans trop avoir pesé le pour et le contre. Or depuis quelque temps, le contre justement lui devient de plus en plus évident : leur organisation n'est pas rationnelle. Tous les vêtements ainsi que la plupart des accessoires et produits sont rangés dans la chambre de bébé : il faut sans cesse faire des allers-retours en le laissant dangereusement seul sur la table. À chaque fois Marc s'emporte contre son inefficacité et son irrésolution : bientôt il faudra changer, réorganiser les espaces. Pourtant, quelques minutes plus tard, l'agacement a été oublié et la vie a repris son cours. La scène se répète plusieurs fois par jour depuis environ trois mois ; Marc est coupé en deux. Son corps, imperturbable, continue à agir comme au premier jour ; sa tête, à intervalle régulier, s'emporte contre son manque d'intelligence et de volonté. Si rien ne change en apparence, une évolution invisible a cependant lieu : lentement la pensée critique gagne du terrain. Il en est même arrivé au stade où des projets précis de réaménagement ont été dessinés. Mais pour le moment les habitudes restent encore les plus fortes ; les projets les plus raisonnables doivent composer avec le poids du quotidien.

La faiblesse apparente des stratégies ne signifie pas que des choix ne soient pas opérés. Les manœuvres du quotidien conduisent certes à des décisions de type opportuniste. Mais l'éventail des opportunités est infini, au croisement de multiples interactions entre les personnes et les choses, de sphères d'influence locales et globales (Thévenot, 1993) : l'homme ordinaire doit orienter son action même quand il ne le souhaite pas. Et il l'oriente de plus en plus, l'obligation de choisir étant historiquement croissante. Si l'on reprend la thèse de Leroi-Gourhan (1965), il y a extériorisation de la mémoire dans des objets et des institutions de plus en plus nombreux. Dans ces stocks disponibles dont la quantité et la variété augmentent continuellement, l'individu a non seulement le pouvoir d'exercer des choix mais il est contraint d'agir ainsi. Il le fait, paradoxalement, grâce à l'approfondissement de l'intériorité mise en évidence par Norbert Elias (1991a) : l'externalisation de la mémoire précipite l'intériorisation de la représentation de soi. Sous la forme d'un imaginaire intime où naviguent des fragments de rationalité : le réel le plus novateur est le fruit des rêves (Elias, 1991b). Et le développement des rêves porte le développement des calculs.

La pensée parallèle ne se structure pas indépendamment de l'action : « Le cerveau est le public obligé du corps » (Damasio, 1995, p. 207). Au contraire, elle y est étroitement mêlée, de façon critique. Elle lance des hypothèses de réforme, démonte les mécanismes que le corps s'efforce de reconstituer : il y a confrontation permanente entre la réflexion sur soi et les automatismes fondamentaux. Tantôt l'un est victorieux, tantôt c'est l'autre. Chacun s'appuyant sur des qualités particulières. La pensée joue sur les effets de surprise et a pour elle la rapidité et la fluidité de ses mouvements, la force (imprévisible mais soudainement écrasante) quand elle parvient à s'imposer. Le corps à l'inverse utilise la constance et le poids des acquis, qui le rendent insensible aux critiques. Il semble avoir un atout décisif : le régime courant des gestes quotidiens est régi par le rejet d'une intelligence trop vive de l'action : les habitudes sont à peine entrouvertes, à contrecœur. La pensée semble donc bien légère face au concret, impuissante tant qu'elle reste dans les coulisses. Mais elle transmue brutalement avec son passage à l'avant-scène et se révèle en certaines occasions omnipotente. Par quel miracle parvient-elle à changer aussi radicalement de position ? Deux types de miracle. Le premier est extérieur : un grain de sable, une crise, un imprévu, ont brisé le bel enchaînement des habitudes, le rythme de la danse. Le second est intérieur : un scénario, parce qu'il avait été bien rêvé et pouvait croiser le réel, a trouvé le moyen de sortir des cartons.

Ce jeu ininterrompu entre le corps et l'esprit se traduit, à chaque micro-victoire de l'un ou de l'autre, par un changement dans le degré d'ouverture de telles ou telles habitudes : le corps n'a de cesse de les refermer (toutes) alors que l'esprit s'évertue à en ouvrir certaines. La fermeture des habitudes se manifeste par une extension de la surface corporelle : le corps élargit la sphère de l'action allant de soi, en intégrant de nouveaux gestes, de nouveaux objets. À l'inverse, plus la pensée réussit à s'imposer, plus la surface corporelle se rétracte, plus le monde familier devient extérieur et se refroidit, plus la capacité d'action diminue. Autour des habitudes en cause bien entendu, mais aussi plus largement, jusqu'à cette extrémité : l'immobilisation et la réduction du corps à la seule pensée. Chez Arlette, la pensée critique est trop souvent victorieuse : « Quand je sais pas, que j'arrive pas à savoir s'il faut que je fasse ceci ou cela, j'arrive pas à réfléchir si je continue : faut que je m'arrête, que je m'asseye quelque part pour réfléchir. C'est pas ça qui m'aide à repartir. » Ainsi se comprend mieux qu'une intelligence trop vive de l'action puisse être rejetée.

Le trouble des sensations

La pensée et le corps forment un couple contradictoire dont l'analyse est claire : ils s'opposent terme à terme et se reformulent mutuellement de façon inversement proportionnelle. Hélas, cette pureté d'analyse (merveilleuse pour le chercheur) est troublée par un tiers facteur, au contraire particulièrement fuyant et ambigu : les sensations.

Dans un premier temps, le rôle des sensations n'apparaît pas trop compliqué : elles interviennent comme médiatrices, assurant souplement les ajustements, adoucissant les confrontations corps-pensée. Bien que leur intervention soit massive, elles ne seraient donc que des intermédiaires, un facteur de deuxième ordre, qualitativement moins important que les habitudes ou la réflexion. En fait elles cachent une ambition sans limites et ne cessent d'ourdir des complots visant à rivaliser avec la rationalité dure, à détrôner la pensée froide. En bonnes intrigantes, elles n'hésitent pas à jouer double-jeu (assurant leur rôle d'intermédiaires tout en manœuvrant pour leur propre compte), ce qui renforce le trouble. Il est d'ailleurs difficile de faire le tri entre raison pure et sensations. « La réflexion, l'émotion et l'action sont indissociables » (Montandon, 1996, p. 269). Souvent les décisions finissent par s'établir sur la base d'un compromis entre l'intermédiaire supposé et la pensée critique : les sensations cherchent davantage à renforcer leur pouvoir qu'à remplacer totalement la rationalité. Elles jouent double-jeu aussi avec les habitudes. Elles se présentent comme des alliées, unies dans un même combat : l'extension de l'espace corporel. Par le plaisir et la grâce des mouvements, ou en manipulant l'agacement, elles dynamisent en effet l'action. Mais, inconstantes, elles peuvent brusquement renverser les alliances en introduisant une idée critique : elles brisent alors les automatismes et réduisent l'espace corporel. Dans de telles circonstances, les sensations révèlent leur force secrète : elles sont maîtresses du jeu.

Les sensations parviennent à occuper une position dominante dès l'origine en introduisant les idées, qui leur sont de ce fait subordonnées. C'est le cas pour les idées les plus humbles, sorties des actions minuscules : elles viennent du contact avec les choses, qui réunit trois éléments : un sens, un objet, et seulement un « potentiel de conscience » (Varela, Thompson, Rosch, 1993, p. 172). C'est le cas aussi pour les idées qui engagent les plus grandes stratégies, issues des rêves, domaine privilégié du sensible. Elles n'occupent cependant pas toujours cette position dominante. L'idée peut apparaître sans l'aide des sensations, laborieux enchaînement, ou comme un éclair, intime déduction logique ou décharge informative venue de l'extérieur. Qu'elle arrive par elle-même ou grâce aux sensations, une concurrence va aussitôt s'engager entre deux modes d'intelligence de l'action.

L'intelligence sensible est émotionnelle, intuitive et tendant à l'implicite, holistique ; l'intelligence de l'esprit est froide et calculatrice, déductive et tendant à l'explicite, séparant les problèmes pour les résoudre. Chacune a ses qualités particulières, qui la rendent supérieure à l'autre selon les contextes. L'intelligence du corps est la plus efficace pour prendre des décisions (nous le verrons plus loin) ; l'intelligence rationnelle a le pouvoir de faire le pont entre l'individu et la société. La posture objectivante rencontre en effet les cadres sociaux dans ce qu'ils ont de plus solide : leurs fondements raisonnés collectivement partagés. En s'appuyant sur ces cadres, la pensée critique parvient enfin à s'imposer face aux sensations. Le corps s'engage dans l'épreuve de l'action ordinaire avec un minimum de déploiement mental, mais il ne peut agir ainsi que de façon solitaire. Dès que l'individu est entouré, que des personnes l'interrogent, que des institutions se présentent à lui, il est contraint à expliciter le sens de son action, à développer des arguments à partir d'une posture plus objectivante. Si l'interrogation du monde environnant est faible, un jugement intuitif, quelques phrases « faiblement réflexives » et globalisantes suffisent : le vin que l'on goûte entre amis a une belle couleur, un bon goût, etc. (Bessy, Chateauraynaud, 1993, p. 145). Mais si elle se resserre, la nécessité de l'explicitation sonne la victoire de l'objectivation, de l'esprit pur face aux sensations ; l'espace corporel se réduit en même temps que se replie l'intelligence du corps.

Le jeu d'oppositions et d'alliances entre la pensée critique et les sensations dépasse l'univers ménager. Un affrontement remarquable se déroule à l'occasion d'une décision majeure : le choix du conjoint. Le couple va par la suite structurer l'intimité domestique, dominée par les comportements allant de soi (routinisés ou régis par l'intelligence sensible) : la décision fondatrice ne peut répondre à d'autres principes. Cela d'autant moins qu'elle est très difficile à prendre (les candidats potentiels sont innombrables) et doit rester pour cela implicite ou faiblement justifiée (sous peine de remettre en cause le choix). D'où le développement massif d'un sentiment adapté : l'amour, voire le coup de foudre quand la difficulté du choix l'impose (Bozon, Héran, 1987). L'intelligence corporelle est ici particulièrement à son aise. Parce que la décision se prête bien à une perception sensible. Mais aussi parce que le couple commence désormais par le désir physique et le corps à corps sexuel : tout concourt donc à mettre le corps en vedette et à rejeter l'esprit calculateur, acculé à la clandestinité. L'idéal apparent du couple est l'extension d'un corps conjugal unifié. Idéal apparent, car l'individu calculateur (sauf aux pires moments d'explosion émotionnelle et de fusion corporelle) n'abandonne jamais la partie.

La dualité du petit cinéma

Les rêveries parallèles sont comme les sensations : ambiguës. Tantôt elles soutiennent les mouvements et aident à l'extension corporelle, tantôt elles introduisent des idées critiques. Tout est mélangé, dans une confusion extrême, faisant parfois alterner en une fraction de seconde (Varela, Thompson, Rosch, 1993) séquences de renforcement de l'action et séquences de remise en cause. La pensée forte, nous l'avons vu, peut obliger le corps à s'arrêter. La rêverie ordinaire est par contre souvent associée à une activité de manipulation répétitive : le mouvement régulier des mains libère la pensée vagabonde (Leroi-Gourhan, 1965). C'est notamment le cas du repassage, qui me permettra d'illustrer ce fonctionnement du petit cinéma intime. Rénata souligne l'association avec les gestes : « Quand je repasse, j'ai toujours l'esprit qui vagabonde. C'est le mouvement qui veut ça. » Raphaël insiste sur la liberté : « Tu peux penser à ce que tu veux derrière, tu peux penser à tout et à rien. » Yolande évoque le manège des idées : « Ça tourne tranquillement dans la tête, on pense à plein de choses. » Cette pensée agréable et flottante a d'abord pour fonction de distraire. « J'essaie de penser à autre chose, surtout pas que je suis en train de repasser » (Francine). « Je pense "beaucoup beaucoup" quand je repasse. Je ne sais pas ce qui se passe, il y a un phénomène déclenchant. Et le fait de penser, ça m'évite de penser que je suis en train de repasser, je m'évade » (Constance).

Des pensées différentes se mêlent toutefois à ce cinéma d'évasion. Pour Yann par exemple, c'est l'occasion de naviguer dans des questions pénibles du quotidien : « Je pense à tout et à rien. Mais c'est plutôt à ce qui me pose problème, mes comptes bancaires me reviennent en tête, je me demande comment je vais faire pour éponger mon découvert. » Le repassage lui permet de réfléchir de façon très libre, sans chercher à résoudre les questions ; et c'est souvent ainsi que les idées viennent, que la pensée critique, une réforme du quotidien brusquement s'imposent. Sous de faux airs tranquilles, la réflexion associée au repassage peut dans certains cas s'avérer efficace. Elle permet en même temps, par bribes, de voyager loin en soi, de passer inopinément d'une question concrète du moment à des flash-backs sur la vie d'autrefois : le fil qui relie l'ensemble n'est rien d'autre que l'identité en construction. Célestine explique bien ces sautes de séquences et sa capacité à s'ouvrir à d'imprévisibles pensées flottantes : « Je pense à plein de choses, ça dépend des circonstances, ça vient comme ça vient, comme ça, sans savoir pourquoi. » Comme Yann, elle a une prédilection pour « tout ce qui va de travers ». Car elle cherche à utiliser ces pensées liées au repassage comme des instruments efficaces. Cela ne l'empêche pas de voyager très librement en elle : « Ça me permet de penser à ma vie, surtout à certaines parties de ma vie. C'est souvent que je pense comme ça dans ma vie. » Puis, par des liaisons rapides et inattendues, peut s'opérer un retour au présent le plus immédiat : « Par exemple je vais penser à une fois où j'étais en retard, du coup ça me fait penser à mon linge, c'est un enchaînement qui vient comme ça. »

Enchaînements et ruptures de séquences

« Ça vient comme ça vient », dit Célestine. Les séquences en effet s'imposent d'elles-mêmes et s'enchaînent dans le plus parfait désordre : le fouillis des pensées rêvées est indescriptible. Il n'y a aucun respect de la hiérarchie, l'idée la plus terre à terre pouvant balayer une réflexion de haute volée. Les transitions sont inexistantes ou fallacieuses, dominées par le coq-à-l'âne. Markus Werner, dans son roman *Le Dos tourné,* raconte comment nous restons des spectateurs éblouis par ce kaléidoscope pourtant incohérent et heurté. Francisco Varela (1996) donne une clé permettant de comprendre cette complaisance : les suites logiques existent au-delà du cinéma apparent. Ce dernier est le produit d'une « myriade de sous-processus concurrents » (p. 80), agents distincts qui luttent entre eux pour s'imposer. Ce qu'ils parviennent à faire, mais seulement en de brèves séquences décousues. L'individu toutefois a en mémoire toutes les histoires en cours, et à chaque fois renoue le fil. En suivant au plus près la nébuleuse saccadée de son cinéma intérieur, il s'imprègne de son identité et la peaufine ; en travaillant les enchaînements, il construit son unité ; en étant inventif et volontaire dans certaines scènes, il parvient à maîtriser sa destinée.

L'instant où une idée s'impose est essentiel. Elle peut venir des profondeurs mentales (rêve ou raisonnement), des sensations, de l'extérieur, par l'intermédiaire du regard (Kaufmann, 1995), ou (de façon minoritaire) par l'écoute ou la lecture. Quelle que soit sa provenance, elle s'insère dans une séquence du petit cinéma et introduit l'individu dans un nouveau micro-monde ayant un potentiel de concrétisation. L'action, excepté celle qui est parfaitement incorporée et automatisée, a toujours ce préalable : à l'origine est l'idée (ou l'image) qui s'impose dans le petit cinéma. Elle ne peut le faire seule : la création d'un nouveau micro-monde n'est possible que dans la mesure où l'idée victorieuse trouve un « liage de résonance » (Varela, 1996, p. 83) dans l'esprit et le corps : des articulations et des compromis avec les autres processus en lutte pour intervenir dans les pensées et l'action. La décision ne porte jamais sur une idée isolée : elle s'intègre dans tout un ensemble de « couplages sensori-moteurs » (*idem*). L'individu a la faiblesse et la force qui sont celles des réseaux : il est composite mais solidaire.

Le centre de soi

En neurobiologie, dans les sciences cognitives ou en psychologie, plus l'analyse du fonctionnement mental s'affine, plus l'idée d'un Soi unitaire et stable devient improbable. Apparaît au contraire l'activité tumultueuse de l'esprit : « Perceptions, pensées, sentiments, désirs, peurs et toutes sortes d'autres contenus mentaux se pourchassent à l'infini comme un chat qui essaie d'attraper sa queue » (Varela, Thompson, Rosch, 1993). Le Soi n'est pas un bloc mais une nébuleuse chaotique.

L'homme ordinaire, placé devant l'obligation sacrée de croire à soi et au Soi (Abramovski, 1897), peut difficilement accepter une telle représentation de lui-même comme chaos intérieur. Ou alors il exige qu'il y ait un centre de commandement. Cette idée rassurante est elle aussi rejetée par des recherches récentes : il n'existe aucun centre ou seulement de façon virtuelle (Varela, 1996).

Le radicalisme de Francisco Varela s'appuie sur des expériences et des arguments solides. Je serais pourtant tenté de ne pas pousser mes conclusions aussi loin. L'enquête montre que l'individu ne cesse de travailler ses pensées et ses actes pour construire son unité et sa continuité dans un environnement qui le chahute et risque à tout moment de le désarticuler. Il le fait certes à la manière que nous avons vue : en se laissant entraîner par le manège du petit cinéma, lui-même tiraillé en sous-main par une myriade de processus divers. Pourtant, à travers ce chaos sur lequel il n'a guère prise, et malgré le caractère imprévisible et heurté des séquences, il parvient à diriger ses pas le long d'une ligne qui fait sens : il construit réellement une identité relativement cohérente. Il s'appuie pour cela davantage sur ses entours que sur un hypothétique centre : les institutions dans lesquelles il s'inscrit, son cadre d'interaction et ses objets familiers, ses rythmes et trajets, ses habitudes incorporées ; et, *in fine,* la belle histoire de sa vie qu'il raconte et se raconte. Historiquement, cette extériorité constitutive du Soi est de plus en plus proche et autoproduite : l'identité autrefois procurée par les cadres sociaux se forge pour une part grandissante dans le secret des rêves et des pensées, de façon plus libre. Mais toujours selon le même mode : par des dépôts aux entours, l'extériorisation contrôlée de soi.

L'idée d'un centre est une illusion, l'intériorité mentale une nébuleuse chaotique. Pourtant, en travaillant ses repères familiers, l'individu parvient à diriger son action.

XV.

LA MONTÉE DU SENSIBLE

L'étude des émotions et des sensations est rare en sociologie. Quelques auteurs ont fait exception, et non des moindres, tel Norbert Elias. Mais longtemps ils ne sont pas parvenus à imposer leur point de vue : les manifestations émotionnelles sont autre chose que des phénomènes de deuxième ordre, périphériques, hors cadre de la discipline. Cléopâtre Montandon (1996) remarque que depuis quelques années l'état d'esprit commence à changer : des analyses d'émotions particulières se développent (Lewis, 1992 ; de Gaulejac, 1996), des théories sont proposées (Kemper, 1978 ; Hochschild, 1979). Malgré cela, la connaissance des émotions saisies dans le quotidien ordinaire reste très limitée : nous continuons à ignorer le « formidable savoir émotionnel qui fonctionne souvent en creux dans nos sociétés » (Montandon, 1996, p. 268).

L'effet boomerang

Aux temps pour lui bénis du XIXe siècle, le rationalisme semblait s'inscrire dans un mouvement sans fin : grâce aux Lumières, tout deviendrait sans cesse plus clair, plus vrai, le savoir se ferait encore plus dur. La science rimait alors avec scientisme, positivisme, objectivisme, évolutionnisme. Puis, petit à petit, tout sembla devenir plus incertain, plus mou et plus sombre : la science se fit modeste, éclatée, contradictoire, elle découvrit le relativisme et le scepticisme.

Deux éléments liés entre eux avaient conduit à ce retournement.

Le premier est ce qu'il conviendrait d'appeler : l'effet boomerang de la rationalité. Car ce sont les outils forgés par les Lumières qui, par leur efficacité, ont produit notre monde complexe d'aujourd'hui, où les questions sont plus nombreuses que les réponses, monde qui rend inopérants les outils qui l'avaient créé ; la rationalité pure et dure a elle-même construit les conditions de son éviction.

La même évolution est observable dans la vie quotidienne. Mille questions assaillent chaque jour l'homme ordinaire (comment élever l'enfant ? quels types d'aliments choisir ? quelle pédagogie ? etc.). Et la science, transitant par les médias, lui propose une infinité de réponses divergentes : à lui de construire sa vérité. Cette complexité contradictoire est insoutenable : il faut impérativement une méthode pour y parer, trouver des solutions simples et adaptées. C'est pourquoi le monde de la vie de tous les jours a précédé la science dans le retournement, lui a montré le chemin en inventant le second élément : l'intelligence sensible.

La science se fait aujourd'hui plus sensible, plus souple dans ses méthodes, les combinaisons intuitives et dynamiques prennent l'avantage sur la systématique statique. Le changement est toutefois infime comparé à la révolution du quotidien qui se propage depuis plus d'un siècle. L'étonnant est que les premiers signes apparurent (discrètement) à l'apogée du rationalisme triomphant. Alors que le savoir froid de la cognition pure semblait avoir définitivement gagné la partie, que commençait par exemple à s'imposer l'idée d'une science ménagère, dans l'ombre les corps apprenaient à travailler nouvellement leurs émois (Corbin, 1987). La fissuration de l'« ancien régime des gestes » (Thuillier, 1977) avait en effet ouvert très tôt la crise des modèles d'action dans la vie ordinaire : là où la tradition donnait des réponses grâce au cadre collectif, l'individu devait lui-même les inventer. Or la rationalité pure s'avérait inopérante. Il fallait, à tout prix, fermer l'univers des possibles par d'autres méthodes. Seule l'économie des sensations permit d'atteindre ce résultat. L'expérimentation sociale se développa notamment autour d'une question centrale, le choix du conjoint, par la montée en puissance d'un sentiment-vedette : l'amour. Mais à la dérobée, dans les gestes humbles du ménage, un océan d'émotions et de sensations plus modestes étaient travaillées au corps.

Le bébé et l'expert

Comment interpréter cette montée du sensible ? Comme un recul de l'intelligence, un retour en arrière, une réaction contre la modernité ? Ou comme une nouvelle définition de cette intelligence, l'invention de formes inédites, le dépassement d'un stade premier de la modernité ? La perception dominante de l'intelligence (abstraite et computationnelle) incite à opter plutôt pour le recul : effectivement, cette intelligence-là est en crise. Mais en réduisant la pensée à une seule de ses formes, qui plus est une forme potentiellement dépassée, on s'interdit de comprendre l'avenir actuellement en construction.

Le couplage entre cerveau et ordinateur dans les sciences cognitives a considérablement aggravé l'erreur de perception : la pensée était vue comme une puissance de calcul. Or le plus humain n'est pas là. Cette partie, substituable par l'ordinateur, se contente d'assister l'essentiel, l'art de la réduction. Art qui se développe grâce à la subtile utilisation de systèmes apparemment archaïques du cerveau, liés au corps et aux sensations (Damasio, 1995).

Certains chercheurs en sciences cognitives prennent aujourd'hui conscience que le fonctionnement mental le plus complexe n'est pas celui de l'adulte expert, qui fut longtemps leur modèle, mais paradoxalement celui du bébé. Les capacités intellectuelles dont fait preuve ce petit être sont en effet étonnantes. Non seulement par la vitesse des apprentissages qu'il développe. Mais aussi et surtout par la méthode qu'il utilise. Il parvient, en adoptant une perception souple et holistique, à résoudre la plus grande des difficultés : former des objets signifiants à partir de masses informes de données, parfois de simples taches lumineuses (Varela, Thompson, Rosch, 1993). Cet art suprême de la réduction et de l'interprétation n'est possible que grâce à une gestion massive de la pensée par les sensations. Ce que sait très bien faire le bébé, guère embarrassé dans ses mouvements par le poids des idées. Cependant que l'adulte perd du temps et sa route dans ses entassements conceptuels, hétéroclites et parfois poussiéreux. Il a toutes les données, trop de données ; le problème est de savoir les utiliser.

Le monde sans fin d'Elliot

Antonio Damasio (1995) raconte l'histoire d'Elliot, antithèse caricaturale du bébé. Atteint d'une tumeur, Elliot avait dû subir l'ablation d'une petite partie de son cerveau située dans le cortex préfrontal. L'opération avait été couronnée de succès et il avait pu reprendre ses activités. Mais d'étranges troubles du comportement l'avaient contraint à retourner à l'hôpital, dans les services de neurologie du professeur Damasio, qui l'étudia longuement. Elliot avait une intelligence apparemment intacte, son Q.I. était élevé, et différents tests n'avaient relevé aucune anomalie. Il semblait seulement qu'il réfléchissait « trop bien » (p. 60), avec une prédilection pour la spéculation formelle. Affinant son diagnostic, Antonio Damasio réalisa qu'Elliot était en fait réellement handicapé, et très lourdement, mais sur un point localisé : la prise de décision concernant des questions personnelles, la vie de tous les jours. Il analysait sans fin les bonnes et les mauvaises raisons des différents choix possibles, sans être capable de conclure, ou se laissant aller à des choix malheureux pourtant réprouvés par son entourage. La déficience se situait dans les derniers stades du raisonnement : Elliot creusait les questions sans parvenir à trancher.

Poursuivant ses analyses, Antonio Damasio eut la surprise de découvrir un autre trouble : les capacités émotionnelles d'Elliot s'étaient dramatiquement réduites, il ne percevait presque plus les sensations de son corps. Le lien était évident : la réduction en phase finale du raisonnement ne pouvait plus jouer.

« Les émotions ne sont pas un luxe » (Damasio, 1995, p. 172), elles jouent un rôle fondamental dans les processus cognitifs, notamment dans la phase finale de réduction. « Chaque expérience est par nature un moment de fermeture du champ des possibles » (Terrail, 1995, p. 21). Cette fermeture opère souvent d'elle-même dans le feu de l'action : la force des habitudes, l'élan des rythmes, la pression du contexte, poussent à agir d'une certaine manière. Si tel n'est pas le cas, les sensations prennent le relais.

Parfois seules ou presque, quand l'explosion émotionnelle est intense et commande « instinctivement » une réaction immédiate. Parfois accompagnées, laissant le premier rôle à la pensée rationnelle, se contentant d'intervenir de façon discrète (mais décisive) pour fermer le champ des possibles et lancer le corps dans l'action. Rénata avait longtemps hésité avant de se décider à prendre une femme de ménage. Entre son refus intime et la pression exercée par Jérôme, elle ne parvenait pas à discerner quel pouvait être le bon choix : la rationalité pure était impuissante. Un jour, tout est devenu simple : « J'ai senti qu'il fallait le faire, c'est venu d'un coup, naturellement, il y a un truc qui s'est déclenché. »

Il devient utile ici de clarifier ce qui distingue les émotions et les sensations. J'ai parfois utilisé ces deux termes, aux frontières très incertaines, autour d'un même sens. Mais il est possible également de les distinguer. L'émotion est un moment fort, qui remonte à la conscience, marqué par de profonds bouleversements chimico-psychiques. Dans la peur ou la colère violentes, nous ne sommes plus nous-mêmes, nous sommes emportés par l'émotion. Les sensations regroupent des perceptions plus calmes et régulières, qui ne remettent pas fondamentalement en cause le fonctionnement du Soi. D'une certaine manière, la perception sensible ne cesse jamais : entre les poussées émotives, elle suit les « états d'arrière-plan du corps » (Damasio, 1995, p. 195), et adapte les comportements ou conseille la pensée à partir de ces informations diffuses. Autant l'émotion intense est rare, autant les sensations guident l'ordinaire de la vie : elles aident la pensée à conclure.

L'histoire d'Elliot est révélatrice à plus d'un titre. Notamment ceci : plus les problèmes sont proches de l'univers personnel, plus ils deviennent difficiles à résoudre. Les questions abstraites sont en effet beaucoup plus facilement modélisables et réductibles par des procédés purement intellectuels, alors que la vie personnelle doit prendre en compte la complexité diffuse de la perception sensible (qui donc démultiplie et complique les données avant de simplifier la décision). Le quotidien pose une autre difficulté : tout ce qui touche à la vie personnelle ne peut exagérément être soumis à la question par la réflexion critique ; il faut parvenir à penser sans penser, ce qui est tout un art. L'intelligence du corps est la pièce maîtresse de cet art.

La culture de l'émotion

Norbert Elias a montré comment l'individu moderne résultait d'une répression et d'un contrôle accrus des émotions. À première vue, il y a contradiction entre ces thèses et la mise en évidence de la montée du sensible. À y regarder de plus près toutefois, l'avis se fait moins abrupt. À l'inverse d'Albert Hirschman (1980), pour qui les passions sont évacuées (en l'occurrence par l'intérêt) dans le processus historique, Norbert Elias laisse en effet une vie aux émotions. S'il hésite parfois entre répression (qui cherche à éliminer) et contrôle (qui cherche à guider), c'est parce que son enquête majeure porte sur une époque où la contrainte sociale était l'élément principal. Quand il parle de la société contemporaine (Elias, Dunning, 1994) son propos se précise : ce sont les modalités (davantage intériorisées) plus que l'intensité du contrôle qui changent.

À la fin de sa vie, Norbert Elias ne pouvait pas ne pas voir la place grandissante du corps et des manifestations émotionnelles dans la société : il s'attaqua à leur analyse. Sa principale conclusion est qu'ils s'inscrivent dans des espaces de compensation rendus nécessaires par la frustration engendrée par l'autocontrôle, qu'ils ont une vertu cathartique (Elias, Dunning, 1994). Bien que sans doute vraie et intéressante, cette thèse me semble toutefois insuffisante. Les émotions se développent certes dans des espaces spécifiques de défoulement, mais aussi au cœur de l'action ordinaire. L'intériorisation du contrôle permet justement de les libérer (de façon surveillée), de jouer de leurs mouvements. Évolution d'autant plus inéluctable que la rationalité quand elle est seule devient inopérante face à la complexité croissante du quotidien : les sensations sont maintenant au centre.

Pressées de toutes parts (besoin de défoulement, accélération et multiplication des messages, fermeture de la décision) pour occuper un premier rôle, les sensations arrivent effectivement sur le devant de la scène. Et ainsi forment un véritable bouillon de culture émotive. La société se gorge de sons, d'images et d'odeurs : l'individu est bercé au creux de l'oreille, orienté du coin de l'œil, mené par le bout du nez. La musique rythme les pas et les rêves, l'esthétique enveloppe le quotidien, le corps est sacralisé, les histoires d'amour et les drames sont industriellement racontés. Le moindre mouvement, la moindre pensée, baignent désormais dans un océan de perceptions émotionnelles et sensibles. Des plus subtiles et cultivées, comme l'émoi artistique, aux plus frustes et archaïques : le sexe et la violence. Le sexe, matrice première de la culture de l'émotion, s'installe toujours plus largement comme secret des secrets : il faut en parler et en parler pour tenter d'élucider le mystère de la nouvelle intelligence du monde (Foucault, 1976). La violence envahit les écrans et les stades (sous la forme sublimée de la compétition-spectacle). Car l'homme moderne a besoin de cette excitation pour sentir vibrer son corps, comme il a besoin d'hypertrophier le sexuel. Rien ne vaut en effet les émotions simples et fortes, profondément corporelles, pour étancher la soif de sensible. La nouvelle culture émotive exige toutefois une grande capacité d'autocontrôle : bien que centrales, les sensations doivent rester de simples instruments. Il faut savoir vibrer intensément sans s'abandonner outre mesure. Il faut savoir se laisser emporter tout en contrôlant la direction. Il faut savoir cultiver la culture sensible : maîtriser le corps tout en s'y alimentant, pour atteindre les raffinements de la pensée émotionnelle. N'être ni trop sec ni trop vif : gérer l'émotion au plus juste.

Demain l'irrationnel ?

Vers où va le monde ? La science se fait moins dure, flottant avec délices entre logiques floues et théories du chaos, la vérité se fait incertaine, la morale relative. Le relativisme triomphant nous fait découvrir une histoire sans futur. Les chaînes toujours plus longues de la médiatisation imposent l'horizon du virtuel comme nouvelle réalité. Et pour couronner le tout, l'émotionnel et le sensible submergent la pensée. En un siècle, la raison pure est passée du pinacle au pilori ; l'irrationnel fait florès.

Pourtant seules les formes de l'intelligence ont changé ; elle reste ou devrait rester aux commandes.

Dans les modèles d'action, la grande perdante est la tradition, et accessoirement les habitudes, qui ne peuvent plus se reproduire de génération en génération de façon régulière : les enchaînements complexes et mouvants impliquent des bricolages et des choix de plus en plus nombreux et difficiles (Lahire, 1996). Ceux-ci sont opérés grâce aux sensations, qui prennent une place déterminante dans l'action : elles semblent devenir envahissantes. Et la pensée ? Est-elle débordée par les sensations ? En fait elle apprend surtout à composer, à utiliser ces dernières. Bien que peu efficace dans la décision elle-même, elle la prépare, semant çà et là quelques grains de raison qui peuvent très vite s'épanouir quand l'environnement devient favorable. Au moment du choix, les sensations sont décisives. Mais à plus long terme, le travail de la pensée est essentiel pour préparer les changements de cap, réformer les cadres majeurs de l'action. La réflexivité grandissante est une donnée centrale du processus historique (Dubet, Martucelli, 1996).

Dans le savoir scientifique et technique, là aussi la découverte de l'aspect peu présentable de la forme ne doit pas entraîner une suspicion exagérée sur le fond : la pensée vaut mieux que ce qu'elle donne à voir. Certes, la connaissance avance cahin-caha, sans boussole, avec des outils qui se révèlent (après coup) pitoyables alors qu'on les croyait somptueux. Certes, elle est une production de sens comme une autre, soumise aux modes et aux pouvoirs (Latour, Woolgar, 1988). Mais, à sa manière, elle avance quand même, parvenant à s'insinuer lentement : cela ne doit jamais être oublié. Pierre Lemonnier (1996) raconte l'histoire de l'avion « canard », dont les premiers dessins remontent au début du siècle. Pendant plus de quatre-vingts ans, la formule, dont les calculs montraient la viabilité, fut marginalisée voire moquée, car dérogeant aux canons du normal, ne correspondant pas à ce que ne pouvait qu'être, dans la représentation collective, un avion. Pourtant, après bien des péripéties et des déboires, elle finit par imposer ce qu'elle contenait de vérité. Face au court terme, où les contextes émotifs et sociaux de production du sens sont déterminants, la tendance longue donne à la rationalité le temps de s'infiltrer et les moyens de faire sa place.

Les bases de la pyramide

Pour Arnold Gehlen (1990), les émotions renvoient au passé lointain de l'espèce, quand les mouvements, instinctifs, étaient déclenchés par des marqueurs somatiques soumis à des perceptions. Il souligne que l'histoire de l'humanité se résume en partie à la séparation progressive entre modèles de comportement et émotions, ces dernières renforçant leur autonomie par rapport à l'action immédiate, jusqu'à devenir purement contemplatives comme dans le plaisir esthétique. Parallèlement à cette évolution, l'image de la pyramide empruntée à André Leroi-Gourhan permet de comprendre que le premier type d'émotion, inscrit dans les profondeurs archaïques, reste opérant. Dans les réflexes élémentaires du corps : quand nous avons faim, quand nous avons peur, quand nous avons mal. Ainsi que dans les contextes où la faiblesse des cadres sociaux ou des habitudes ouvre les vannes des impulsions plus ou moins contrôlées.

Héritières du passé le plus lointain (encore actif en nous), les sensations et les émotions participent également aux développements les plus modernes : elles sont à la fois à la base et au sommet de la pyramide.

Elles sont bien entendu essentielles à l'intelligence du corps, aux perceptions sensibles, qui se développent considérablement et deviennent toujours plus performantes. En particulier la captation d'image par le regard, apte à transmettre des messages sans faire travailler le cerveau conscient (Sauvageot, 1994). Elles sont aussi très importantes dans la nébuleuse du petit cinéma, pour cimenter les combinaisons entre idées, dégager les associations pertinentes, réduire par une perception holistique le trop-plein d'informations. Le bon usage des sensations peut être défini comme le nouvel art de la pensée.

Les circuits des sensations

Les différents types d'émotions et de sensations empruntent des circuits divers et souvent complexes, que nous connaissons mal.

Les circuits courts, théoriquement simples, sont en fait multiples : l'émotion brève et violente, héritage ancien, provoque instinctivement un mouvement du corps ; alors que la sensation implicite et lancinante, plus moderne, se contente souvent de transmettre une information. Les circuits longs offrent une variété et une complexité plus grandes. Les combinaisons se font inextricables quand les sensations s'installent durablement dans un jeu d'images et d'idées. Il devient alors à peu près impossible de savoir exactement qui agit sur qui, les sensations sur les idées, ou les idées sur les sensations.

Dans le schéma classique, les sensations et les émotions se comportent comme des assistantes dévouées (si n'était leur fâcheuse tendance à jouer double-jeu et agir pour leur propre compte), à différentes phases cruciales : elles réactivent un souvenir, donnent chaleur et couleur aux idées, un sens au scénario, orientent la mise en scène ; enfin elles bouclent la fin de l'histoire en fermant la décision. Voyez par exemple ce procédé courant du petit cinéma, où l'on utilise des sensations comme test pour valider des hypothèses : une scène est visionnée pour « sentir » sa justesse par l'intuition holistique et les réactions corporelles. Comme si les sensations transmettaient au cerveau des informations complémentaires essentielles en provenance du corps. Mais souvenons-nous du « coup de nerf » : bien qu'il semble provenir du corps le plus simplement du monde, c'est la norme du propre définie par l'individu qui forme les conditions de son éclatement. Le corps n'est ici qu'un instrument, la sensation est plus profondément le fruit d'une longue construction où la pensée est montée en première ligne : les sensations sont au cœur du mental, tant dans les processus de connaissance (Mach, 1996) que dans les logiques d'action.

La première erreur consiste à séparer sensations et cognition, corps et pensée ; la seconde à croire que les sensations sont périphériques. À l'inverse, au plus décisif de l'invention de la vie, dans le secret du petit cinéma, idées et sensations œuvrent au coude à coude. Le travail sur les sensations devient alors en lui-même un travail intellectuel, indissociable de la pensée, inscrit au plus humain de l'humain.

CONCLUSIONS

Il y a différentes manières de faire la sociologie. Ma méthode consiste à partir d'une enquête, d'un terrain concret, pour dégager des hypothèses et les travailler dans le but de leur donner un caractère aussi général que possible (Kaufmann, 1996e). Les observations minuscules et les anecdotes triviales peuvent faire penser qu'il s'agit d'une recherche empirique. Ce serait une erreur de classement : mon objectif et mon ambition sont clairement théoriques ; d'où le sous-titre, qui annonce cette ambition. Mais il s'agit d'une théorie particulière, dont le mode d'élaboration, assez inhabituel, nécessite sans doute quelques explications et conseils d'usage.

Les concepts ne sont pas livrés ici prêts à consommer. Ils sont saisis sur le vif, donc rarement tout à fait formalisés, totalement abstraits du réel observé. Mais ils sont (à des stades plus ou moins avancés) toujours en chemin vers ce point idéal, malgré l'argile du terrain qui reste collée à leurs souliers. L'important n'est pas l'argile : c'est le sens de la marche. Anselm Strauss (1992) donne un nom à cette manière de fabriquer les concepts : la *Grounded Theory,* la théorie venant d'en bas, fondée sur les faits. Les recherches qui l'utilisent ont la particularité, plus que d'autres, d'être lisibles à deux niveaux. Le lecteur peut, en suivant les descriptions concrètes et les argumentations de détail, prendre le livre comme un analyseur concret de situations diverses (voire comme un récit de voyage en intimités étrangères, ou comme un guide pratique). Il peut aussi faire une lecture plus théorique. Celle-ci toutefois nécessite un savoir préalable et surtout un effort de sa part. Il doit en effet enlever lui-même ce qu'il reste d'argile, libérer à sa convenance le concept en voie d'émergence, pour l'appliquer à ses préoccupations ou à son propre terrain. La *Grounded Theory* ne prend sa véritable dimension théorique que par la grâce (et le travail !) de ses lecteurs théoriciens.

Je me suis permis cette petite digression méthodologique pour la raison suivante : au moment de rédiger ma conclusion je suis embarrassé. Que doit-on mettre dans une conclusion ? L'art scolaire de la dissertation nous apprend à rappeler les grandes idées du texte. Les principes plus distingués des écrits d'auteur recommandent d'envelopper ce strict résumé dans une ouverture (il n'y a que les mauvais feuilletons qui ont une fin trop attendue). Le génie littéraire ne voit dans tout cela que pensum et préfère un exercice de style décalé et esthétique, un clin d'œil, une image. La petitesse d'âme enfin peut conduire à ranger là tout ce qu'on ne peut se résoudre à ne pas dire et qui n'a pas trouvé de place ailleurs.

À cette multiplicité des contenus possibles, la *Grounded Theory* ajoute un autre élément d'indécision : ses deux lectorats, aux attentes très différentes. Au moment de souligner en quelques mots ce qui pourrait être digne d'être retenu, l'un des deux risque de ne pas retrouver son livre et se sentir trahi. Incapable de me résoudre, ni pour l'un, ni pour l'autre, à cette trahison, j'ai donc choisi de rédiger deux conclusions distinctes. Cela n'apaise pas toutes mes questions et mes doutes (que doit-il y avoir dans une conclusion ?). Mais au moins ce lâche procédé me laisse-t-il l'esprit un peu plus tranquille.

Conclusion théorique

L'homme se croit libre, maître de son destin, alors qu'il n'est que le jouet des structures sociales. Dès les débuts de la sociologie (comme dans bien d'autres sciences sociales et humaines), le débat a fait rage entre tenants du déterminisme et tenants de la liberté. Ou plus exactement les oppositions d'écoles, irréductiblement rangées dans l'un ou l'autre camp (celui des insaisissables dispositions acquises ou celui de la rationalité souveraine). Depuis quelques années cette scolastique des extrêmes commence à lasser : une nouvelle génération de sociologues antidogmatiques s'est armée de la volonté d'avancer. Pour cela une seule voie possible : le centre. Non par œcuménisme. Mais parce que c'est là qu'il est possible de travailler sur l'élément permettant d'avancer : les articulations concrètes entre déterminismes et créativité individuelle.

Certains thèmes sont plus adéquats à l'analyse des articulations. Comme l'identité (de Singly, 1996) ou la socialisation (Dubar, 1991). Et tout particulièrement l'action. Qui se joue dans des contextes définissant des cadres sociaux ; tout en étant animée par un sujet plein de vie, de rêves et de pensées. Voici pourquoi le chantier qui s'ouvre actuellement en France autour des théories de l'action semble plein de promesses. Les travaux se multiplient, justement autour des articulations centrales, encore bien mal connues. Luc Boltanski (1990), Laurent Thévenot (1994) ou Philippe Corcuff (1996) détaillent différents régimes de l'action ; Bernard Lahire (1996) analyse les modalités pragmatiques de la réflexivité ; Jean-Pierre Terrail (1995) s'interroge sur les processus par lesquels l'acteur réactive lui-même les déterminations ; François Dubet (1994) isole l'expérience comme combinaison de logiques d'actions qui lient l'acteur au système, etc. (Sans parler des efforts de Pierre Bourdieu, à l'intérieur de son cadre théorique, pour tenter de donner une part plus active à l'agent.)

Ce livre ajoute sa modeste pierre à l'ouvrage collectif. Bien que fondé sur un terrain d'investigation limité (l'action ménagère), de nombreuses conclusions ont une portée plus large. Sinon dans tous les domaines de l'action, du moins dans ce qu'il conviendrait d'appeler l'action ordinaire, celle qui touche aux gestes simples de la vie quotidienne. C'est-à-dire quand même la plus répandue.

L'apport le plus important tient sans doute à un élément souvent ignoré dans les théories de l'action, ou traité sur un mode mineur, y compris dans les avancées les plus novatrices : le rôle du corps. Non pas le corps abstrait. Mais le corps réel, en chair et en os, plein de vie et d'émotions. Le corps n'est pas absent en sociologie : comme d'autres secteurs, il est traité dans une sous-discipline spécifique (Le Breton, 1992). Hors du domaine spécialisé, hélas, il disparaît. Et réussit le tour de force consistant à se faire invisible (ou pour le moins discret) quand la théorie parle d'action (qui n'est pas autre chose que le corps mis en mouvement) ou évoque l'incorporation d'*habitus* et de dispositions (qui ne sont pas autre chose que des routines corporelles). De même que sont oubliées ses pesanteurs si riches de mémoire sociale dans les diverses théories de l'acteur qui réduisent l'homme à son cerveau conscient.

Le corps est pourtant central. Tant du côté des déterminismes que du côté de la liberté.

Le corps (ou si l'on préfère : le cerveau archaïque)

est d'abord, justement, le lieu de l'incorporation, de la sédimentation des habitudes. Nous avons vu comment leur premier enregistrement pouvait être complexe, sinon aléatoire : ce n'est qu'au terme d'un combat singulier qu'une nouvelle habitude parvient à faire sa place. Une fois installée, la suite est toutefois moins problématique : elle peut rester là des années, voire indéfiniment, bien qu'elle soit dissonante ; continuer à déterminer l'action y compris quand il y a eu erreur d'enregistrement. En règle générale, l'habitude dissonante est chassée du devant de la scène, enfouie dans les profondeurs d'une mémoire dormante. Attendant là son heure, l'éventuelle occasion qui lui permettrait d'être réactivée. Mais il se peut aussi qu'elle parvienne à se maintenir dans les enchaînements opératoires, entraînée et dissimulée par d'autres. Les habitudes en effet ne sont pas individualisées et stockées telles des marchandises dans un entrepôt, en empilements statiques : elles bougent dans les schémas mentaux, de même que le corps bouge. Et lorsqu'elles sont réactivées, c'est également par la grâce des mouvements et des rythmes : comme le dit si bien André Leroi-Gourhan, la mémoire du corps est une mémoire rythmique.

Les schémas incorporés ne sont pas des données stables. Ils bougent continuellement, passant des coulisses à l'avant-scène, et changeant de partenaires dans les enchaînements : il n'y a pas deux journées qui soient identiques. Quant à l'habitude singulière, que seul un travail de laboratoire permet d'isoler, elle change également selon les contextes, s'ouvrant (plus ou moins) à la pensée critique. Bizarrement, la rationalité, fondement de la liberté de l'acteur, prend donc forme au plus profond du corps, dans les milliers d'affrontements minuscules avec les automatismes bornés : elle repose sur un travail acharné d'ouverture des habitudes, que le corps n'a de cesse de refermer. Le corps, conservatoire de l'identité par l'architecture de schémas qu'il mémorise, est également le garant de la capacité d'action, que la pensée risque à tout instant de détruire. Il pèse de tout son poids pour combattre les infiltrations de la conscience, redonner de la fluidité aux enchaînements, de l'élan à la danse, pour rendre la vie plus facile. Nous arrivons ici vraiment au centre, dans les secrets de l'alchimie déterminisme-liberté. Rendus à ce point l'opposition corps-esprit elle-même perd toute signification. Le premier temps de l'ouverture d'une habitude se joue rarement en effet avec comme instrument la conscience claire : c'est la pensée sensible qui perce la brèche. Or elle se constitue dans le corps, au cœur d'un écheveau émotionnel et sensitif, par le contournement de la rationalité la plus dure. À l'intérieur de cette nébuleuse sensible, il est frappant de constater que ne figurent, au moins dans les premiers rôles, aucun des deux extrêmes : ni les structures de détermination, ni l'acteur rationnel.

Bien sûr, tout n'est pas dans le corps personnel, la mémoire de la société est également sédimentée ailleurs : dans d'autres corps et d'autres cerveaux, dans des institutions et des systèmes de pouvoir, dans des espaces et des objets, dans des images et des écrits. Les plus proches de ces éléments sont toutefois familiarisés, grâce au procédé que nous avons vu à l'œuvre à propos des objets : par une extension de la surface corporelle. Toujours le corps donc, apte à s'étendre au-delà de ses limites biologiques. Quant aux plus lointains, les déterminations extérieures, étrangères à l'histoire personnelle, elles ne s'imposent pas mécaniquement : souvent le corps fait office de médiation. Un cas remarquable est l'assimilation des normes (Kaufmann, 1995). Lorsqu'elles ne sont pas explicitées (notamment dans des lieux apparemment libres et ouverts), le regard observe leur mise en pratique et innerve le corps de ces informations. Provoquant une sensation globale qui indique le sens de l'action : chacun « sent » ce qu'il peut et ce qu'il ne peut pas faire. La conscience n'intervient que si ce mécanisme s'avère insuffisant.

Le corps est également central du côté de la liberté. Cela est plus étonnant. Nous avons pourtant vu comment il intervient pour boucler les décisions : l'individu perd sa capacité d'initiative sans les sensations. Certes, la véritable réflexivité est de type rationnel et critique. Elle repose néanmoins sur une intelligence implicite et émotionnelle sans laquelle elle ne peut se développer. Pire : au moment du choix (moment crucial pour la liberté de l'acteur), le savoir sensible (c'est-à-dire le corps) se révèle primordial.

L'individu reformule lui-même, sans le savoir, les cadres de son action future : en bricolant ses enchaînements au quotidien, dans l'urgence de l'action, il façonne les structures incorporées qui guideront ses pas. Et tout cela, pour l'essentiel, à l'intérieur de son propre corps, quotidiennement, geste après geste, à propos de la moindre broutille, dans l'univers misérable des serpillières et autres torchons. Tantôt penchant du côté du déterminisme, en renforçant tel automatisme ; tantôt du côté de la liberté, en remettant tel autre en question.

Le corps vivant et concret est décevant pour la plupart des théoriciens ; il est mou et insaisissable, trop plein d'émotions ; il détonnerait dans les architectures conceptuelles construites comme des cathédrales. La rationalité, telle qu'elle se révèle au quotidien, n'est guère plus présentable : elle aurait honte si elle savait de quelle façon grandiose on parle d'elle dans les académies. L'instrument majeur de la liberté humaine en effet n'a pas fière allure. Dans l'action, la rationalité est censée prendre la forme du projet, de la stratégie. Or ceux-ci naissent des rêveries ordinaires, du petit cinéma qui nous berce en secret. C'est là, dans ces images fugaces parfois un peu folles, que germent les grains qui demain, peut-être, en s'épanouissant briseront les déterminismes et inventeront le futur.

Tout le monde cependant ne souhaite pas briser les routines, inventer le futur, élargir les espaces de la création individuelle.

Conclusion pratique

Pourquoi briser les routines ? Que peut vraiment nous offrir cette prétendue liberté ? Que serait une vie sans ces riens qui nous portent ? Ne risquerait-on pas une désorganisation, un lent enfoncement, comme Arlette ou Carole ? Mais à l'inverse, doit-on prendre Rénata pour modèle ? Accentuer tellement le rythme, le nombre et l'efficacité des mouvements, que la tête n'ait plus une minute à elle, que la vie tout entière se réduise à ces mouvements, ces automatismes bornés ? Où est le plus vrai de la vie ? Et que vaut-il mieux faire : diminuer ou augmenter les pas de danse, ralentir ou accélérer le rythme, préférer l'improvisation ou les harmonies réglées ?

Chacun a sa petite idée sur la question. Après avoir lu ce livre, la force qui entraîne dans la danse ménagère peut faire peur à certains : bien qu'il y ait des petits plaisirs, ne risque-t-on pas ainsi de passer à côté d'une autre vie, plus inventive, plus légère et plus riche ? Mais la position contraire peut tout autant être défendue : quelle chimère poursuivrait-on en croyant pouvoir abandonner de la sorte casseroles et balai ? La haine du quotidien n'engendre que d'autres haines, le malheur. La sagesse est de savoir composer avec les choses, d'inventer le bonheur avec ce qui est.

Le sociologue n'en est pas moins homme, et il a sur tout sa petite idée : j'ai donc sur cette question la mienne. Que je ne dirai pas. Car il est des abus de position qui sont désastreux. Malgré les pressions (venant notamment des médias) dont il est l'objet, le chercheur ne doit qu'exceptionnellement s'aventurer dans le domaine incertain des conseils pratiques et moraux. Il peut livrer des instruments d'analyse. Mais c'est à chacun de conduire sa vie comme il l'entend.

Ne pouvant m'exprimer directement, j'ai donc choisi de laisser la parole à deux écrivains qui, l'un parlant par la bouche de son personnage, l'autre en son nom, expriment deux opinions opposées, violentes tant elles sont extrêmes.

Je commencerai par Jonathan Noël, le triste héros de Patrick Süskind dans *Le Pigeon.* « Quelqu'un de sage et de rangé, frugal, presque ascétique et propre et toujours ponctuel et docile. » Jusqu'au jour où un simple grain de sable, un incident minuscule (un pigeon devant sa porte) commença à défaire, l'un après l'autre et dans un enchaînement terrible, tous les fils qui tissaient son existence.

> « Et si aujourd'hui tu rates la limousine, peut-être que demain tu rateras ton service tout entier, ou bien que tu perdras la clé de la grille articulée, et le mois suivant tu es licencié de façon infamante, et tu ne trouves pas de nouveau travail, car qui voudrait d'un employé capable de pareilles défaillances ? Personne ne peut vivre de l'indemnité de chômage ; ta chambre tu l'as de toute façon perdue depuis longtemps, elle est habitée par un pigeon, par une famille de pigeons qui salit et dévaste ta chambre ; les notes de l'hôtel atteignent des sommes énormes, tu te soûles pour oublier tes soucis, tu bois de plus en plus, tu bois toutes tes économies, tu deviens définitivement esclave de la bouteille, tu tombes malade, c'est la déchéance, la pouillerie, la décrépitude, on te met à la porte de la dernière et la

moins chère des pensions, tu n'as plus un sou, tu n'as devant toi que le néant, tu es à la rue, tu défèques dans la rue, c'est la fin, Jonathan, avant moins d'un an ce sera la fin [...].

[...] Comme il s'effritait vite, le fondement apparemment bien assis de toute une existence ! »

Pour Jonathan il n'y a aucun doute : le secret de la vie est là, dans le trésor ordinaire fait d'ordre patiemment accumulé, jour après jour. Non seulement rien n'est à chercher ailleurs, mais le moindre grain de folie, le moindre pas de travers peuvent être dangereux, menacer tout l'édifice. Il faut construire, construire, inlassablement construire, stabiliser. Et alors (mais alors seulement), savoir goûter les délices de l'œuvre accomplie, savourer les instants simples, se laisser caresser par le quotidien, jouir de la chair des choses. Jonathan avait par exemple appris à faire corps, intimement, avec sa chambre, « son ancrage et son refuge, sa maîtresse, oui, sa maîtresse, car elle l'accueillait tendrement en elle, sa petite chambre, lorsqu'il rentrait le soir, elle le réchauffait et le protégeait, elle nourrissait son corps et son âme, elle était toujours là quand il avait besoin d'elle, et elle ne l'abandonnait jamais ».

Raymond Carver raconte, dans *Les Feux*, une tout autre histoire, celle de sa propre vie.

Ce jour-là, à Iowa City, il était, comme tous les samedis après-midi, au lavomatique, chargé du linge de toute sa famille, à attendre qu'une machine se libère. Un mauvais hasard fit qu'une suite de péripéties pénibles s'enchaînèrent et s'acharnèrent contre lui : à chaque fois qu'il pensait pouvoir atteindre une machine un événement ruinait ses plans. C'en était trop : il explosa intérieurement. Et, en un éclair, vit alors sa vie comme il ne l'avait jamais vue.

> « J'étais hébété, en proie à un sentiment de rage impuissante qui me mettait les larmes aux yeux, mais je me souviens de m'être fait la réflexion que rien de ce qui m'était arrivé en ce monde ne pouvait approcher en importance, même de très loin, et bouleverser autant mon existence, que le simple fait d'avoir eu deux enfants. Et d'avoir compris qu'ils étaient à moi pour toujours, et que je ne cesserais plus jamais de me trouver vis-à-vis d'eux dans ce même rapport de responsabilité totale et d'anxiété perpétuelle.
>
> C'est de véritable *influence* que je parle ici. D'une action semblable à celle de la lune sur les marées. Mais ça m'est arrivé dessus comme ça, comme le courant d'air glacial qui s'engouffre quand une fenêtre s'ouvre soudain en grand. Jusqu'à ce moment-là, j'avais vécu en me figurant, sans trop savoir comment, que tout allait finir par s'arranger, que rien de ce que j'espérais faire de ma vie, n'était impossible. Mais dans cet instant, à la laverie automatique, j'ai brusquement compris que ce n'était pas vrai. J'ai compris (qu'est-ce que je pouvais bien penser avant cela ?) que la vie que je menais était mesquine, chaotique, et que la lumière n'y pénétrait guère. »

Sa vie, il la rêvait autrement. Au cœur du rêve était un bouillonnement : des images, des mots, qui l'emportaient, loin. Qui se frayaient une route jusqu'à sa main, que l'impatience démangeait : il rêvait d'écrire. Et il écrivait. Mais si peu, dans ses rares moments disponibles, écrasé par les tâches qui s'accumulaient depuis la naissance des enfants. Cette rareté du temps imprima ce qui devint son style : des phrases sèches, serrées ; des nouvelles plutôt que des romans. Elle l'emplissait de fureur rentrée pour l'autre vie qu'il n'avait pas eue, pour la force inexprimée qu'il sentait en lui. Une fureur telle qu'il ne maudissait pas seulement les choses : il s'en prit aussi aux personnes, aux enfants, à ses propres enfants. « Nous avons eu aussi des moments heureux, bien sûr ; certains plaisirs, certaines satisfactions de l'âge mûr que seuls peuvent connaître les parents de jeunes enfants. Mais j'aimerais mieux crever que d'en repasser par là une seconde fois. »

À l'écoute de tels cris sacrilèges, chacun pourra se rassurer en se disant que jamais, au grand jamais, il ne tombera dans d'aussi radicales extrémités : n'aspirer qu'à la routine comme Jonathan, ou rejeter ses enfants sous prétexte qu'ils écrasent la liberté sous le poids du quotidien.

Ce chacun-là (bien au chaud dans sa vie normale du juste milieu) est-il si sûr de lui ? N'a-t-il aspiré à la paix routinière en aucune occasion ? Ce serait étrange. N'a-t-il pas, au moins une fois, rêvé de liberté ? Ce serait étonnant. Nous sommes tous un peu Jonathan et un peu Carver, les pieds sur terre et la tête dans les étoiles. Même si les proportions sont différentes, les assemblages particuliers.

Sans compter que les deux ne s'opposent pas toujours. La preuve : c'est en travaillant bien, juste ce qu'il faut certes, mais avec efficacité et détermination, que le quotidien finit par peser moins lourd, que les espaces de liberté s'élargissent, que l'on réussit à cueillir des étoiles. Mais pour cela il faut, paradoxalement, aimer les choses (et les personnes) de la vie ordinaire, faire corps avec le bric-à-brac du monde familier, libérer pour lui l'envie et le plaisir, savoir mettre du cœur à l'ouvrage.

SUR LA MÉTHODE

L'enquête principale a été menée par entretiens, selon la méthode de l'entretien compréhensif (Kaufmann, 1996e), auprès de 27 ménages. Le travail d'interview et d'analyse des bandes a été en outre croisé avec des observations directes des personnes dans leur logement, relevées sur des supports séparés (fiches d'observation).

L'observation donne un autre éclairage : elle parle différemment au chercheur, ne livre pas le même type de matériau, et montre la personne sous un autre jour. Certains en ont conclu — c'est actuellement très à la mode — qu'elle était supérieure à l'entretien, plus proche de la vérité, qu'elle démasquait les mensonges de la personne qui parle (Peneff, 1990 ; Weller, 1994). Je crois que c'est une erreur : elle dit simplement autre chose, d'une autre manière. Bien travaillé, l'entretien peut au contraire révéler des vérités intimes (Kaufmann, 1996e), difficilement accessibles par l'observation.

Les observations ont ici un rôle secondaire par rapport aux entretiens, de contrôle et de diversification méthodologique. De la même manière, j'ai utilisé un troisième instrument : des lettres de ménagères, plus précisément de repasseuses. Ce matériau s'est constitué involontairement. J'avais écrit un article dans le journal *Ouest-France,* ainsi qu'une petite note dans le magazine *Femme actuelle,* qui soulignaient la relativité et l'arbitraire des références gestuelles du repassage. De nombreuses femmes, bien que flattées qu'un universitaire traite du repassage, se sentirent remises en cause dans leurs évidences premières. Cc qui me valut de recevoir un courrier assez volumineux. L'indignation avait poussé à prendre la plume malgré — souvent — la faible habitude de l'écriture, signalée dans plusieurs lettres. « Pourquoi tout d'un coup, alors que j'ai en horreur l'écriture et que la page blanche me paralyse, je prends quelques minutes pour adresser cette lettre à un inconnu et qui plus est, sur un sujet assez rébarbatif comme le repassage ? Je ne sais si je connaîtrai un jour la réponse. » (Madame D.).

Sur un total de 38 lettres reçues, la plupart détaillées (jusqu'à douze pages d'une écriture serrée), 22 ont été retenues pour leur richesse d'information et leur caractère significatif. Ajoutées aux entretiens et observations, elles constituent un matériau particulier mais intéressant. Elles ne sont pas parfaitement représentatives des conceptions et manières actuelles du repassage, divisé en deux univers culturels très différents, opposant les personnes pour qui le repassage est un plaisir et celles pour qui il est une « corvée ». Madame K. et madame R. sont dans deux mondes si étrangers qu'elles ne semblent pas parler de la même chose, la première « passionnée par le moindre torchon » à repasser, saisie d'émotion par la perspective d'une nappe d'autel à amidonner ; la seconde tellement hostile à l'idée du repassage que « la seule vue du fer à repasser » provoque chez elle « gorge nouée, angoisse, troubles visuels ». Sans aller jusqu'à ces extrêmes marqués par des sensations physiques intenses, il est rare qu'une personne ne se range pas assez nettement dans l'un ou l'autre camp. Or c'est presque exclusivement l'un des deux qui a écrit les lettres, les femmes pour qui le repassage est un plaisir, un acte important, exigeant une haute compétence, dont elles sont fières. Les autres femmes, pour qui le repassage est avant tout une « corvée », n'étaient pas motivées pour écrire de longues lettres sur le repassage (quelques-unes ont envoyé des mots brefs et vengeurs). Ce matériau spécifique est replacé dans l'ensemble, et utilisé surtout là où il est le plus utile : pour décrire certains détails techniques et pour révéler les plaisirs secrets des gestes ménagers.

Comme pour les observations par rapport aux entretiens, les lettres parlent autrement au chercheur, dégagent un autre point de vue d'analyse. Ici aussi la critique pourrait être faite de leur caractère moins vrai, moins authentique, et ici aussi ce serait une erreur. Certes, leur forme n'est guère engageante : l'écriture est posée, réfléchie, souvent forcée dans un sens académique, très différente des tournures orales plus spontanées recueillies dans les entretiens. C'est d'ailleurs pourquoi j'ai choisi de distinguer les sources : les rédactrices n'ont pas le droit à la familiarité des prénoms et sont désignées par des « madame A. » ou « madame L. » plus protocolaires. Mais cette forme ne doit pas arrêter : elle est simplement l'expression d'un type de matériau caractéristique, qui a ses faiblesses, mais aussi ses immenses richesses. Notamment ceci :

— La position des personnes qui écrivent est marquée par l'effort, la volonté de s'expliquer systématiquement. L'aspect scolaire voire ampoulé de l'écriture n'est souvent que la manifestation de cet effort, l'indicateur du sérieux des réponses. Les descriptions factuelles sont plus serrées que dans les entretiens (qui peuvent aller très loin dans la précision, mais de façon plus ponctuelle), organisées, décantées. Le tempo de l'écriture laisse plus de temps à la réflexion : ce qui est perdu en spontanéité est gagné en classement et en clarification des données.

— Plus paradoxalement, sur tel ou tel point, le travail d'auto-analyse porté par les lettres est plus libre et plus profond que ce qui peut être recueilli avec d'autres méthodes. Le temps de la rélexion n'enlève alors rien à la sincérité, au contraire. C'est la logique du journal intime : l'acte d'écriture peut jouer un rôle de catharsis, et révéler ainsi au chercheur des trésors.

Chaque méthode, chaque type de matériau, a ses qualités et ses défauts. Il est sans intérêt de les hiérarchiser abstraitement, et il est condamnable de se placer fanatiquement dans un camp pour lancer des anathèmes contre le camp ennemi. Mieux vaut tenter de comprendre et d'utiliser ce que chaque méthode, chaque type de matériau, peut apporter de meilleur.

LES PERSONNAGES

Agnès
26 ans, mariée, employée
2 enfants au foyer
Appartement.
« *Je ne supporte pas le désordre, c'est impossible. Je devrais passer ma journée à quatre pattes à ramasser ce que les enfants ont laissé derrière eux, je le ferais.* »

Arlette
28 ans, divorcée, salariée d'une entreprise de services ménagers
HLM.
« *Au début ça allait, même la cuisine j'adorais. Depuis plus ça va, plus je laisse tomber. Au fur et à mesure... toutes les tâches ménagères... maintenant y en a aucune...* »

Augustine
74 ans, veuve, retraitée
Petite maison à la campagne.
« *Chacun a ses trucs, hein, ça s'apprend pas dans les livres.* »

Bernadette
48 ans, mariée, employée (mari cadre)
1 enfant au foyer.
Maison en région parisienne.
« *La poussière, des choses comme ça, moi ça m'est égal qu'il y ait de la poussière. Mais ça me gêne si quelqu'un vient, qu'il passe un coup de doigt et qu'il voit qu'il y a de la poussière.* »

Blanche
53 ans, mariée, assistante maternelle
2 enfants au foyer
HLM.
« *Peut-être qu'il y en a qui trouveraient à redire. Mais moi je suis comme ça, je suis bien comme ça, je ne peux pas être autrement.* »

Carole
36 ans, mariée, employée d'un établissement public
S'occupant également du bar tenu par son mari
3 enfants au foyer
Chambres à l'étage, vie familiale dans le bar.
« *J'étais même assez maniaque de mon ménage, maintenant j'en prends et j'en laisse.* »

Célestine
82 ans, veuve, ancienne institutrice
Appartement.
« *Alors là ça me pèse ! le temps me pèse, j'ai trop de temps, j'ai trop de temps !* »

Christelle
28 ans, mariée, secrétaire à mi-temps
1 enfant au foyer
Appartement.
« *La cuisine c'est agréable, c'est déjà l'envie de faire plaisir, c'est pour les autres que je fais la cuisine.* »

Constance
34 ans, mariée, chômage
2 enfants au foyer
Appartement en centre-ville.
« *Le plus pénible c'est de penser à le faire. Une fois que tu es dedans, tu as pris la décision, y a plus qu'à suivre.* »

David
32 ans, marié, instituteur
1 enfant au foyer
Locataire d'une maison à la campagne.
« *Moins j'ai de temps et plus j'en fais, je suis absolument inefficace quand j'ai deux jours devant moi.* »

Éliane
49 ans, union libre (après divorce), employée du service public
Appartement.
« *On peut pas dire que ce soit vraiment un plaisir, mais j'aime ça, c'est vrai que j'aime que ce soit fait.* »

Ferdinand
57 ans, veuf, retraité
HLM en centre-ville.
« *J'ai repris le flambeau, mais je reste un remplaçant : ça peut plus être comme autrefois.* »

Francine
47 ans, mariée, employée à mi-temps
Grande maison avec piscine.
« *Le ménage on est obligé de le faire.*
Enfin : on s'oblige à le faire. »

Hugues
25 ans, union libre, étudiant
2 enfants au foyer
Appartement.
« *C'est bizarre, ça s'est fait comme ça, c'est vraiment devenu un bon moment, je me force pas du tout, j'en ai envie, ça me fait plaisir.* »

Irénée
30 ans, mariée, responsable d'une entreprise d'emplois familiaux
3 enfants au foyer
Appartement en centre-ville.
« *Si je dis que faire la poussière pour moi c'est une tâche noble, tout le monde va se marrer, pourtant pour moi c'est ça.* »

Lola
22 ans, union libre, étudiante
Petit appartement.

« Alors là c'est extra, l'immense pile de mouchoirs, tous les mouchoirs rangés, à la même taille, et de les mettre dans mon armoire, à ce moment-là... »

Maïté
40 ans, mariée, commerciale
1 enfant au foyer
Appartement.
« C'est pas vraiment du plaisir, c'est simplement qu'on aime bien une maison propre. »

Marc
28 ans, marié, comptable
1 enfant au foyer
Appartement.
« C'est des habitudes qui se sont mises sans que l'on se pose tellement de questions. C'est comme ça, on fait avec. »

Marcel
54 ans, divorcé, ouvrier
2 enfants au foyer
HLM.
« Faut en prendre et en laisser, sinon on y passerait sa vie. »

Marie-Alix
37 ans, union libre, cadre
2 enfants au foyer
Maison en région parisienne.
« C'est vrai qu'il y a eu une dérive, plus ça a été, plus j'ai dérivé dans le boulot. Il y a des soirs, je sais, je rentre pas, c'est des prétextes. »

Mauricette
23 ans, mariée, au foyer (mari ouvrier)
1 enfant au foyer
HLM.
« Des fois on se demande si on va y arriver. Mais il faut y arriver, il faut le faire. »

Patricia
34 ans, mariée, secrétaire (congé maternité)
3 enfants au foyer
HLM.
« C'est comme si on tournait les pages d'un livre. On tourne les chapitres et on découvre la suite : au début on sait pas trop, puis on s'organise, on devient une vraie famille, comme tout le monde. C'est normal. »

Raphaël
27 ans, vivant seul, graphiste
Studio.
« Moi c'est vrai que je suis pas encore entré dans tout ça. Ça va parce que je suis jeune. Mais c'est vrai qu'après, continuer comme ça, ça serait pas normal. »

Raymonde
52 ans, mariée, agricultrice en retraite
Grande ferme.
« Les cuivres avant j'en avais énormément, maintenant je les ai presque tous enveloppés et je les ai mis dans un tiroir. Avant je faisais mes vitres toutes les semaines, maintenant c'est tous les mois et ça m'est bien égal. »

Rénata
47 ans, mariée, propriétaire

d'un salon de coiffure
Mariée à **Jérôme,** 24 ans
Maison à la campagne.
« *J'ai un potentiel d'énergie qui est énorme, j'arrive à tout gérer en même temps. Et en plus j'aime ça.* »

Yann
33 ans, vivant seul, artisan
HLM.
« *Maintenant je cherche la femme idéale... heu ! heu ! je veux dire : je cherche la femme de ménage idéale.* »

Yolande
54 ans, mariée, en invalidité (ancienne comptable),
Grand appartement de standing.
« *C'est une nécessité, il faut le faire, donc on ne se pose pas de questions.* »

BIBLIOGRAPHIE

ABRAMOWSKI E. (1897), « Les bases psychologiques de la sociologie », *Revue internationale de sociologie,* n° 8-9 et n° 10.

BACHELARD G. (1983), *La Poétique de l'espace,* Paris, Presses universitaires de France (1er édition 1957).

BAUDRILLARD J. (1968), *Le Système des objets,* Paris, Gallimard.

BEKKAR R. (1995), *Cycle de propreté, espaces et pratiques,* rapport de recherche, IPRAUS-Direction de la construction.

BERGER P., LUCKMANN T. (1986), *La Construction sociale de la réalité,* Paris, Méridiens-Klincksieck.

BESSY C., CHATEAURAYNAUD F. (1993), « Les ressorts de l'expertise », *Raisons pratiques,* n° 4, « Les objets dans l'action ».

BERTAUX-WIAME I., GOTMAN A. (1993), « Le changement de statut résidentiel comme expérience familiale », dans Bonvalet C., Gotman A. (éds), *Le logement, une affaire de famille,* Paris, L'Harmattan.

BOLTANSKI L. (1990), *L'Amour et la Justice comme compétences. Trois essais de sociologie de l'action,* Paris, Métailié.

BONVALET C. (1990), « Accession à la propriété et cycle de vie », dans Bonvalet C., Fribourg A-M. (éds), *Stratégies résidentielles,* Paris, INED-MELTM.

BOULLIER D. (1992), « Modes d'emploi : réinvention et traduction des techniques par l'usager », dans Gras A.,

Joerges B., Scardigli V., *Sociologie des techniques de la vie quotidienne,* Paris, L'Harmattan.

Bourdieu P. (1972), *Esquisse d'une théorie de la pratique,* Paris, Minuit.

Bourdieu P. (1980), *Le sens pratique,* Paris, Minuit.

Bozon M. (1996), « Amour, désir et durée, cycle de la sexualité conjugale et rapport entre hommes et femmes », document INED.

Bozon M., Heilborn M.-L. (1996), « Les caresses et les mots. Initiations amoureuses à Rio de Janeiro et à Paris », *Terrain,* n° 27.

Bozon M., Heran F. (1987), « La découverte du conjoint. 1 : Évolution et morphologie des scènes de rencontre », *Population,* n° 6.

Caillé A. (1995), « Rationalisme, utilitarisme et anti-utilitarisme », dans Gérard-Varet L.-A., Passeron J.-C., *Le Modèle et l'enquête. Les usages du principe de rationalité dans les sciences sociales,* Paris, École des hautes études en sciences sociales.

Camic C. (1986), « The matter of habit », *American Journal of Sociology,* vol. 91, n° 5.

Caradec V. (1993), *La Retraite conjugale,* Thèse pour le doctorat de sociologie, sous la direction de François de Singly, Université Paris-V.

Caradec V. (1996), « L'aide ménagère : une employée ou une amie ? », dans Kaufmann J.-C (éd.), *Faire ou faire faire ? Famille et services,* Rennes, Presses universitaires de Rennes.

Carver R. (1991), *Les Feux,* Paris, Éditions de l'Olivier.

Castel R. (1995), *Les Métamorphoses de la question sociale. Une chronique du salariat,* Paris, Fayard.

Certeau M. de (1980), *L'Invention du quotidien. 1. Arts de faire,* Paris, U.G.E., coll. « 10-18 ».

chombart de lauwe P.-H. (1977), *La Vie quotidienne des familles ouvrières,* Paris, Éditions du CNRS.

Cicchelli V. (1994), « Comment le mariage change le couple », communication aux *Premières Journées du CERSOF,* Université Paris-V Sorbonne.

Commaille J. (1996), *Misères de la famille, question d'État,* Paris, Presses de la Fondation nationale des sciences politiques.

CONNEIN B., JACOPIN E. (1993), « Les objets dans l'espace », *Raisons pratiques,* n° 4, « Les objets dans l'action ».
CONNERTON P. (1989), *How Societies Remember,* Cambridge, Cambridge University Press.
CORBIN A. (1982), *Le Miasme et la jonquille, l'odorat et l'imaginaire social,* XVIIIe-XIX^e^siècles, Paris, Aubier.
CORBIN A. (1986), « Le grand siècle du linge », *Ethnologie française,* vol. 16, n° 3.
CORBIN A. (1987), « Le secret de l'individu », et « La relation intime ou les plaisirs de l'échange », dans Perrot M., *Histoire de la vie privée* (sous la direction de Ph. Ariès et G. Duby), tome 4, *De la Révolution à la Grande Guerre,* Paris Seuil.
CORCUFF Ph. (1996), « Théorie de la pratique et sociologies de l'action. Anciens problèmes et nouveaux horizons à partir de Bourdieu », *Actuel Marx,* n° 20.
COUPÉE C. (1994), *Le Rapport au temps dans les interactions familiales,* Mémoire de maîtrise de sociologie, Université Rennes-II.
CYRULNIK B. (1989), *Sous le signe du lien,* Paris, Hachette.
CYRULNIK B. (1993), *Les Nourritures affectives,* Paris, Odile Jacob.
DAMASIO A. (1995), *L'Erreur de Descartes. La raison des émotions,* Paris, Odile Jacob.
DÉCHAUX J.-H. (1993), « N. Elias et P. Bourdieu : analyse conceptuelle comparée », *Archives européennes de sociologie,* tome XXXIV.
DÉCHAUX J.-H. (1995), « Orientations théoriques en sociologie de la famille : autour de cinq ouvrages récents », *Revue française de sociologie,* vol.XXXVI, n° 3.
DÉCHAUX J.-H. (1996), « Les services dans la parenté : fonctions, régulations, effets », dans Kaufmann J.-C. (éd.) *Faire ou faire faire ? Famille et services,* Rennes, Presses universitaires de Rennes.
DE GIORGIO M. (1996), « Raccontare un matrimonio moderno », dans De Giorgio M., Klapisch-Zuber C., *Storia del matrimonio,* Rome-Bari, Laterza.
DELBES C., GAYMU J. (1995), « Le repli des anciens sur

les loisirs domestiques. Effet d'âge ou de génération ? », *Population,* nº 3.
DENEFLE S. (1992), « De la division sexuelle du travail domestique. L'exemple de l'entretien du linge », *Les Cahiers du LERSCO,* nº 14.
DESJEUX D., BERTHIER C., JARRAFFOUX S., ORHANT I., TAPONIER S. (1996), *Anthropologie de l'électricité. Les objets électriques dans la vie quotidienne en France,* Paris, L'Harmattan.
DJIDER Z., LEFRANC C. (1995), « Femme au foyer : un modèle qui disparaît », *INSEE Première,* nº 403.
DODIER N. (1993), « Les arènes des habiletés », *Raisons pratiques,* nº 4, « Les objets dans l'action ».
DOUGLAS M. (1981), *De la souillure,* Paris, Maspero.
DOUGLAS M. (1990), « La connaissance de soi », *La revue du MAUSS,* nº 8.
DOUGLAS M. (1991), « The idea of a home : A kind of space », *Social Research,* vol. 58, nº 1.
DOUGLAS M., ISHERWOOD B. (1979), *The World of Goods,* New York, Basic Books.
DUBAR C. (1991), *La Socialisation. Construction des identités sociales et professionnelles,* Paris, Armand Colin.
DUBET F. (1994), *Sociologie de l'expérience,* Paris, Seuil.
DUBET F., MARTUCELLI D. (1996), « Théories de la socialisation et définitions sociologiques de l'école », *Revue française de sociologie,* vol. XXXVII, nº 4.
DUMONT L. (1967), *Homo hierarchicus, le système des castes et ses implications,* Paris, Gallimard.
ELIAS N. (1975), *La Dynamique de l'Occident,* Paris, Calmann-Lévy.
ELIAS N. (1976), *La Civilisation des mœurs,* Paris, Pocket.
ELIAS N. (1991a), *La Société des individus,* Paris, Fayard.
ELIAS N. (1991b), *Mozart, sociologie d'un génie,* Paris, Seuil.
ELIAS N., DUNNING E. (1994), *Sport et civilisation. La violence maîtrisée,* Paris, Fayard.
ELSTER J. (dir.) (1985), *The Multiple Self,* Cambridge, Cambridge University Press.
ELSTER J. (1995), « Rationalité et normes sociales : un modèle pluridisciplinaire », dans Gérard-Varet L.-A., Passeron J.-C., *Le Modèle et l'enquête. Les usages du*

principe de rationalité dans les sciences sociales, Paris, École des hautes études en sciences sociales.

ENEAU D., MOUTARDIER M. (1992), « Radioscopie du budget des ménages », *INSEE Résultats,* n° 218.

FAVROT-LAURENS G. (1996), « Soins familiaux et soins professionnels », dans Kaufmann J.-C (éd.), *Faire ou faire faire ? Famille et services,* Rennes, Presses universitaires de Rennes.

FILIOD J.-P. (1996), « "Ça me lave la tête". Purification et ressourcements dans l'univers domestique », *Ethnologie française,* n° 2, « La ritualisation du quotidien ».

FOUCAULT M. (1976), *Histoire de la sexualité. 1. La volonté de savoir,* Paris, Gallimard.

FOX R. (1972), *Anthropologie de la parenté. Une analyse de la consanguinité et de l'alliance,* Paris, Gallimard.

FRAISSE G. (1979), *Femmes toutes mains. Essai sur le service domestique,* Paris, Seuil.

GACEM K. (1996), *Les Propriétés individuelles dans la chambre conjugale,* Mémoire de maîtrise de sociologie, dirigé par François de Singly, Université Paris-V Sorbonne.

GARFINKEL H. (1967), *Studies in Ethnomethodology,* New Jersey, Prentice Hall.

GAULEJAC F. de (1996), *Les Sources de la honte,* Paris, Desclée de Brouwer.

GEHLEN A. (1990), *Anthropologie et psychologie sociale,* Paris, Presses universitaires de France.

GLASER B., STRAUSS A. (1967), *The Discovery of Grounded Theory,* Chicago, Aldine.

GOTMAN A. (1995), *Dilapidation et prodigalité,* Paris, Nathan.

GOUBERT J.-P. (1985), *La Conquête de l'eau,* Paris, Laffont, Hachette/Pluriel, 1987.

GRANOVETTER M. (1973), « The strength of weak ties », *American Journal of Sociology,* 78(6).

GREGSON N., LOWE M. (1994), « Waged domestic labour and the renegociation of the domestic division of labour within dual career household », *Sociology,* vol. 28, n° 1.

GRIMLER G., ROY C. (1990), « Activités domestiques :

faire, acheter, faire faire ou ne pas faire », *INSEE Première,* nº 109.
HALBWACHS M. (1950), *La Mémoire collective,* Paris, Presses universitaires de France.
HELLER G. (1979), *Propre en ordre,* Lausanne, Éditions d'en bas.
HERAN F. (1967), « La seconde nature de l'*habitus.* Tradition philosophiquc ct scns commun dans lc langagc sociologique », vol. XXVIII, nº 3.
HESS R. (1989), *La Valse,* Paris, Métailié.
HIRSCHMAN A.-O. (1972), *Face au déclin des entreprises et des institutions,* Paris, Les Éditions Ouvrières.
HIRSCHMAN A.-O. (1980), *Les Passions et les intérêts,* Paris, Presses universitaires de France.
HIRSCHMAN A.-O. (1983), *Bonheur privé, action publique,* Paris, Fayard.
HOCHSCHILD A. (1983), *The Managed Heart,* Berkeley, University of California Press.
JAVEAU C. (1992), « La socialisation au monde informatique : la rencontre "jeunes enfants-ordinateurs" dans la vie quotidienne », dans Gras A., Joerges B., Scardigli V., *Sociologie des techniques de la vie quotidienne,* Paris, L'Harmattan.
KAUFMANN J.-C. (1992), *La Trame conjugale. Analyse du couple par son linge,* Paris, Nathan, Pocket, coll. « Agora », 1997.
KAUFMANN J.-C. (1993a), *Célibat, ménages d'une personne, isolement, solitude : un état des savoirs,* Bruxelles, Rapport pour la Commission des communautés européennes.
KAUFMANN J.-C. (1993b), « Théorie du bernard-l'ermite », *Autrement,* nº 135, « La rencontre ».
KAUFMANN J.-C. (1995), *Corps de femmes, regards d'hommes,* Paris, Nathan.
KAUFMANN J.-C. (dir.) (1996a), *Faire ou faire faire ? Famille et services,* Rennes, Presses universitaires de Rennes.
KAUFMANN J.-C. (1996b), « Lettres d'amour du repassage », *Ethnologie française,* nº 1, « Culture moderne et modernité ».
KAUFMANN J.-C. (1996c), « Le mensonge de Colette »,

dans Wittner L., Welzer-Lang D., *Les Faits du logis,* Lyon, Aléas.

KAUFMANN J.-C. (1996d), « Portes, verrous et clés : les rituels de fermeture du chez-soi », *Ethnologie française,* n° 2, « La ritualisation du quotidien ».

KAUFMANN J.-C. (1996e), *L'Entretien compréhensif,* Paris, Nathan.

KELLERHALS J. (1995), « Plaidoyer pour une étude des territoires de la famille », *Les Cahiers de sociologie de la famille,* n° 1, « Les espaces de la famille ».

KEMPER T. (1978), *A Social Interactional Theory of Emotions,* New York, Wiley.

KOPYTOFF I. (1986), « The cultural biography of things : commoditization as process », in Appadurai A. (ed.), *The Social Life of Things : Commodities in Cultural Perspective,* Cambridge, Cambridge University Press.

LAHIRE B. (1996), « Éléments pour une théorie des formes socio-historiques d'acteur et d'action », *Revue européenne des sciences sociales,* tome XXXIV, n° 106.

LARROQUE M.-T. (1986), « Le linge de maison dans les trousseaux du Pays d'Orthe au XIXe siècle », *Ethnologie française,* vol. 16, n° 3.

LATOUR B. (1991), *Nous n'avons jamais été modernes. Essai d'anthropologie symétrique,* Paris, La Découverte.

LATOUR B. (1993), « Le topofil de Boa-Vista », *Raisons pratiques,* n° 4, « Les objets dans l'action ».

LATOUR B., WOOLGAR S. (1988), *La Vie de laboratoire. La production des faits scientifiques,* Paris, La Découverte.

LE BRETON D. (1992), *La Sociologie du corps,* Paris, Presses universitaires de France.

LE GOFF O. (1994), *L'Invention du confort. Naissance d'une forme sociale,* Lyon, Presses universitaires de Lyon.

LEMEL Y. (1996), « La rareté relative des aides à la production domestique », dans Kaufmann J.-C (éd.), *Faire ou faire faire ? Famille et services,* Rennes, Presses universitaires de Rennes.

LEMONNIER P. (1996), « Et pourtant ça vole ! L'ethnologie des techniques et les objets industriels », *Ethnologie française,* n° 1, « Culture moderne et modernité ».

LEROI-GOURHAN A. (1965), *Le Geste et la parole. La mémoire et les rythmes,* Paris, Albin Michel.
LEWIS M. (1992), *Shame, the Exposed Self,* New York, Free Press.
LÖFGREN O. (1996), « Le retour des objets ? L'étude de la culture matérielle dans l'ethnologie suédoise », *Ethnologie française,* n° 1, « Culture matérielle et modernité ».
MACH E. (1996), *L'Analyse des sensations. Le rapport du physique au psychique,* Nîmes, Éditions Jacqueline Chambon.
MARENCO C. (1992), *Manières de table, modèles de mœurs,* Cachan, Éditions de l'ENS.
MARTIN C. (1996), « Les solidarités familiales : débat scientifique, enjeu politique », dans Kaufmann J.-C. (éd.), *Faire ou faire faire ?, Famille et services,* Rennes, Presses universitaires de Rennes.
MARTIN C., LE GALL D. (1993), « Transitions familiales, logiques de recomposition et modes de régulation conjugale », dans Meulders-Klein M.-T., Théry I. (éds), *Les Recompositions familiales aujourd'hui,* Paris, Nathan.
MARTIN-FUGIER A. (1979), *La Place des bonnes. La domesticité féminine à Paris en 1900,* Paris, Grasset.
MAUNAYE E. (1995), « Les marques du passage. La chambre après le départ des enfants », *Dialogue,* n° 127.
MAUSS M. (1950), *Sociologie et Anthropologie,* Paris, Presses universitaires de France.
MONTANDON C. (1996), « Processus de socialisation et vécu émotionnel des enfants », *Revue française de sociologie,* vol. XXXVII, n° 2.
MOREAU de BELLAING (1988), *La Misère blanche. Le mode de vie des exclus,* Paris, L'Harmattan.
MORMICHE P. (1990), « Les ménages et leurs meubles. Enquête biens durables-ameublement 1988 », *INSEE-résultats,* n° 109 (*Consommation-modes de vie,* n° 18.)
MUXEL A. (1995), « Les lieux dans la mémoire familiale : conquête et poétique de l'espace », *Les Cahiers de sociologie de la famille,* n° 1.

MUXEL A. (1996), *Individu et mémoire familiale,* Paris, Nathan.

NORMAN D. (1993), « Les artefacts cognitifs », *Raisons pratiques,* n° 4, « Les objets dans l'action ».

PENEFF J. (1990), *La Méthode biographique,* Paris, Armand Colin.

PERROT M. (1987), « La ménagère dans l'espace parisien au XIXe SIÈCLE, » *Les Annales de la recherche urbaine,* n° 9.

PERROT M. (1987), « Figures et rôles », dans Ariès P., Duby G., *Histoire de la vie privée,* tome 4, dirigé par Michelle Perrot, Paris, Seuil.

PEZEU-MASSABUAU J. (1983), *La Maison, espace social,* Paris, Presses universitaires de France.

QUEIROZ J. de, ZIOLKOVISKI M. (1994), *L'Interactionnisme symbolique,* Rennes, Presses universitaires de Rennes.

RAPOPORT J. (1991), *Le Garçon qui n'arrêtait pas de se laver,* Paris, Odile Jacob.

ROSSELIN C. (1994), « La matérialité de l'objet et l'approche dynamique-instrumentale », dans Warnier J.-P., *Le Paradoxe de la marchandise authentique,* Paris, L'Harmattan.

ROUSSEL L. (1989), *La Famille incertaine,* Paris, Odile Jacob.

SAUVAGEOT A. (1994), *Voirs et savoirs, esquisse d'une sociologie du regard,* Paris, Presses universitaires de France.

SCHMITT J.-C. (1990), *La Raison des gestes dans l'Occident médiéval,* Paris, Gallimard.

SEGALEN M., avec la collaboration de CHEVALIER S., LE WITA B., MONJARET A., SCHWEITZ A. (1990), *« Être bien dans ses meubles ». Une enquête sur les normes et les pratiques de « consommation » du meuble,* Centre d'ethnologie française (Rapport pour la Mission du patrimoine ethnologique), Paris.

SEGALEN M., BROMBERGER C. (1996), « L'objet moderne : de la production sérielle à la diversité des usages », *Ethnologie française,* n° 1, « Culture matérielle et modernité ».

SEMPRINI A. (1995), *L'Objet comme procès et comme*

action. De la nature et de l'usage des objets dans la vie quotidienne, Paris, L'Harmattan.

SIMMEL G. (1989), *Philosophie de la modernité,* Lausanne, Payot.

SINGLY F. de (1987), *Fortune et infortune de la femme mariée,* Paris, Presses universitaires de France.

SINGLY F. de (1990), « L'homme dual. Raison utilitaire, raison humanitaire », *Le Débat,* n° 61.

SINGLY F. de (1991), « L'amour coupable », *Sciences humaines,* n° 9.

SINGLY F. de (1993a), *Sociologie de la famille contemporaine,* Paris, Nathan.

SINGLY F. de (1993b), *Parents salariés et petites maladies d'enfant. Le congé pour enfant malade,* Paris, La Documentation française.

SINGLY F. de (1996), *Le Soi, le couple et la famille,* Paris, Nathan.

STASSEN J.-F. (1995), « Utilisation de la caravane sédentarisée comme seconde résidence : espace et significations », *Les Cahiers de sociologie de la famille,* n° 1, « Les espaces de la famille ».

STRAUSS A. (1992), *La Trame de la négociation. Sociologie qualitative et interactionnisme,* Paris, L'Harmattan.

SUE R. (1994), *Temps et ordre social,* Paris, Presses universitaires de France.

SÜSSKIND P. (1987), *Le Pigeon,* Paris, Fayard.

TERRAIL J.-P. (1995), *La Dynamique des générations. Activité individuelle et changement social (1968/1993),* Paris, L'Harmattan.

THÉRY I. (1996), « Famille : une crise de l'institution », *Notes de la fondation Saint-Simon,* n° 83.

THÉVENOT L. (1993), « Essai sur les objets usuels », *Raisons pratiques,* n° 4, « Les objets dans l'action ».

THÉVENOT L. (1994), « Le régime de familiarité », *Genèses. Sciences sociales et histoire,* n° 17 « Les objets et les choses ».

THUILLIER G. (1977), *Pour une histoire du quotidien au XIXe siècle en Nivernais,* Mouton, Paris-La Haye.

TISSERON S. (1995), *Psychanalyse de l'image. De l'imago aux images virtuelles,* Paris, Dunod.

TISSERON S. (1996), *Le Bonheur dans l'image,* Le Plessis-Robinson, Les empêcheurs de penser en rond.
VARELA F. (1996), *Quel savoir pour l'éthique ? Action, sagesse et cognition,* Paris, La Découverte.
VARELA F., THOMPSON E., ROSCH E. (1993), *L'Inscription corporelle de l'esprit. Sciences cognitives et expérience humaine,* Paris, Seuil.
VIGARELLO G. (1985), *Le Propre et le sale. L'hygiène du corps depuis le Moyen Âge,* Paris, Seuil.
WARNIER J.-P. (dir.) (1994), *Le Paradoxe de la marchandise authentique,* Paris, L'Harmattan.
WEBER M. (1971), *Économie et société,* Paris, Plon.
WELLER J.-M. (1994), « Le mensonge d'Ernest Cigare. Problèmes épistémologiques et méthodologiques à propos de l'identité », *Sociologie du travail,* n° 1.
WERNER M. (1995), *Le Dos tourné,* Carouge-Genève, Zoé.
ZARCA B. (1990), « La division du travail domestique. Poids du passé et tensions au sein du couple », *Économie et statistique,* n° 228.

TABLE DES MATIÈRES

Introduction 9

Première partie
DANSE AVEC LES CHOSES

I. Les gestes fondateurs 15
L'ordre des choses 15
L'enfance du monde 17
Le pur et l'impur 19
Le propre de l'homme 21
L'ancien régime des gestes 22
Le nouveau mode de transmission des manières 24
La science ménagère 27
La bonne manière 30
L'infinité des manières 34
La quête du normal 37

II. La société des objets 41
Le silence des objets 41
La pyramide inversée 42
Le garde-fou du Soi 45
Du point de vue de l'objet 47
Mémoire sociale et mémoire individuelle 49
La familiarisation par l'esprit 50
La familiarisation par le corps 52
Prises, manipulations, incorporation 54

La rivalité entre le corps et l'esprit 55
Trajets et territoires du Soi 57

III. Les personnes et les choses 61
La concurrence 61
La hiérarchie respectée 63
La famille-prétexte 64
La fabrication individuelle du familial 68

IV. Le cycle ménager 73
Qu'est-ce qu'une famille ? 73
L'objectivation du couple 76
L'élan ménager 78
Le ménage et l'enfant 81
La démobilisation 84
Le nid vide 86
Le face-à-face solitaire 90
Familiariser les personnes comme les choses 92

V. Rythmes et temps 95
Rythme tendu et rythme fou 95
Le grain de sable 98
L'alternance des rythmes 100
Temps vide et rythme mou 102
L'organisation du temps libre 107
Le temps à soi chez soi 109
La problématique du temps libre 112

Deuxième partie
SOUS-TRAITER LE TRAVAIL FAMILIAL

VI. Pourquoi si peu est-il donné à faire ? 117
La mobilisation familiale 117
La ménagère 121
Perdre son âme ménagère 123
« C'est normal » 125
La honte d'être mal jugé 128
L'organisation 130
L'intime et le personnel 132
Le prix à payer 135

VII. Se décider 139
La pénibilité 139

Les occasions 141
Les crises 142
Les rêves préparatoires 144
Un peu, beaucoup, tout 147

VIII. La femme de ménage 151
Un peu d'histoire 152
Les « petites jeunes filles » 153
La délégation invisible 155
Troubles et jalousie 156
La différence de manières 158
La critique immodérée 161
Faire appel à un proche ? 163
Le cercle intermédiaire 165
Payer quelqu'un de la famille ? 167
Gêne et silence 170

Troisième partie
LE TRAVAIL DES SENSATIONS

IX. L'injonction 175
« Il faut le faire » 175
La force du regard 178
La force de l'idée 180
Un mécanisme instantané 182
Évidences intériorisées et obligations externes 183
Normes et habitudes 189

X. L'habitude 193
Petite histoire du concept 193
L'habitude comme modèle 195
La mise en place des habitudes 199
Les enchaînements 201
Variations et changements d'habitudes 204
Le système personnel d'habitudes 207
Les rituels préparatoires 209
Les soutiens de l'action 211

XI. Les sensations : la douleur et la peine 215
Fatigue et douleurs 216
Les contacts ingrats 217
La pénibilité paradoxale 219

Le principe de la double unité 221
Les tactiques équivoques de la fée du logis 227
Les habitudes dissonantes 230
L'évaluation latente 232
Le nettoyage des vitres 234
Le repassage 237

XII. Les sensations : le plaisir 239
La récompense 239
La fierté 243
La nostalgie 244
Le Soi et les choses 247
La sensualité 251
L'art ménager 254
Le contrôle du plaisir 257

XIII. L'économie des sensations 261
L'agacement préparatoire 262
L'aversion contradictoire 263
La montée de l'agacement 265
Les tactiques de plaisir 268
Le « coup de nerf » 270
L'envie 273
L'alchimie des sensations 274

Quatrième partie
QUE RESTE-T-IL DU SUJET RATIONNEL ?

XIV. La rationalité diffuse 279
Les sciences sociales et la rationalité 280
Les épisodes de l'histoire 282
Les stratégies faibles 285
Le corps et l'esprit 290
Le trouble des sensations 291
La dualité du petit cinéma 294
Enchaînements et ruptures de séquences 296
Le centre de soi 297

XV. La montée du sensible 301
L'effet boomerang 301
Le bébé et l'expert 303
Le monde sans fin d'Elliot 304

La culture de l'émotion 307
Demain l'irrationnel ? 309
Les bases de la pyramide 311
Les circuits des sensations 312

Conclusions 315
Sur la méthode 327
Bibliographie 335

Composition réalisée
par S.C.C.M. (groupe Berger-Levrault) Paris XIVe

IMPRIMÉ EN FRANCE PAR BRODARD ET TAUPIN
1010 – La Flèche (Sarthe), le 15-02-2000
Dépôt légal : février 2000

POCKET – 12, avenue d'Italie - 75627 Paris cedex 13
Tél. : 01.44.16.05.00